闽南文化丛书

MINNAN
ZONGZU
SHEHUI

总主编 陈支平 徐 泓

闽南宗族社会

主编 郭志超 林瑶棋

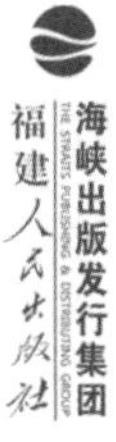

福建人民出版社

图书在版编目（CIP）数据

闽南宗族社会 / 郭志超，林瑶棋主编. -- 2 版. --福州 ：福建人民出版社，2023. 9

（闽南文化丛书）

ISBN 978-7-211-08269-8

Ⅰ. ①闽…　Ⅱ. ①郭…　②林…　Ⅲ. ①宗族—研究—福建　Ⅳ. ①K820. 9

中国版本图书馆 CIP 数据核字（2020）第 003149 号

（闽南文化丛书）

闽南宗族社会

MINNAN ZONGZU SHEHUI

作　　者：郭志超　林瑶棋　主编
责任编辑：史霄鸿
责任校对：陈　璟
出版发行：福建人民出版社　　**电　　话：**0591-87533169（发行部）
网　　址：http://www.fjpph.com　　**电子邮箱：**211@fjpph.com
地　　址：福州市东水路 76 号　　**邮政编码：**350001
印　　刷：上海盛通时代印刷有限公司
地　　址：上海市金山区广业路 568 号　　**电　　话：**021-37910000
开　　本：700 毫米×1000 毫米　1/16
印　　张：16. 5
字　　数：210 千字
版　　次：2023 年 9 月第 2 版　　2023 年 9 月第 1 次印刷
书　　号：ISBN 978-7-211-08269-8
定　　价：52. 00 元

增订版说明

《闽南文化丛书》自出版以来，受到社会各界的普遍肯定；初版之书，也早就销售一空。许多读者通过不同的渠道，向我和其他作者，向出版社，征询购书途径，以及何时可以购得的问题，我们都愧无以应。

我认为，《闽南文化丛书》得到广大读者的接受和肯定，根本的原因，在于闽南历史文化自身无可替代的精神魅力。我们在丛书中多次指出：闽南文化是中华文化的一个重要组成部分，同时又是中华文化中的一个极具鲜明特色的地域文化。中华文化的核心价值促进了闽南文化的茁壮成长，而深具地域特色的闽南文化又使得中华文化显得更加丰富多彩。闽南文化是一种辐射型的区域文化，闽南文化既是地域性的，又带有一定的世界性。深具东南海洋地域特色的闽南文化，以其前瞻开放的世界性格局，在中华文化的对外传播乃至世界文明的发展史上，留下了不可磨灭的足迹。

当今世界，国际化的潮流滚滚向前。我们国家正顺应着这一世界潮流，大力推进“一带一路”建设的宏图。而作为中国海上丝绸之路核心区的福建特别是闽南区域，理应在国家推进“一带一路”建设的宏图中奋勇当先，追寻先祖们的足迹，不断开拓，不断创新。正因为如此，继承和弘扬闽南历史文化，同样也是我们今天工作事业中所不可忽视的一个重要组成部分。

从我们自身来说，虽然《闽南文化丛书》的问世受到社会各界的普遍肯定，深感欣慰，但是总是感到丛书还是存在不少有待修改提高的地方。出版社方面，也希望我们能够对丛书进行修订，以便重新印行出版。不过碍于种种的原因，或是各自的工作太忙，无法分身；或是年事已高，心有余而力不足，竟然一拖再拖，数年的时间，一晃而过。自 2016 年下半年时，我们终于下定决心，组织人员，原先各分册作者可以自己修订者，自行修订；原先作者无法修订者，另请其他人员修订增补。到了 2017 年 3 月，全部修订最终完成。

在这次修订中，由原先作者自行修订的分册有：《闽南宗族社会》、《闽南乡土民俗》、《闽南书院与教育》、《闽南民间信仰》、《闽南文学》。

其余分册，另请人员以增补章节的方式进行修订，各分册参加增补章节的人员及其增补章节分别是：

杨伟忠撰写《闽南方言》第四章《闽南方言的读书音与读书传统》；

庄琳璘撰写《闽南音乐与工艺美术》第七章《泉港北管》；

方圣华撰写《闽南戏剧》第二章《闽南戏曲主要剧种》；

林东杰撰写《闽南理学的源流与发展》第十二章《闽南理学家群体的多重面相》；

张清忠撰写《闽南建筑》第八章《金门的闽南传统建筑》。

此次修订，虽然增补了一些新的内容，但是我们内心还是感到离全面系统而又精致地表述闽南文化的方方面面，依然还有不少差距。这种缺憾，既是难以避免的，同时也为我们今后的研究工作留下了空间。我们希望与热爱闽南历史文化的社会各界同好们，共同努力，把继承和弘扬闽南历史文化的时代使命，担当起来，不断前进。

陈支平 徐 泓

2022年3月20日

于厦门大学国学研究院

第一版总序

在社会各界的关心支持下，《闽南文化丛书》终于与读者见面了。我们之所以组织撰写这套丛书，主要基于以下的三点学术思考。

一，闽南文化是中华文化的一个重要组成部分，同时又是中华文化中的一个极具鲜明特色的地域文化。闽南文化的形成及发展，是漫长的历史演变与文化磨合以及东南沿海地带独特的地理环境等多种因素逐渐造就的。中华文化的核心价值培育了闽南文化，而深具地域特色的闽南文化又使得中华文化更加丰富多彩。当今，区域文化研究已经成为一个世界性的学术热点，从中华文化整体性的角度来考察区域文化，闽南文化的研究理应引起学术界的高度重视。

二，闽南文化是一种二元结构的文化结合体。这种二元文化结合体既向往、追寻中华核心主流文化，又在某种程度上顽固地保持边陲文化的变异形态；既依归中华民族大一统政治文化体制并积极为之做出贡献，又不时地超越传统与现实的规范与约束；既有步人之后的自卑心理，又有强烈的自我表现和自我欣赏的意识；既力图在边陲区域传承和固守中华文化早期的核心价值观念，却又在潜移默化之中造就了诸如乡族组织、帮派仁义式的社会结构。这种二元结构的文化结合体，可以把许多看似相互矛盾、相互排斥的人文因素，有机地磨合和交错在一起。也许正是这种二元文化结合体，在一定程度上滋生了闽南区域文化及其社会经济的持续生命力，从而使得闽南社会及其文化影响区域能够在坚守中华文化核心价值的同时，有所发扬，有所开拓。对闽南二元结构文化结合体的研究，应该有助于我们从宏观上审视中华文化演化史。

三，闽南文化是一种辐射型的区域文化。从地理概念上说，所谓闽南区域，指的是现在福建南部包括泉州、厦门、漳州所属的各个县市。然而从文化的角度说，闽南文化的概念远远超出了以上的区域。由于面临大海的自然特征与文化特征，闽南文化在长期的传承演变历程中，不断地向东南的海洋地带传播。不用说台湾以及浙江温州沿海、广东南部沿海、海南沿海，深深受到闽南文化的影响，形成了带有变异型的闽南方言社会与乡族社会，即使是在东南亚地区以及海外的许多地区，闽南文化的影响都是不可忽视的社会现实。因此，闽南文化既是地域性的，同时又是带有一定的世界性的。在当今世界一体化的趋势之下，研究闽南文化尤其深具意义。

闽南文化的内涵是极为丰富深刻的，其表现形式是多姿多彩的。为了把闽南文化的整体概貌比较完整地呈现给读者，我们把这套丛书分成十四个专题，独立成书。这十四本书，既是对闽南文化不同组成部分的深入剖析，同时又相互联系、有机地组成宏观的整体。我们希望通过这套丛书的出版，一方面有助于系统深入地推进闽南文化研究，另一方面则促进人们全面地了解和眷念闽南文化乃至中华文化，让我们的家园文化之情，心心相印。

最后，我们要再次对众多关心和支持本套丛书的写作和出版的社会各界人士，深致衷心的谢意！

陈支平　徐　泓

2007 年 10 月

目　录

绪论

国家视野中的闽南宗族社会

宗族很早就有了，但只有到明中期的嘉靖年间，国家允许臣民建祠祭始祖，宗族才由自在宗族开始转化为自为宗族。乡约制度的推行促进了宗族的组织化和制度化，使宗族真正成为一个小社会，成为国家行政所立基的基层实体组织。闽南在明中期以后是东南宗族发展的繁盛地区。闽南宗族的文化建设和族际关系，体现着儒雅而强悍的民风。闽南宗族社会的宗支维系和联宗合族等特点，对清代台湾宗族社会有着深远的影响。

一、宗族与家族辨析

概念是分析的工具，事实是推理的依据，治史尤重之。尽管一些学者对家族、宗族的混用不以为然，其实这是研究宗族社会的障碍。

何谓宗族？这必须与家庭、家族概念的界定相系而别分。家庭分为两大类：核心家庭和扩展家庭。核心家庭也叫小家庭，指一对夫妻及其未婚子女所组成的家庭。扩展家庭也称扩大家庭，一般分为两个类型：主干家庭，包括一对夫妻及其子女和夫的父母；联合家庭，包括一对夫妻及诸子、甚至诸孙的生育之家。这里指的是父系继嗣家庭。家族是家庭的扩展，宗族是家族的扩展。[①] 按照中国历时两三千年的观念，同一高祖的血缘群体称为家族，也叫“五服之亲”或“五属之亲”。高祖以上某代祖之下的血缘群体称为宗族。[②] 以英语而言，family 包括中国的家庭和家族，lineage 指宗族，这是英汉翻译的定式。作为汉英翻译，宗族的翻译颇有讲究。虽然宗族指同一宗姓的继嗣群体，但只有以明确的世系和制度维系的宗姓继嗣群体才称为 lineage，而世系不清、关系松散的宗姓继嗣群体则称为 clan（氏族）。中国大陆自 20 世纪 50 年代以后，宗族组织一度瓦解了，而作为宗姓继嗣群体仍然存在，但在严格意义上，只是氏族（clan）而非宗族。当然，若不涉及翻译问题的中文表述，仍可称为宗族，就好像对于明中期以前世系不清、关系松散的宗姓继嗣群体，也称为宗族一样。不过，氏族与宗族的译词却能对含混的宗族概念有澄清作用。

与宗族有关的概念还有“乡族”一词。乡族之谓，或见于明清福建志书。傅衣凌先生指出：“中国的聚落形态……有的为一村一姓的村落，也有一村多姓的村落，他们构成为相当牢固的自给自足的乡族组织，用家族同产制或乡族共有制度等形式，占有大量土地……在这些村庄之中，乡族关系成为他们结合的纽带。”[③] 这里，傅衣凌的乡族看起来既可以指单姓家族，也可以指多姓家族。但“家族同产制或乡族共有制度”一语则说明家族别于乡族。据“在这些村庄之中，乡族关系成为他们结合的纽带”

---

① 参见郑杭生：《社会学概论新编》，中国人民大学出版社 1987 年，第 73 页。

② 杜正胜：《传统家族试论》，见黄宽重、刘增贵主编：《家族与社会》，中国大百科全书出版社 2005 年，第 2 页；李卿：《秦汉魏晋南北朝时期家族、宗族关系研究》，上海人民出版社 2005 年，第 26～27 页。

③ 傅衣凌：《论乡族势力对于中国封建经济的干涉》，《厦门大学学报》1961 年第 3 期。

一语，可知：乡族关系即建立在地缘关系上的几个家族的联合体。傅衣凌先生在这段阐述后，以江西弋阳西乡的族际关系为例来说明乡族特征。总之，傅先生所称的乡族即以地缘关系结合起来的复数家族。根据文意和例举，其“家族”实则为宗族。宗族除了地缘性的聚居宗族外，还有若干个异地宗族组合的超地缘的大宗族。除了血缘性宗族外，还有同姓整合而成的虚拟性宗族。

二、祠堂是新型宗族的标志

祖先之祭是宗族最大的礼制。先秦至明早期宗族的祭祖限制，使得宗族的功能无法充分发挥。朱熹继先儒之思想，提倡“君子”的“祠堂”之设，对先祖的常祭和对始祖的时祭，为新型宗族的创建做了理论和思想的准备。明代中期的嘉靖十五年（1536 年）放开祭祀始祖之禁，是新型宗族产生的时代界标。以此为界标，此前是传统宗族，此后是新型宗族。或者说，此前是自在宗族，此后是自为宗族。而祭祀超过高祖的始祖的祠堂之设，是新型宗族的根本标志。

宗族制度是中国文化的根基之一，具有十分悠久的传统，考察其历史脉络，大致可以分为三个大的发展阶段：春秋以前的宗法式家族制度，魏晋至唐代的世家大族式宗族制度，明代中期至清代、民国的祠堂宗族制度。明朝中期的嘉靖年间开始逐渐普见于民间的以祠堂为标志的宗族，是本书的主要视野。姓氏群体早在野蛮文明交替之际就已经出现。然而，只是同一宗姓的聚族而居，远不是明中期才出现的组织化和制度化的宗族。明中期以后的组织化和制度化宗族，以祠堂、族产、谱牒为三大标志。其中，祠堂是首要和根本的特征。如果没有以始祖或始迁祖为首的祖先之祀，就缺乏敬宗收族之功能。并且，祠堂是明中期以后新型宗族在组织、制度和管理上的精神凝聚和物质体现。因此，祠堂成为考察宗族形态的聚焦点。其形制、内涵成为鉴别是否是新型宗族的试金石。以始祖之祭为特质的祠堂所表征的宗族，有些学者称为“明清时期家族组织”[①]、“近世家族”[②]、“近代封建家族”或“族权式家族”[③]。鉴于在所谓“近代封建家族”之前没有宗族性祠堂，这种祠堂是明中期开始出现的新型宗族而别于此前宗族形态的分水岭，因此本书将明代中期开始逐渐普见的新型宗族，称为“祠堂宗族”。因此，祠堂成为考察宗族最重要的切入口。

商代，特别是周代开始，即有宗庙之祀，但那是天子、王侯、士大夫的特权。所祀之祖，王侯，不过五代；士大夫，仅三代。这种“礼不下庶人”的规定，一直延续到唐代。唐末杜佑编撰的《通典》详述唐和唐以前历代礼制的沿革。《通典》卷四十八的“诸侯、大夫、士宗庙”条下，注明“庶人祭寝”。所谓“庶人祭寝”，即平民祭祀祖先之所，只限于寝室。宋代，随着世族在唐末五代社会动乱中土崩瓦解。随着商品经济发展所触发的社会阶层的流动，“礼不下庶人”的官、民界线开始在松动。南宋大儒朱熹从哲学的高度阐述理学思想体系，并且将之运用于民间宗族文化的创制。他认为：聚之以族，约之以礼，族睦而国泰。民间文化与国家政治贯通圆融，这就是朱熹的“文化—政治”图式。朱熹的学说既高度理论化又可具体应用，他对基层社会的礼制设计细致繁复。他提出：君子之家应在家居之东营建祠堂，而庶民之家也要设祠堂，但只是祭于寝室的神主龛。历来奉祀祖先之所称家庙，唯有一定等级的品官才有这一权力。朱熹不提家庙而谈祠堂，意在不与礼制名目过招，以致有僭越违制的嫌

---

① 郑振满：《明清福建家族组织与社会变迁》，湖南教育出版社 1992 年，第 1 页。

② 杨志刚：《中国礼仪制度研究》，华东师范大学出版社 2001 年，第 350 页。

③ 徐扬杰：《宋明家族制度史论》，中华书局 1995 年，第 91 页。

疑，而是另辟蹊径，以祠堂说事。并且，不涉官民分野，而道之以“君子”。值得注意的是，尽管祠堂神龛只奉四代神主，但“冬至祭始祖”。朱熹继承了二程的思想，在他周详的祠堂设计中，常祭是家族祠堂，冬至、立春的时祭就变为宗族祠堂。也就是说，这种奉四世神主的家族祠堂蕴含着宗族祠堂的因素。这些看似平凡的设计，却是礼制改革起于青萍之末的蓄势旋风。尽管其最终目的在于维护封建国家的统治，但古代中国判若云泥的封建等级礼仪制度在朱熹的思想世界被颠覆了。

朱熹的理念和举措与重视民间基层组织和教化的明王朝遇合，成为明代国家意识形态的主导，并延续至清代。明洪武三年（1370年）礼书修成，朱元璋赐名《大明集礼》。其中的祠堂制度深受朱熹《家礼》中祠堂之制的影响，规定：品官可建祠堂，祀四代祖先；庶民祀二代祖先于寝室，后来改为可祀三代祖先。[①]

明代嘉靖朝开始放宽官民祭祖的规定。嘉靖十五年（1536年）礼部尚书夏言上疏建议世宗皇帝允许臣民祭始祖，促成“诏天下臣民祭始祖”。[②] 尽管该诏令允许官民祭始祖不是设木主常祭而是冬至日临时设祭，但却引发了更为重要的变化。依照新行礼制，冬至日祭始祖，祭时品官在家庙临时设立始祖纸质牌位。品官一旦可以在家庙祭始祖，那么其原本只祭四代的家族性家庙，就开始向宗族祠堂转变。而民间得祭始祖，宗族联合祭祖便水到渠成。政府对祭祖礼仪的越制并无干预的举动，以致品官家庙的临时设置的始祖纸质牌位就变为木质牌位而成常祭，甚至民间临时合族祭始祖也转向建宗祠祭始祖。这从华南地区宗祠建设的史实，可以得到印证。在福建，嘉靖《龙溪县志》卷一《四时土俗》说：“（冬至）巨家合族祀始祖”；嘉靖《仙游县志》卷一

① 参见常建华：《宗族志》，上海人民出版社1998年，第94～97页。

② 参见常建华：《明代宗族研究》，上海人民出版社2005年，第18页。

《风俗·岁时》说:“元旦先拜神明以祈一年之福,再谒祠堂致祭祖先”;万历《建阳县志》说:“(冬至)是日大族行祭始祖之礼”;崇祯《尤溪县志》卷四《风俗》说:“(冬至)会通族子姓以祀其始祖”;嘉靖《漳平县志》卷四《风俗·节序》说:“中元祀祖于家庙,民家颇重之”;崇祯《海澄县志》卷十一《风土志·岁时》说:“(冬至)是日巨家祀始祖”。值得注意的是,《龙溪县志》所载的“(冬至)巨家合族祀始祖”,既成当地“土俗”,积习成风已有不短的时日,这说明在祀始祖合法化之前,个别地方已经出现违制祭始祖的新风。尽管嘉靖之前,民间建祠祀始祖已有零星出现,甚至个别地方已成新风,但大量的发生是在嘉靖十五年以后。在这些记载中,很醒目的字眼是“祀始祖”的“始”,而清代方志一般只是说“祀祖”,说明这在明嘉靖时系新俗,故而特别强调以引起瞩目。

考察了发生于嘉靖朝祭祖礼仪的重要变化后,再来考察谱牒的历史。在中国历史上,至迟在西周,成文的谱牒已经出现。当时各级贵族实行世卿世禄制度,按照血缘关系的亲疏贵贱来分配财产和权力,使贵族世代享受政治和经济特权。这种在宗族内部实行按照血缘关系来分配财产和权力的制度,自然需要有记载这些贵族的世系和血缘亲疏的文献来保证,以免年代久远而发生血缘混乱,导致纷争。这种文献便是谱牒。到了春秋战国时随着宗法制度的崩溃,与之相表里的谱牒也就凋萎。东汉到唐代,随着世家大族式宗族制度的兴起,反映和维系这种宗族制度的谱牒再次兴起。明代归有光曰:“三代之衰,废古亡本,人自为生,涣然靡所统纪。……然魏晋而降,区区综核百氏,以门第官人。虽卑姓杂谱,皆藏于有司,而谱牒特盛。迄于李唐,犹相崇重。五季衰乱,荡然无复有存者矣。”[①] 清代朱次琦所见略同:“世禄废,

① 归有光:《龙游翁氏宗谱序》,见《震川集》卷二。

宗法亡，谱学乃旷绝不可考。汉兴，天子奋于草茅，将相出于屠牧，率罔知本系所由来。魏晋至唐，仕宦重门阀，百家之谱上于吏部。维时官之选举必稽簿状，家之婚姻必等门第，而谱学复兴。”[①] 上述的这类谱牒，皆为官修或私修官认。自魏晋至隋唐，朝廷皆置图谱局，设官修藏。唐末五代，门阀制度彻底崩溃以后，谱牒随之衰绝。精于谱学的苏洵说：“盖自唐衰，谱牒废绝。”[②] 应当指出，与这种官修或官管的谱牒主流并行的，还有魏晋以后谱牒私修的细流。[③] 宋以后，经过理学家的倡导，谱学有所恢复，但谱牒内容甚简。到了明后期，当一种新型宗族组织，即以祠堂、族田、族谱为特征的组织化宗族逐渐形成和发展起来以后，没有贵贱畛域的谱牒私修也随之逐步发展和完善起来。

一些学者将这种新型宗族的上限定为宋代，[④] 这是不准确的，因为即使到了南宋，这种新型宗族仍相当罕见，仅仅是露出苗头而已。就是在明代早期，这种新型宗族也非常少见。然而，后世编修的族谱往往将后来才修建的宗族祠堂投影于早年的家族性家庙，造成宋元时期已有不少宗族祠堂的假象。晋江闻名遐迩的庄氏宗族之例，可以说明这一问题。晋江青阳庄氏族人的祠堂和祭田是三世庄圭复于元代建置的，所建之祠只是家族祠堂。《青阳庄氏族谱》载：“三世庄圭复……始立祠堂，以奉宗先，创祭田

---

① 朱次琦：《南海九江朱氏家谱序》，见《朱九江先生集》卷八。

② 苏洵：《谱例》，见《嘉祐集》卷十三。

③ 参见常建华：《宗族志》，第236页。

④ 例如，徐扬杰认为：“从宋以后，经过封建理学家们的提倡和朝廷、官府的扶植，以及地主阶级敬宗收族的实践，一种区别于世家大族式的新的家族制度，即以祠堂、家谱和族田为特征的近代家族制度，逐步形成和发展起来。”（《宋明家族制度史论》，第423页）又如，李卿认为：“秦汉魏晋南北朝时期宗族合族进行祭祀的活动很罕见……宋以后发展起来的祠堂、族产、族规等标志宗族组织的主要特征此时皆不具备。”（《秦汉魏晋南北朝时期家族、宗族关系研究》，第235页）

以敦时祀。”[①] 从青阳庄氏族谱关于祭田的陈述来看，似乎庄氏在元代已形成祠堂宗族，其实不然。元代青阳庄氏第三世始建家族祠堂、设祭田以祀先。嘉靖九年（1530 年），才另择址建宗族性的祠堂即庄氏家庙于青阳山下。[②] 此前庄姓并没有宗祠，三世庄惠龙所置的蒸尝田在“族蕃”后，后裔“共分其地”。[③]

三、明代推行乡约对宗族组织化制度化的推动

明初乡约雏形萌生，明嘉靖八年（1529 年）开始推行乡约制度，进而推动宗族的组织化和制度化建设。反之，也可以说，为了贯彻乡约制度，也就对宗族长期所受的禁锢加以解禁。原因是乡约的本质就是乡族之约，没有宗族的建设，乡约将是无本之木。

福建族谱修于明代的少见，若有，便是嘉靖万历以后的。即使此前修了一些谱牒，但可以明确判断，这些谱牒多是家族谱而非宗族谱。宗族谱牒之修的普遍化趋势出现在嘉靖以后，这与宗族祠堂始建的年代相同。而明代广泛推行乡约，也是始于嘉靖。甚至，针对宗族的规约也几乎是出现在嘉靖以后。如此相合，必有深蕴其中的缘由。那么，乡约的推行与宗族祠堂的产生有何共因以及因果联系？

大致从明成化开始，土地兼并急剧发展，一次次规模甚大的农民起义风起云涌于明中期，这是民不聊生的必然结果。如何强化基层的统治，成为封建统治者亟待解决的问题。宋明理学的心学学派代表人物王阳明首先站了出来。

明正德五年（1510 年），王阳明在任江西吉安府庐陵知县时，

---

① 苏黎明：《泉州家族文化》，中国言实出版社 2000 年，第 130 页。

② 粘良图：《晋台宗祠及其姓氏源流》，厦门大学出版社 2007 年，第 16 页。

③ 苏黎明：《泉州家族文化》，第 130 页。

就进行过乡约试验。正德十二年他巡抚南赣，实行“十家牌法”保甲制，兼行劝谕教化。正德十三年王阳明推行南赣乡约，内容包括乡约的组织（约长、约副、约正、约史、约赞）、乡约所要解决的社会问题（应赋役、不通贼、倡良俗、息争讼）以及每月的约会仪式。乡约推行后，地方安靖。区域性推行的南赣乡约，正是后来嘉靖朝全面推行乡约的先导。

早在明初，明王朝就确立朱子理学在意识形态的统治地位。朱子学说的重要特点，不仅有哲学高度而且有细致入微的应用举措，其处江湖之远的“修身齐家”，意在居庙堂之高的“治国平天下”。正因为如此，学识精深的朱熹对北宋熙宁九年（1076年）陕西蓝田吕大均兄弟制定的旨在德治教化的吕氏乡约十分看重，并加以增减。这种敦同族之亲、美天下之俗的基层教化，通过朱子学嫡传宋濂的传达，深得洪武帝的青睐。洪武朝以里甲、老人作为乡村基层管理的基本骨干。老人除了理乡讼，还司教化。教化的范本是《教民榜文》。也可以说，明初就开始推行类似乡约的乡村教化和自治，但其组织化程度较低，据明中期至清初有关官员和学者的回顾及反思的言论可知，明初类似乡约的实行并没有持之以恒，宣德以后，民间的申明、旌表二亭形同虚设，“小事不由里老辄赴上司”，“（粮长）包揽词讼……惟老人则名存而实亡矣”。[①]

应当指出，早在自嘉靖八年（1529年）开始由国家策动的乡约推行之前，甚至在王阳明施行南赣乡约之前，已出现由地方官员指导实施或民间自发的乡约实践。正统三年（1438年）广东潮州知府王源在任内推行乡约活动：“刻蓝田吕氏乡约，择民为约正、约副、约士，讲肄其中。”[②] 泉州清道光七年（1827年）《重

---

① 顾炎武：《日知录》卷八《乡亭之职》。

② 民国《龙岩县志》卷二十五《王源传》。

修溪亭约所碑记》记："（乡约所）其建于溪亭者，自前明永乐年间始。"[①] 宣德年间，龙岩举人蒋辅秩满归里，"与乡人讲行蓝田乡约"[②]。这些是明代乡约最早的一批记载。[③] 这些实验性的乡约，仅仅具有教化功能，它们既无王阳明施行乡约与保甲制度的相互结合，更无嘉靖初年国家开始推行的乡约所兼具的司法功能。

明嘉靖元年（1522年）到嘉靖七年，农民起义不断。嘉靖八年以兵部左侍郎王廷相上疏为契机，户部以社仓、义仓、保甲和乡约并行，进行推广。王廷相在这次奏疏首先提到的就是"各省岁饥，民且相食"[④] 这种国将不治的凶险局势。

明嘉靖十九年（1540年），"监察御史舒迁疏请……立乡约以厚风俗，严禁令以遏强暴，择良民以司出入，请旌表以诱向义，因民上所利而不费，藏富于民而下不扰。疏入，上嘉纳之，下户部议，悉从其言。仍命有司从实举行，勉图惠政"[⑤]。嘉靖年间，泉州府贯彻礼部举乡约的通知，是从王仕俊（号方南）开始的。《青阳乡约记》叙道："约正之名，委重于士夫者，自吾郡守方南王公始。公立法之意徵矣，盖以末俗滋伪，讼端蜂兴，所望于士夫者，以身率物，以陈太邱为表正，为王彦方之劝谕，为蓝田吕氏之乡约，庶几俗可治而讼可省，是故立斯名以责其实也。"[⑥] 乾隆《泉州府志》载："王仕俊……（嘉靖）十三年以郎中任（泉州知府）"[⑦]，后于嘉靖十九年卸任。嘉靖十九年七月明世宗"嘉

① 郑振满、丁荷生编纂：《福建宗教碑铭汇编·泉州府分册》上，福建人民出版社2003年，第343页。

② 何乔远：《闽书》卷一一九《英旧志·缙绅》。

③ 汪毅夫：《试论明清时期的闽台乡约》，见《闽台区域社会研究》，鹭江出版社2004年，第27页。

④ 《明世宗实录》卷九十九，嘉靖八年三月甲辰条。

⑤ 《明世宗实录》卷二三九，嘉靖十九年七月戊戌条。

⑥ 粘良图：《晋江碑刻选》，厦门大学出版社2002年，第53页。

⑦ 乾隆《泉州府志》卷二十六《文职官》。

纳”监察御史疏请，而后户部才檄天下，令至泉州，王仕俊差不多离任了。因此，王仕俊贯彻乡约之举当在嘉靖十九年之前。由此可知，嘉靖十九年由户部檄天下举乡约，是对嘉靖八年首次推行乡约后所做的重申。这反映了嘉靖朝君主和朝臣对于推行乡约的高度重视。但从推行的情况来看，各地时间有差，有些地方迟至万历时才记载推行乡约的情况。

总的来说，自嘉靖八年（1529年）开始，由国家策动，历经嘉靖、隆庆、万历三朝的乡约实施，对于乡村教化和自治建设，具有重要现实意义和历史意义。这场乡约实施的效果也是显著的。从嘉靖八年到天启七年（1627年）约一百年，社会明显安靖多了。乡约究竟有哪些实践，以致有此等社会功效？

乡约的宗旨是讲善修睦、敦民化俗。明初的耆老制度与之有类似之处，但与嘉靖朝开始推行的组织化、制度化和具有实效性的新型乡村治理制度——乡约，不可同日而语。乡约的具体内容，各地存在一些差异，但基本内容是一致的。惠安知县叶春及所推行的乡约，比较完整地保留在其所著的《惠安政书》里，颇具有代表性。

据叶春及介绍，乡约教化内容的核心是：“以六谕道万民”，“以四礼齐万民”。具体有：冠礼（成年礼）四条，婚礼十二条，丧礼八条，祭礼五条，明伦五条，禁邪七条，务本三条，节用二条。每项条例规定很细，如丧礼第四条规定：“凡停柩踰年不葬，及溺于风水，兄弟相推不葬者，各行戒谕，违者罪之。”又如婚俗末条规定：“凡媒妁为人议婚，须通两家之情，待其许诺，勿得欺诳。但求事成，以贻他日之悔，事发罪之。”乡约规定每月朔望二日，集会宣教：“月吉（朔），乃属民而读法，书其善者、恶者，老人以木铎徇于路，望亦如此。”除了教化，乡约的又一个功能是司法，即听讼理断。所司之法限于一般民事，计有十九项内容：户婚、田土、斗殴、争占、失火、窃盗、骂詈、钱债、赌博、擅食园林瓜果、私宰耕牛、弃毁器物稼穑、畜产咬杀人、卑幼私擅用财、亵渎神明、子孙违犯教令、师巫邪术、六畜践食禾稼、均分水利。“奸盗、诈伪、人命重事，方许赴官陈告”。[①]可见，乡约是礼法兼行的乡村自治制度。[②]

叶春及为官清正谦谨，离任时“父老送出郊者累千人”[③]。尽管他在《惠安政书》里并没有展示他推行的乡约之良效，但可从同样有效实行乡约的晋江青阳窥得若干。退休官员庄用宾任约正多年，嘉靖二十四年（1545年）四川参政洪富丁艰回晋江，撰《青阳乡约记》。记曰：“吾乡有石鼓庙，旧宇倾圮，庄子捐己赀而一新之。于是崇明黜幽，迁佛像于其东西傍，而中为众会之所，悬条约于堂。至朔望，偕钜姓四十人抵其所而申明焉。分为十甲，每岁庄姓偕诸钜姓各二人分董其事，务在相劝相规，相友相恤。有善者，与众扬之，虽微不弃；有犯者，与众罚之，虽亲不贷。抑强而扶弱，除奸而御盗，解纷而息争。由是凡子弟以礼相轨，僮仆以法相检，乡族以睦相守，鸡犬赖以宁，百谷果木赖以蕃，沟渠水利赖以疏。”[④]

乡约虽与里甲组织互为表里，但里甲职责在赋役、稽查，乡约的实行实际依靠的社会组织是宗族或乡族。青阳乡约所依靠的正是乡族：青阳的庄姓、蔡姓等几个大族的代表人物构成乡约的领导骨干。如果乡约所覆盖的社区是单一的宗族，那么乡约也相当于族约；如果乡约所覆盖的社区是几个宗族，那么乡约的推行也要依靠这几个宗族，并且乡约也就是这几个宗族所组成的乡族

---

① 叶春及：《惠安政书》卷九《乡约篇》。

② 参见郭志超《农村社区礼法兼治的历史思考》和刘朝晖《从〈青阳乡约记〉看民间社会的乡村自治》，两文载《闽台石鼓庙文化学术研讨会论文集》，晋江县历史文化研究会1998年编印。

③ 嘉庆《惠安县志》卷二十《名宦》。

④ 粘良图：《晋江碑刻选》，第53页。

联盟的乡族约。因此，乡约的有效实行自然有赖于宗族这一现成的民间社会资源。当宗族群体还缺乏始祖祭祀时，宗族因无始祖祭祀的认同仪式，就难以敬宗，无敬宗则族散而不聚，乡约也就会因缺乏宗族或乡族的支持而导致失效或低效。重视推行乡约的封建统治者不会无视这一明显的道理。由此联系到前述的嘉靖十五年（1536年）礼部尚书夏言上疏建议世宗皇帝允许臣民祭始祖，促成"诏天下臣民祭始祖"这一划时代的礼仪变革，其发生与乡约推行近乎同步，实不偶然。始祖祭祀之禁一旦放开，品官原本只祭高曾祖祢四代的家族性家庙，就开始向宗祠转变。而民间得祭始祖，合宗祭祖便会导致祭所的变动，即从寝室祠堂转变为择地另建的宗族祠堂。祭祀始祖之祠的产生，就使自在性的宗族成为自觉性的宗族。而祠堂激发的敬宗收族的观念，亦将带动清世系、明血缘的谱牒编修。祭祖例费须要族产支撑，于是成为祠堂专属财产的以祭田为主的族田与时俱增。而且，祭祖不限于高曾祖祢四代，原有的家庭或家族祭田就会随着时间的推移而升格为宗族的祭田。

尽管民间修谱早已零散发生，但逐渐普遍的修谱局面，则是以宗族祠堂的创建为引领。而且，祠堂宗族形成之前的谱牒，内容简单，不过是"祖宗远近姓名讳字年号"、"世族数之远近"、"标坟墓之所在"、"载适女之出处"。[①] 当以建祠为标志的宗族开始组织化、制度化的进程，家训、族规成为首要，祭田族产也须载明，发挥承前启后作用的像赞、形状一一记录，营造远祖英伟传奇不吝笔墨，族史溯至三代可愈远愈伟。族谱的这些历史建构、纲纪规定、公产载明使谱牒编修日益繁复丰富起来，宗族的普世化及其组织化、制度化建设使谱牒进入一个新的历史时期。

宗祠、谱牒、族田开始并驾齐驱，祠堂宗族组织的发展一发

① 方孝孺：《逊志斋集》卷十三《族谱序》。

而不止。朱熹《家礼》所设计的祭于寝的家户祠堂（实际只是神龛而已）和品官家族小祠堂，在历史的进程中犹如撑破花盆的树苗，植入广阔乡土而根深叶茂。宗祠的纷呈迭出，标志着组织化、制度化的新型宗族开始了普遍化的历史进程。

对于宗族的组织化和制度化建设，乡约发挥了直接的推动作用。常建华先生洞察到明代后期宗族的乡约化，并注意到早在明中期已出现宗族乡约化的端倪。[①] 明中期的成化弘治年间，苏州人文林先后任温州府永嘉知县和温州知府，这就使他在当地推行乡约有一个较长的时间，从而对乡约有较深刻的理解，尤其对地缘性乡约与血缘性宗族的关系尤有独到的认识。他知永嘉县的第一年，就开始推行乡约。弘治十一年（1498 年）他任温州知府的当年，就在全府推行乡约。他发现："大家豪族，险决万山，安能月诣邑为约。又族之大者聚不下千人，足自为约。……是故立族范所以一而归之礼焉。"[②] 这就是说，对于族大人多的宗族，各自为约。这样，"族范（族约）"相当于"乡约"，"族长"相当于"约正（约长）"。这就是文林所倡行的宗族乡约化。

明中期由国家推行的乡约，虽然没有明许宗约也可为乡约，但却直接推动了宗族的乡约化。也就是说，地缘性的乡约被复制到血缘性的宗族。乡约有约长、约副、约赞等组成的领导层，宗族也有族长、房长和专项事务经办人等组成的领导层。乡约是里级行政社区社众共同遵守的条例，宗族也有族众共同遵守的族规，族规亦称"宗约"、"族约"。乡约有约正、约副，清代闽南宗族依照官方要求，还另设官方选任的族正、族副。[③] 这些正是乡约在宗族的投影。当然，早在宋代、甚至宋代以前，就有家训、家法，但这类规约几乎都是针对家族而不是宗族。这类家族

---

① 常建华：《明代宗族研究》，第 258 页。

② 文林：《文温州集》卷八《族范序》。

③ 嘉庆《云霄厅志》卷三《民风·谕云霄六十保一十三村族正族副》。

规约，成为明中期祠堂宗族规约的酵母，并与乡约合成而复制于宗族，一起推动祠堂宗族规约的产生和发展。

将明代惠安知县叶春及制定的乡约与闽南有关宗族族规进行比较，就可以发现乡约与族约（族规）的内容构成是何其相似。晋江县施氏宗族的族约有：一，“族中既立有族房长，事可质平，皆当据实秉理……诣大宗祠，平心剖析孰是孰非，大杖小罚，就祖宗前释愆修好。倘强悍罔从，逞凶兴讼者，通族公讨”。这与叶春及制定的乡约同样拥有一般民事司法权，并且同乡约一样不得超越约内司法范围而擅自告官。二，“婚、丧……族房长察其果限于贫弗克自举者，就公项会族量助，务令速举。若冒费不速举，本人杖，族长赔偿”。三，“闺门最宜严肃礼”。四，“子孙见尊长，当循循执礼，不可倨傲”。这与“婚”、“丧”、“禁邪”和“明伦”对应。五，“士农工商，各宜勤俭……设有不肖子弟弃生业，结匪类，开设赌场……令其改过自新，不改者送官究治”。[①]这与“务本”、“节用”、“禁邪”对应。从根本内容而言，皆为倡行正风端俗、明伦尊长、睦族息讼、务本节用，构成了在良好风习的氛围中，以尊卑为经、以睦族为纬的文化图式。这一图式，是通过自律和他律来实现的。教化和规约形成他律，他律则内化为自律。

在族约的条例中，教化的“礼治”和惩罚的“法治”经常是结合在一起的，上引施氏族约即是。再看永春达埔官林李氏宗族族规的前五条：一，“祖宗祭祀，必诚必敬……不许苟且，亵慢先灵。……如故犯，拿赴祠堂重责”；二，“凡为人子，务尽孝养之道。不许溺爱妻孥，忤逆弃养。……如有此等，众共诛之，不许入庙，不许入谱”；三，“兄弟……务尽友恭……阋墙之诮，骨肉相残……众共革之”；四，“伯叔长老，族中之尊……为子侄，

---

① 晋江《浔海施氏族谱》天部《族约》。

必守敬恭之道，如有卑幼抵抗尊长，出言不逊……姑悔之不悛，拿赴祠堂重责”；五，“夫妇为人道之始，不幸丈夫早殁，如能守节，人所共钦。……改节，必出外姓，即嫁出，不许仍回配本族……盖本族非叔婶侄妇，即弟妇兄嫂，干犯伦纪，大坏人道，不许入庙，不许入谱，众共革之”。[①]

综合上述的乡约与族约的比较，可见两者非常相似。这种相似是乡约对族约投射的效果，也反映了乡约制度对宗族制度的推动。

四、宗族的礼法施行和经济营造以及族际的维和与抗争

礼法让宗族有序，族田使宗族可依。族田不仅是祭祖的保障，而且没有以族田为主的族产的经济营造，礼法兼治就没有基础。乡村社会不是单一宗族的世界，祭神维和与族际抗争是乡族社会的两极。

一个社会若缺失纲常法纪、充满仇恨和争斗，这个社会就崩溃了。宗族是个小社会，既要教化以礼，又要整肃以法。以纲常建构秩序，以风俗规范生活。倡导互助相衅、释仇怨增友爱，这就是教之以礼；用强制性的规约维持建立起来的秩序，以惩罚措施作为纠察维范的震慑人心的司法权威，这就是肃之以法。任何事物都不能超越其时代范畴，宗族的规约也是如此，其历史的局限性随着时间的推移日显。在封建时代组织化宗族这个小社会里，人们可以得到血缘群体的亲情相助，安居乐业有着血缘群体的群体保障。平心而论，族约尽管以封建国家的意识形态为准绳，但也体现民间一定的平等精神，甚至有模糊的民主理念。乡约的约长是民选，宗族的族长也是公推。族约所倡行的长幼有序、抑强扶弱、相友互助的和谐原则，反映了族众的共同权益。

① 永春《官林李氏七修宗谱》。

晋江施氏族约中“若冒费不速举，本人杖，族长赔偿”的条例，体现族长也受到约束。以族长为首的宗族领导层所执行的司法范围只是一般的民事，且不得拘禁，目的在于息讼睦族，而不是把宗族拨弄得鸡飞狗跳。性质较严重的民事纠纷和刑事案件，宗族须依法报官审理。有的宗族不依法报官，越权司法，那不是普遍现象。至于族长草菅人命，乃极罕见。所传的骇人听闻事件，大多失实。笔者在南靖县做田野调查时，就听过好几个村子流传着用猪笼装人沉溪以惩办有伤风化的传说，其实皆空穴来风。然而，传闻虽虚，却有震慑人心的功效。这大概是民间别异的教化方式。

宗族的教化和司法还与族内救济结合起来，营造一个即使在社会动乱中也有相对稳定的社会小环境。当一个个封建王朝在战火中灰飞烟灭，新的王朝产生后，社会经济却很快复苏，其中一个重要原因就在于这种宗族社会的稳定性。这也是中国封建社会进入晚期后，依然有树枯叶青这般超稳定性的一个重要原因。[①]关于宗族对于晚期中国封建社会苟延的作用，或被视为宗族一大罪过。其实，恰恰是在这种所谓的“罪过”中，宗族实践了睦族济困的德行。与其让黎民百姓在社会动乱中流离失所、人命危浅，抑或是无数生命在改朝换代的历史变动中化为尘土，不如宁可社会行进缓慢些，也要让芸芸众生在宗族这一避风港里求得生存和安居。历史进程应成为人类幸福的舟楫，而不是让人类成为历史进程的纤夫。当我们把握“以人为本”的理念后，那些对宗族的历史责备，值得进行深刻的反思。

---

① 陈支平指出：“这种具有相对稳定性的家族制度，既成了社会动荡和阶级矛盾的平衡器与调节器，也是处在升降荣辱富贵贫穷不断激荡变化中的社会各阶层的共同避风港和最终归宿”；“也是中国封建社会晚期之所以能够那样坚韧有力，富有回旋余地的一个重要因素。”见《近500年来福建的家族社会与文化》，三联书店1991年，第258、259页。

族田是维持宗族的礼法实施得以运行的经济支柱，[①] 完全没有族产族田的宗族组织是不可能存在的。[②] 宗族的族田主要为祭祀而设，但还有助学、荫润（房支通过直祀轮作获益）、救济等功能。族田的广置和世代保持，与宗族的强大和长盛不衰形成互济的关系。[③] 族田分为两大类：一是祭祀田，也叫蒸尝田、祠田；一是赡族田，包括义田、书田（学田、书灯田）、公役田等。北宋皇祐二年（1050 年）范仲淹在苏州长洲、吴县置田十余顷，设义庄这一管理机构，将每年所得租米供给各房族人作为救济助贫之用，此为族田之始。此后，设义庄、置族田者渐增，但仍为数不多。义庄族田的创建者多是仕宦之家，也有少数富商。这种义庄族田因私人捐建，地权尚未为宗姓血缘群体所公有，与祠堂宗族的族田性质有别。而祭田，虽然很早产生，但在明朝国家允许官民祭始祖之前，这种祭田只是家庭或高祖以下的家族的祭产。明中期的嘉靖年之前，违背国家礼制的宗族始祖之祭，已有零星发生，有祭祖就会伴有祭产，极个别地方出现的建祠祭始祖已有一定数量。把这种个别的建祠祭（始）祖的违制现象放大，把义庄管理的族田与后来祠堂宗族的族田混为一谈，这应是所谓“宋元以来近代宗族形成”这一误识的缘由。

祠堂宗族的族田是宗族的公产。其来源有三：一是提留，即分家析产时提留一定数量田产作为祖、父辈的赡养费来源，祖、父辈殁后，此田即为家庭或家族祭田，当家族发展为宗族，即为宗族祭田。但在宗族形成后，这种祭田只属某祖祭田，只用于某祖祭祀；二是义捐，就是殷实之家主动捐银购置族田；三是派捐，就是按人丁或田产摊派银钱，甚至娶妇、添丁也有“喜庆

---

① 参见陈支平：《近 500 年来福建的家族社会与文化》，第 53 页。

② 参见苏黎明：《泉州家族文化》，第 131 页。

③ 参见莫里斯·弗里德曼著、刘晓春译：《中国东南的宗族组织》，上海人民出版社 2000 年，第 17 页。

银”之捐的额定款。然后用这些钱款购置族田。宗族族田实际上属于不同的层级，族下有房，房下有亚房，亚房下仍有很多的层级。某一代亚房建起房祠，就有这一层级房分的族田。某房分的族田只属于该房分所有而不属于整个宗族共有。由于族田不得典当买卖，宗族历久，族田积多。1950年春，福建省农民协会曾对解放前福建若干地区进行典型调查，那时还不知随机抽样，很可能是哪里公田多就去那里调查。其中，古田七保高达75%，仙游四村占43%，永春七村占29%，南安新榜村占15%。该报告称：“一般来讲，闽北、闽西占50%以上；沿海各地只占到20%到30%。”①

当时视公田实质为封建地主阶级剥削农民的土地，尽管有调查数据，但系基于“典型”调查，就普遍性而言，这些数据须大打折扣。不过，我们从中可以了解到从沿海往山区，族田明显呈递增的趋势，即使在闽南一地，情况也是如此，如位于山区的永春的公田就比沿海的南安多一倍。但族田少不见得族产就少。明清以后商品经济较之唐宋元有长足发展，从事非农业的人数明显增多，这也意味着社会财富不再以田产为单一标准。在手工业和商品经济比较发达的闽南沿海地带，族产的名目繁多，诸如：糖房（制糖作坊）、焙灶（干果作坊）、店铺、海荡（滩涂养殖地），甚至干脆以货币作为“公钱款”生息。明清以后，闽南人移民南洋逐渐增多，业绩也日益斐然。闽南华侨素以“慷慨捐输”著称，这种侨风缘于原乡的民风。如“（泉州府）其人乐善”②。“（晋江）人多好义，凡邑中兴建大事，及寻常施舍，家非富饶，亦耻于人后”③。他们对家庭、家族、宗族和家乡的经济贡献相当可观，以致闽南有“靠侨吃侨”的民谚。因此，兼有侨资这一外

① 见陈支平：《近500年来福建的家族社会与文化》，第63页。

② 弘治《八闽通志》卷三《地理·风俗·泉州府》。

③ 道光《晋江县志》卷七十二《风俗志》。

力的闽南族产是比较充裕的，以致晚清以后闽南侨乡有的宗族械斗由冷兵器改变为热兵器。当然，这绝不意味侨资与族斗有着必然联系。钱如水，可灌溉也会泛滥，其益其弊受制于社会清浊状况和地方良劣风习。

乡族的地缘关系决定不同宗族的乡族共同体有着共同的地方利益，因此族际关系远非争斗一语可蔽之。既有竞争也有协作，既有对峙也有整合，这才是乡族内部真实的族际关系。这种族际关系实际是不平等的，即乡族组织由人多势众，特别是士绅较多或政治地位较高的宗族掌控。同时，乡族又以规约面前诸族平等的约束来制衡族际关系的不平等。[①] 以宗族的理性观念而言，宗族对“乡族睦而宗族兴”是有共识的。康熙时任大学士的李光地所在的安溪湖头李氏宗族，就是本地乡族的主导性宗族。李光地曾为本乡里已有的乡规补续一篇《同里公约》，强调：虽“乡规俱照去岁条约遵行”，然“（处事）心虽无私而气不平，事虽不错而施之甚，则亦于仁恕之理有乖，皆未足以服人心”，希望慎酌“事之轻重大小”，“约正……秉乡政，则须主持公道”。[②] 这说明乡族规约重视秉公施政的原则。陈支平先生有这一论述：“在那些乡规民约得到长期执行的地方，大族巨姓在操纵、控制地方事务的同时，一般也能顾及到其他小姓的利益，俾之和谐相处。”[③]

除了乡政外，族际维和或乡族整合的另一个途径是神明信仰仪式。在华南，以地缘性村庙整合着不同血缘群体，这是国际汉学、人类学的一致看法。如在惠安县山霞乡，东坑、下坑和下坂，为李姓所居，称“三李”，也叫“青峰铺”；苏坑、前仑、后蔡、莲石、山内、后曾、大峡、东溪、新塘内这九村，为苏姓所居，称“九苏”，也叫“青山铺”。晚清发生“三李拼九苏”的械

① 陈支平：《近500年来福建的家族社会与文化》，第116页。

② 李光地：《榕村别集》卷五《同里公约》。

③ 陈支平：《近500年来福建的家族社会与文化》，第116页。

斗。和解后，李、苏两个宗族在清明节和中元节青山王春秋二祭时，在青山宫举行共祭仪式，而后协调处理两铺事务。[①] 整合李、苏两族的青山宫系纯地缘性宫庙。

但准确地说，在宗族组织发达，特别是单姓村落遍布的地区，纯地缘性的村庙是不多的，村庙多属于宗族。然而，在族际整合的神明崇拜仪式中，核心地位的宗族村庙在观念上成为乡族村庙。只有那些几个宗族联合共建的宫庙，才是纯粹的乡族所有的地缘性村庙，但这种情况在闽南甚少，在台湾则较多。南靖县书洋乡的情况可以清楚解释族庙与乡族庙的关系。在书洋的萧、刘、吕乡族社区，萧姓为大族，其宗祠所在地的角祖庵是萧姓的主庙。萧、刘、吕三姓以角祖庵为中心，共同组成祭祀圈。每年正月初九，三姓举行该庙主神蛇岳王公的游香仪式，游香队伍走遍三姓所有的村落。萧姓还有另一座地位仅次于角祖庵的供奉保生大帝的显应宫，每12年，萧、刘、吕三姓组织香火团到九龙江入海口的青礁慈济宫举行割香仪式。[②] 这就是说，族庙同时也可以是乡族庙。角祖庵以及显应宫这两个民间宗教仪式起到了乡族整合功能。明清以来，萧、刘、吕除了风水地气有过争议外，三姓相安无事。

宗族所存在的一些负面因素是不可否认的，其中族际械斗最为世所诟病。宗族在认同和凝聚的同时，必然伴生着对族外群体的识异和排斥。宗族尽管有排他性，但只有在民风悍狠和吏治腐败的情况下，宗族才会长出伤害他族的尖牙利爪。宗族与械斗没有必然的关系。械斗起因固然也有涉及地方权益之争，但多是“雀角细故”。在宗族看来，风水关系到宗族命运兴衰，甚重之。

---

① 郭志超：《青山王崇拜的调查》，见林祖慰主编：《惠安青山考》，中国统计出版社1994年。

② 郭志超：《民间宗教视野的闽客族群比照》，见石奕龙、郭志超主编：《文化理论与族群研究》，黄山书社2004年，第389页。

如果“细故”牵涉到宗族风水，举族就要为维护“族运”这样的大事而抗争。在许多宗族看来，族人受欺就是宗族受侮（也有不少宗族以理论对错），这些宗族就要为“面子”而抗争。这就是宗族观念逻辑，这就是“细故”酿成族斗之大祸的缘故。

值得注意的是，明清福建土堡和土围楼修建的第一推动力缘于倭乱，但在后续的土堡建设中，就与族际关系紧张乃至械斗有关了。[①] 漳州土堡盛于闽南，而漳州土堡、围楼甚多的漳浦、平和、云霄、诏安，也是闽南宗族械斗的高发区。发祥于闽南沿海地区的土围楼，之所以很快传播和兴盛于闽西客家地区，在于这种建筑形式很适合敦亲睦族的闽西客家人聚居的要求。在那里，这种能以较少占地营建较多居住空间、又可以张扬宗族或家族势力的新型民居建筑，已经同宗族械斗没有太大关系了。由闽南传入闽西的土围楼，其防御形制照承原始，这往往被误以为是当地争斗的产物。在闽西客家人没有太多战斗防御动机而兴建土楼的清代，闽南，主要是云霄、平和、诏安的土堡和土楼建设却一直有着准备族间械斗的因素。撰于道光十年（1830）左右的陈盛韶《问俗录》描述道：“（诏安）四都之民，筑土为堡，雉堞四门如城制，聚族于斯，其中器械俱备。二都无城，广筑围楼，墙高数仞，直上数层，四面留空，可以望远。合族比栉而居，由一门出入，门坚如铁石，器械毕具，一夫疾呼，执械蜂拥，彼众我寡，则急入闭门，乞求别村，集弱为强。”陈盛韶接着谈起土堡、围楼缘起以及械斗祸害：“其始由倭寇为害，民间自制藤牌、短刀、尖挑、竹串自固。后缘海盗不靖，听民御侮，官不为禁。至今遂成械斗张本矣。江、林、沈、程、许、徐斗案，死者数十人，张、胡两村斗几百余年。田地荒芜，死者难更仆数。”[②]

---

① 王文径指出：“不少家族打着防倭的幌子建造城堡土楼，实际目的则是为了防御大族。”见《城堡和土楼》，漳 2003 年内刊书，第 181 页。

② 陈盛韶：《问俗录》卷四《诏安县·土堡》。

闽南宗族械斗主要发生在清代嘉庆以后至民国年间，尤其是19世纪90年代至20世纪20年代。这也说明国家衰弱、社会败坏之日，便是宗族械斗猖獗之时。国朽世腐集中体现于吏治的败坏。官员对宗族械斗的态度和处置分为两类，一类是往谕息争，甚至消除斗因；一类是“以械斗为官府之利薮，利其犯法而后逼其行贿”[①]。后一类正是吏治败坏的表现。

宗族与械斗固然有联系，但不见得是必然联系。华南宗族不唯闽南特盛，皖南宗族势力很盛，为何其处械斗罕闻？泉州府属地的宗族之盛绝不逊于漳州府属地，为何漳之宗族械斗盛于泉？设使闽南没有宗族组织，难道就没有械斗或械斗会锐减？清代早、中期，台湾还处于移民社会阶段，宗族组织尚少，而以漳、泉移民及其后裔为主的分类械斗风起云涌，其势汹汹，令漳泉原乡的宗族械斗小巫见大巫。看来，将械斗与宗族做必然联系的捆绑，不见得正确。“漳、泉俗好斗，其来久矣”[②]。此俗的来龙去脉及其与宗族械斗的关系值得重新思考和进行多维探究。

五、闽南宗族制度在台湾的流变

建祠祀祖是考察闽南也是台湾宗族社会的窗口。总趋势来说，台湾无论是移民社会还是定居社会，都延续闽南宗族制度的传统，并出现虚拟宗族和祭祀公业的流变

当我们将研究闽南宗族的目光投向海峡彼岸时，还须重提开篇提到的“祠堂宗族”这一概念问题。祠堂是宗族首要和根本的特征。没有以始祖为领的祖先之祀，就无敬宗收族之功能。并且，祠堂是明中期以后新型宗族在组织、制度和管理上的精神凝聚和物质体现。以祠堂为肇始的宗族形态，有些学者称为“明清

---

① 嘉庆《云霄厅志》卷二《学校》。

② 道光《重纂福建通志》卷二一二《儒林传》。

时期家族组织”、“近代封建家族”或“族权式家族”等。鉴于在这种所谓“近代封建家族”之前没有宗族性祠堂，这种祠堂是明中期出现而别于此前宗族形态的新型宗族的根本标志，因此将明代中期开始逐渐普见的这种新型宗族，称为“祠堂宗族”是恰当的。然而，清代台湾宗族的发展形态却有其突出的地方社会特点。

因渔而暂住兼事农，由暂住而常住再定居，这是大陆汉民开发台湾北港的方式，也是大陆汉民开发台湾最早的历史图景。到了明代末期，北港的汉族人口已有一两万人。[①] 1662年郑成功驱荷复台后，数万计的人口集中移住台湾。1683年康熙统一台湾后，移民赴台以涓滴成流的形式进行。乾隆嘉庆期间移民数量剧增。嘉庆时，台湾汉族人口接近200万。移民及其后裔大多数是漳泉籍，此外是潮梅籍。在嘉庆道光年间，宗族组织陆续涌现。此前，也有数量甚少的宗族组织。咸丰年以后，台湾由移民社会开始向定居社会转型，血缘组织开始取代地缘组织的主导地位，宗族成为民间社会的基本组织。台湾宗族的组织形式分两类。一类是血缘宗族，一类是契约宗族。所谓契约宗族指的是，以同一祖籍地的同姓原则组成以祭祀公业为基础的宗族。参与者缴纳一份资金，这些资金用于购置田产，作为宗族的祭祀公业。早在乾隆早期就有这类宗族组织的记载：“台鲜聚族，鸠金建祠宇，凡同姓者皆与，不必其同枝共派也。”[②] 但这只是指开发时间久的台湾县新出现的情况，在台湾西部平原南北两路新移垦地区尚未呈现这种风习。从“台鲜聚族”可知，同宗聚族的血缘群体还是有的，只是少见，但既然非同宗的同姓都要鸠金建祠，那么血缘宗

---

① 陈碧笙：《台湾地方史》，中国社会科学出版社1982年，第38页。另江日升《台湾外记》卷六记载：“查自故明时，原住澎湖百姓有五六千人，原住台湾者有二三万人，俱系耕渔为生。”

② 余文仪：《续修台湾府志》卷十三《风俗一》。

族当然更早就建立宗祠了。血缘宗族也是以祭祀公业作为经济基础，祭祀公业一般是由某代祖先的田地遗产转为祭产的。

在台湾县，即使是这种通过契约关系组合的宗族，也仍是以建祠作为建立组织化宗族的根本举措。就这一点来说，其宗族整合的方式与大陆原乡是一致的。没有宗祠的始祖之祭，就难以认祖而聚族。上引的这条“鸠金建祠”的记述接着说：“祭于春仲秋仲之望，又有祭于冬至者。祭则张灯结彩作乐，聚饮祠中尽日而罢。”既有祠堂，又有祭祀，当然有供奉的始祖。由于只是同姓合族，所祭的始祖应是传说的得姓始祖或入闽始祖，或者是流传的本姓某代名人。

但在急速垦殖的移民浪潮中，不少移民尚未建祠，便以祭祀公业的设置开始宗族组织的创建。同一开台祖的血缘性群体，一有祭祀公业便标志宗族组织告成；同姓契约宗族置有祭祀公业也宣告宗族组织成立，经过若干代，其虚拟的血缘转变为具有一定程度的真实血缘。祭祀公业的收益用于祭祖，逢祭日族众聚饮“吃祖”。血缘宗族祭祖，除了极少数以墓祭替代祠祭，多数应是以祖厝为“公厅”这种祠堂雏形作为祭祀之所。同姓合族的契约宗族，也应有权宜的祭祀场所。应予点明的是，祭祀公业，不只是像闽南地区的宗族祭祖公田，它同时是祭祀的宗族组织。

庄英章先生对清代以后南投县竹山镇宗族形成过程的研究显示：在所调研的宗族中，血缘性宗族和契约性宗族各约占一半。祠堂，建于乾隆时期一座，建于嘉庆道光时期两座，建于咸丰以后四座，建于日本殖民统治时期五座。除了一个宗族建祠与置产同时，一个宗族建祠后再置产，其他皆置产后一段时间再建祠。其中，林祀埔陈姓在乾隆时已开始形成宗族组织（以祭祀公业为标志），但迟至晚清才建祠。庄英章先生认为：“（台湾）宗族在整个社会中所扮演的角色不像华南宗族一样重要，大部分宗族所拥有的公共土地财产并不多，例如竹山各宗族所有的公共财产大都仅勉强维持宗族本身的祭祀费用而已，不像华南宗族拥有相当多的公共土地。"[①] 尽管竹山宗族情况只是对全台宗族情况的管窥，但在一定程度上反映了大致情况，那就是：契约性宗族占有相当的比例，宗族普遍先置祭祀公业后再建祠。应当指出，祭祀公业发挥着祠堂祭祖的功能。这种在清代早、中期普见的有祭产无祠堂的宗族，是台湾移民社会的一个突出特点。

有些学者认为庄英章先生关于竹山宗族建祠的发展相对于全台情况偏滞缓。王崧兴先生等人认为，"至1850年时，台湾各地已普遍有宗庙家祠的建立"[②]。这一看法似失之草率。

陈孔立先生指出："研究台湾的历史，应当强调两岸历史的共同性，又重视台湾历史的特殊性。只强调历史的共同性而忽略特殊性，就不能正确认识台湾的历史，不能正确认识台湾的现实；只强调台湾的特殊性而忽略两岸的共同性，就不能正确认识历史上的两岸关系，不能正确认识今天的两岸关系，不能正确认识和对待台湾的前途问题。"[③] 陈其南先生关于台湾汉人宗族社会的研究，将这种共同性与特殊性的关系转化为延伸性和变异性的历史动态观。其《台湾的传统社会》的论证揭示："在台湾……的汉人社会，实际上是把台湾汉人在华南原居地的社会形态重新在台湾建立起来……其社会结构形态是相同的，特别是表现在宗族发展的过程上。"[④]

陈其南先生所说的关于两岸历史上宗族的文化复制，不仅是

---

① 庄英章：《台湾汉人宗族发展的若干问题》，《民族学研究所集刊》第36期。

② 陈其南：《台湾的传统社会》，允晨文化实业股份有限公司1994年，第172页。

③ 陈孔立：《科学阐明台湾历史和两岸关系》，见汪毅夫、郭志超主编：《纪念林惠祥文集》，厦门大学出版社2001年，第7页。

④ 陈其南：《台湾的传统社会》，第181页。

精辟的见解，也是历史的事实。更贴近地说，基于漳泉籍为赴台的移民主体，两岸历史上宗族的文化复制主要是闽南宗族在台湾的文化复制。以细处而观之，这种复制的机制是延续和变异。居住在南投县竹山镇社寮、集集、清水沟的庄姓宗亲，源于南靖奎洋（旧称龟洋）庄三郎公派下。嘉庆十五年（1810年）由社寮的庄妈盛发起鸠资置业，以庄姓公业整合了社寮等三处的庄姓族人，共同祭祀开基南靖奎洋始祖庄三郎。后因族人居住不集中，公议分为“顶公”、“下公”两个族体，分别供祭庄三郎，公业也析分为二，由族人自由选择归依。1925年“下公”建祠号“招贵”。翌年，“顶公”建祠号“招富”。两祠均在农历十一月初四举行祭典，祭祀始祖庄三郎。祭后会饮，每户出一人参加，称“吃公”或“吃祖”。[①] 祭祀唐山祖是台湾宗族继承原籍祖地宗族文化的集中象征。“顶公”、“下公”的组合，主要采用的是就近的地缘原则（尽管称“自愿”择归），原本的房支亲疏原则已不适用。这就是台湾移民社会中闽南宗族制度的延续和变异。庄姓既在当地置公业祭始祖，也不定期返祖地谒祠祭祖，这种依恋祖祠形成的“脐带”关系，应是其建祠迟缓的主要缘故，它来自两岸宗族互动产生的约制力。在闽南，宗族人口迁到外地，形成一定规模，另建祠祭祖乃水到渠成。台湾宗族人口则建祠迟缓，除了原乡祖祠情结外，还缘于直至晚清以后台湾汉人才由移民社会转入定居社会。

在台湾移民社会中，虚拟远祖，“凡同姓者皆与，不必其同枝共派”的“鸠金建祠”，进行宗族重建，此乃台湾移民社会对闽南宗族制度的延续和变异的另一种类型。明清以后，闽南宗族扩张有两种形式：一种是没有共同远祖渊源的异地同姓宗族，经

---

① 庄英章：《台湾汉人宗族发展的若干问题》，《民族学研究所集刊》第36期。

过通谱（或称统谱或合谱）形式，整合为同一血缘的同祖异派的跨地域宗族。也有同在一地的非同祖的同姓宗族整合为同一个大宗族，但较少见。另一种是异地异姓宗族，经过共有远祖的传说建构，再以通谱形式，整合为“同一血缘”的同祖异姓的跨地域大宗族。如洪、江、翁、方、龚、汪，就是以多种版本的“六桂传芳”传说，整合为一个庞大的跨地域大宗族。柯、蔡、辛联宗所认同的始祖，远在三千多年前的姬周时代，其同祖根据隐没在“代远年湮”的历史迷雾里。还有更离谱的联宗：宗族械斗，联合力强，诸姓合一，大行无虑细谨，也顾不得同祖的历史传说的拟设了。文献记载：“（漳泉一带）大姓欺压小姓，小姓又联合众姓为一姓以抗之。从前以包为姓，以齐为姓，近日又有以同为姓，以海为姓，以万为姓。”① 宗族素以重血缘世系为要则，以乱宗为大害，但在某些情况下，原则却可以变通。由此而观，台湾同姓合族并不特异，只是移民社会使之量大而赫然彰显。

从国家的视野而观，具有相对稳定的宗族社会伴随着社会历史进程显示出多样的面貌，闽南宗族以其典型特征凸显于大陆东南，并以跨地域的文化复制形成两岸主要的血缘纽带。闽南与台湾的宗族关系史，既是那么纷繁又是那么有序。这种关系并没有尘封，随着两岸民间交流的持续升温，台湾族亲回闽南原乡访亲谒祖、重续宗谊的无数新事，被海峡的波涛传颂着。

---

① 参见陈支平：《近500年来福建的家族社会与文化》，第124页。

第一章

闽南的开发与聚族的蔚起

闽南的开发从闽越人就已经开始，北方汉人南下入闽是继发性的开发。本书论述的是汉人宗族社会，因此本章关注的便是这种继发性开发。移民是开发的动力，而开发的深入又带动了移民的续来。闽南开发过程中移民社会的发展，与宗族在新移居地的形成和发展是同步的。

北方移民入闽起初主要通过两个山隘通道，一是杉关，一是分水关。杉关在光泽西南，为赣、闽通道，发源于附近的西溪，汇入闽江支流富屯溪；分水关在崇安（今武夷山市）西北隅，为赣、闽又一通道，发源于此的崇阳溪，汇入闽江支流建溪。富屯溪与建溪在南平汇合，流入闽江。山隘通道、河流谷地，是移民入闽的走廊。闽江是福建接纳南下移民的母亲河。唐末新开通的由浙西南入闽的仙霞岭隘道，多了一条进入闽江流域的通道。由杉关、分水关、仙霞关入闽，沿闽江而下，而后顺着海岸带南下，一直是自汉代以后移民入闽、流布闽中的主要路线。汉晋以后，北方汉民迁入闽南，主要分布在晋江下游流域，以及九龙江下游流域。而唐末五代以后客家先民主要沿着江西石城到闽西宁化的通道进入闽西。

汉晋至隋唐，由于入闽移民沿途陆续留居，作为“水尾”的闽南，其人口相对“水头”、“水中”较少，但随着入闽移民的持续，以及莆田两溪流域居民的南移，闽南人口从唐末至宋代剧增。宋至明清，闽南人口甚至成为移民下潮汕、过台湾的主要来源。

行政建制的发展是土地开发和人口增长的结果。秦置闽中郡，乃虚设。西汉设冶县，以闽越国都城东冶（今福州）为治所，是中央王朝在福建的第一个县级建制。东汉初，东部都尉的治所从冶县移到浙南章安（回浦），部属“候官”留驻，东冶因此叫东候官，简称候官。[①] 东汉末建安年间孙吴政权之所以在闽江流域设置建安郡，[②] 领五县（建平、建安、汉兴、南平、候官），正是汉族移民积少成多的结果。三国孙吴永安三年（260年）的建安郡，领九县：建安、南平、将乐、建平（建阳）、东平（松溪）、昭武（邵武）、吴兴（汉兴改名，今浦城）、候官（侯官）、东安。[③] 东安县，治所在今南安丰州镇，这是闽南的第一个行政设置，是闽南开发和汉族人口初步汇集的第一个标志。以下以泉、漳两地分述。

第一节　泉州的开发和聚族而居

早在西汉早期，汉武帝平闽越后，入闽的南下移民成为闽中汉民的源头。东汉末以后孙吴对福建的经营，有力地推动福建的开发和人口增长。

晋江这条河名，让人想起“晋之衣冠避地者多沿江以居”[④] 的历史追溯。事实上，晋江流域开发的时间更早。孙吴永安三年

---

① 参见林祥瑞、刘祖陛：《福建简史》，国际华文出版社2004年，第37页。

② 朱维幹：《福建史稿》上册，福建教育出版社1986年，第51页。

③ 林祥瑞、刘祖陛：《福建简史》，第41页。

④ 王象之：《舆地纪胜》卷一三〇《福建路·泉州·景物上》。

(260 年)，位于晋江下游南畔的东安县的设置，是自汉代以后闽南的开发和汉族移民增多的厚积薄发。作为闽南第一县的东安，位于今南安丰州镇。这个地方后来成为泉州的前身丰州的治所。今天的泉州城西郊，与南安丰州镇近在咫尺。

在晋江流域，南安丰州镇的新石器时代和两晋南朝的考古遗存最为丰富。在丰州发现七处贝丘遗址，其中以狮子山遗址的遗存最为丰富。在该遗址的调查中，采集到石锛、石斧、石戈等，还有大量的泥质陶片、夹砂陶片、印纹陶片。在有些遗址可以发现，其上层是汉代遗存，中下层属先秦时期。文化层的叠压关系表明，汉族移民的开发是在闽越人开发基础上的继发性开发。

在丰州狮子山南麓和东南麓，发掘了西晋墓 1 座、东晋墓 4 座、南朝墓 12 座。狮子山墓葬均为长方形单室券顶砖墓，随葬品以青瓷器为主，这些特征与江南地区六朝墓完全相同，表明墓主确是入居本地的中原汉人。从墓葬规模、随葬品的丰富来看，墓主不会是一般的贫困流民。其中墓主身份明确的是东晋太元三年(378 年) 部曲将陈文绛墓。此墓规模较大，墓室砖砌券顶，墓底铺砖，构筑规整。部分墓砖两侧模印“太元三年七月”、“陈文绛”、“宁康三年八月”等字样。随葬“部曲将印”铜印 1 枚、青瓷罐、壶、碗、盘、钵、虎子等共 10 件。“部曲将”创始于东汉，是“将军”下的率部曲的领军，魏晋南北朝相沿不改。据《通典》卷三十七《晋官品》，部曲将属“第八品”。由丰州两晋墓葬联系到福建其他地方的晋墓特别是闽江流域的晋墓，黄展岳先生指出：福建汉墓屈指可数，孙吴两晋南朝墓大量出现，埋葬制度与中原无异，表明当时入闽的中原士民一定很多，各阶层的人都有。中原士民入居泉州后，与土著越人一道，共同开发经营，促进汉越文化融合。①

---

① 黄展岳：《泉州南朝以前的历史考古问题》，见福建省博物馆编：《福建历史文化与博物馆学研究》，福建教育出版社 1993 年。

西晋太康三年（282年）析建安郡东部置晋安郡（治所今福州），将孙吴时设的东安县分为晋安（今南安）、同安二县。

南朝梁天监年间，析晋安郡南部置南安郡，此为闽南首郡。南安郡领晋安、同安以及新设的龙溪、兰水共四县。[①] 南朝时，“晋安港”开始有了初步的发展。

汉代，三国时期入闽的汉人，以军事人员、谪人、逃户居多，人口流动性比较大，而两晋、南朝时期入闽的北方汉人，“畏难怀居，无复北向”。因此，这一时期北方汉民的入闽，不仅增加了众多的劳动力，而且带来了先进的农业生产工具和技术，使闽中的许多地区的农业得到较快的发展。

隋朝大业三年（607年）并闽中三郡为一个建安郡，辖四县：闽县、建安、南安、龙溪。唐武德年间，闽中设三州：建州、泉州（今福州）、丰州（贞观年废）。久视元年（700年）在南安置武荣州。[②] 景云二年（711年）武荣州改名泉州。自此，福、泉二州之名固定下来。开元八年（720年）析南安置晋江县，并成为泉州州治地。尽管开元二十九年（741年）泉州所辖的龙溪划入漳州，到天宝年间泉州仍有23806户、160295口。[③] 元和年间，泉州增至35571户，占全省74467户的近一半。[④]

福建人口在唐末五代空前剧增。移民入闽的第一波为王仙芝、黄巢起义引起的人口迁徙，流民南下入闽是陆续进行的。第二波是光启元年（885年）由河南光州南下的武装移民。王绪“悉举光、寿二州兵五千人，驱吏民渡江”[⑤]，当年入闽，“有

---

① 参见朱维幹：《福建史稿》上册，第56页。

② 常有“丰州改为武荣州”之说，不确。李吉甫《元和郡县图志》卷三十载：“久视元年，县人孙师业诉称赴州遥远，遂于南安县东北界置武荣州，景云二年改为泉州。”

③ 《新唐书》卷四十一《地理志》。

④ 李吉甫：《元和郡县图志》卷三十《江南道五》。

⑤ 《资治通鉴》卷二五六。

众数万”[1]。这支南下队伍，经赣州入粤北，再南下潮阳，往东入闽南。[2] 队伍行至南安后改由王潮领导，攻克泉州，数年后占领福州。王潮死后，其弟王审知建立闽国。这是福建历史上规模最大的移民潮。紧接着这次南迁，是因黄巢起义后北方天翻地覆引发的南下移民潮。虽然光寿二州的武装移民在时间上较晚，但其行进迅速，实际上比第一波移民更早入闽。昌盛期的闽国政通人和，吸引了数量不少的北方士民来闽。北宋初太平兴国五年至端拱二年（980～989 年），泉州人口达到 96581 户，占福建人口总数的 20.6％。[3]

人口的大量增长促使新县设置。五代后唐长兴四年（933 年）泉州增设同安县、桃源（永春）、德化三县。五代南唐保大十三年（955 年）增设长泰、清溪（北宋末改名安溪）二县。宋太平兴国四年（979 年），莆田、仙游二县从泉州划出，另立兴化军。[4] 五年割长泰县属漳州。六年设惠安县。自此，泉州领七县：晋江、南安、同安、德化、永春、清溪、惠安。此后泉州地区县份变化不大。清雍正十二年（1734 年）永春升县为直隶州，领永春、德化、大田（从延平府划入）三县。

元朝政府对于经济、宗教的“放牧”式管理使最需要宽松政策的对外贸易及其所带动的工商业臻至鼎盛。可惜在明朝闭关锁国政策下，泉州港及其他支港与“夷域”的海上贸易不得不转为走私方式。泉州进入经济的黯淡时期。

明中期天顺初年，泉州有 22880 户，明后期嘉靖隆庆年间泉

---

① 《新五代史》卷六十八《闽世家》。

② 朱维幹：《福建史稿》上册，第 144 页。

③ 梁方仲：《中国历代户口、田地、田赋统计》，上海人民出版社 1980 年，第 135 页。

④ 武周圣历二年（699 年）置清源县（仙游），属武荣州。唐景云二年（711 年）莆田县从闽州划入泉州。

州有 33330 户。[1] 明代，不仅泉州、漳州，就是全省户数都呈现令人诧异的跌落。户数与真实情况存在很大差距。

清代康熙帝决定“圣世滋丁、永不加赋”，雍正初陆续施行“摊丁入亩”，不再征收丁税。户、口数再没有必要隐瞒。道光九年（1829 年）泉州和永春州共有 577473 户、3027942 口。闽南泉、永（春）、漳、龙（岩）四州人口约占全省的一半。[2]

上述以州县设置作为经济开发和人口增长的要览，以下则以姓氏源流来体现宗姓人口的逐渐聚居。

北方汉民批量地迁入泉州平原与漳州平原，大致始于东汉及孙吴时代。[3] 晋江、惠安一带的黄氏家族，称其先是东汉末年迁入的官宦。谱载：始祖“黄道隆为会稽市令官，东汉末，乱甚，弃官入闽隐居……迁于盘龙山东灵秀山庄之黄田（惠安锦田原名）”[4]。晋室南渡后，迁入泉州的北方汉人人数有所增加。唐欧阳詹为晋江县郑氏季实撰写墓志铭时云：“公讳晚，字季实。其先宅荥阳。永嘉之迁，远祖自江上更徙于闽，今为清源晋江人。”[5] 他为泉州南安杨氏撰墓志铭时称：“其先关右弘农人，永嘉过江……处于闽越……祖某漳州长史，父某泉州南安县丞。”[6]《梁氏族谱》称，其祖先于“晋室乱离，（梁）芳以族随晋渡江，大衍于钱塘、合浦间，孙遐仕安帝，桓玄纂，逃闽。……因家南安”[7]。

---

① 梁方仲：《中国历代户口、田地、田赋统计》，第 236 页。

② 徐晓望：《闽南史研究》，海风出版社 2004 年，第 15 页。

③ 陈支平：《福建六大民系》，福建人民出版社 2000 年，第 93 页。

④ 陈加锥、林家瑞：《同安主要姓氏》，《同安文史资料精选本》下，1996 年。

⑤ 欧阳詹：《欧阳行周文集》卷四《有唐君子郑公墓志铭》。

⑥ 欧阳詹：《欧阳行周文集》卷四《有唐故朝议郎行鄂州司仓参军杨公墓志铭》。

⑦ 《台湾省通志》卷二《人民志·氏族篇》，台湾省文献委员会 1970 年编印，第 153 页。

隋唐时期，迁入闽南地区的汉民数量不断增多。如陈后主叔宝的三个儿子及其族人，就流入泉州一带。《永春县志》记载："镜台翁，相传为陈后主叔宝之子，隋即平陈，镜台挈两弟及宗族引兵南奔，据（永春）桃林场之肥湖，一名毗湖，今称蓬壶。后隋帝有旨令释兵为民，仍令有司四时祭其祖，遂居肥湖之瑞峰。南安曾井曾氏以长女妻镜台，而以次女、三女妻其两弟。镜台生三子，曰鸣、曰珙，分处德化、仙游；曰缘，居肥湖。"镜台之弟陈易任，为民后隐居永春陈岩之峭峰。死后"屡著灵异"，被当地人奉为神明，宋代受封"威应侯，又曰显应（侯），支裔犹存"。另一弟陈易简，"入闽为民后，居慕仁里之溪西"。[①] 这些后裔衍成永春的大姓。

安史之乱后，迁移入闽人数渐增。据族谱的记载，现在泉州、莆田、漳州以及广东潮州一带的蔡姓，源于西汉末年蔡勋的后代，"唐中期迁闽，蔡君智住兴化莆阳，君智长子用之五世孙蔡襄，宋仁宗时进士及第，知泉州时建洛阳桥。……其后散处泉、漳、潮各府。君智次子用明，字辉，唐咸通元年自莆阳仙游始迁晋江青阳，是为青阳派始祖"[②]。

世居泉州的鉴湖张氏，在唐代后期已成为望族。唐末王潮率部入闽南到南安后，折往北归之路。鉴湖张氏的张延鲁等急追挽留。《资治通鉴》载："泉州人张延鲁等以刺史廖彦若贪暴，帅耆老奉牛酒遮道，请潮留为州将，潮乃引兵围泉州。"[③] 如今泉州一带的张姓，大多为张延鲁的后裔。据族谱的记载，泉州的李姓、吴姓、章姓、曾姓、傅姓、唐姓、庄姓、吕姓、欧姓、潘姓、董姓等，都是在唐代时陆续迁入晋江流域。[④]

---

① 民国《永春县志》卷二十七《流寓传》。

② 杨绪贤：《台湾区姓氏堂号考》，台湾新生报社1981年，第159页。

③ 《资治通鉴》卷二五六。

④ 陈支平：《福建六大民系》，第96页。

胡氏家族，除了在晋朝时与林、陈等八姓一道入闽外，唐乾符元年（874年），又有江西胡竦迁入晋安郡（包括漳、泉二州）。这一次入闽的胡竦，被胡氏后人奉为“闽中胡氏始祖”。竦生五子：长胡傅，回（江西）寿春；次胡审，迁崇安；三胡慎，迁剑浦；四胡明，分居闽县；五胡笃，居晋江。[①] 安溪周姓，“周朴，字太朴，吴兴人，唐季避乱，初隐于安溪县小溪场南山下，所居有塘，因名周塘”。厦门陈姓，“陈黯，字希孺，颍川人，十岁能诗，早孤，事母至孝……黄巢之乱，黯奔遁终南山，后隐同安之嘉禾屿”。泉州苏姓，“世居光州固始，唐末有苏益者，避黄巢之乱……随王潮入闽。……自是苏姓分布漳、泉”。泉州蔡姓，“本周姬姓之后……唐时移迁河南光州固始县……唐末避黄巢之乱，迁于福建闽南”。晋江、南安、同安高姓，“唐僖宗中和元年其入闽始祖钢，避黄巢之乱，挈眷由淮南西路光州固始入闽，占籍于福州怀安县凤冈……其后遂迁安平，子孙蕃衍，瓜分散处，或居晋江永宁，或迁南安埕边，或赘同安高浦”。南安张姓，始祖“张天觉平王仙芝乱，封南剑刺史，至朱温篡唐，弃官走避闽南，居泉南檠山贤坂里（今南安县前坂村）”。安溪廖姓，“唐昭宗时，官国子祭酒，朱全忠篡唐，避乱入泉，隐于小溪场（安溪），后嗣蕃衍，居闽南者甚众”。泉州、同安、厦门孙姓，“先世居河南光州固始，唐末五季之乱，南迁入闽，居泉州东门，后迁银邑（同安）之嘉禾（厦门）”。[②]

随王潮、王审知兄弟迁入的，为数众多。例如：晋江许姓，“始祖许受仕唐，随王潮入闽，镇漳州之诏安，改而入泉，乔居晋江十七八都间石龟，后枝派分栖”，称为“石龟许氏”。泉州曾姓，“唐僖宗光启间，王潮由光州固始入闽，中原士民避难者皆

---

① 杨绪贤：《台湾区姓氏堂号考》，第230页。

② 见陈支平：《福建六大民系》，第48、97页。

徙以从，曾姓亦随迁于漳、泉、福、兴之间”。同安官山陈姓，始祖“河南汝南平舆人，唐末随王审知入闽。其子四翁，择绥德乡同禾里官山筑室以居，至今已分衍几十个自然村”。金门陈姓，“始祖达，生于唐昭宗光化间，原籍河南光州固始县阳翟村，奉镇同安浯州（金门）盐场，后在浯州择地定居，沿用祖居地村名为阳翟”。同安叶姓，“始祖叶洙，名关，河南光州固始人，为唐朝散郎，后升三学士。挈家南迁，先徒江西泰安县射坪乡，至唐龙纪元年复从王审知入闽，择居同安佛子岗岭下，其后裔遂以‘佛岭’为分堂号”。①

由于王氏率领的武装移民（应以固始县为主）规模空前绝后，而建立闽国的王审知又有很好的口碑，对于宋代以后修谱的家族确实产生较大的影响。这批移民数量很大，闽东南沿海广布其后裔，谱牒中的光州固始来源有较高的出现率，并不奇怪。至于冒籍固始可得到优待的释因，比较牵强。始于王潮的王氏兄弟统治福建不过33年（893～925年），当时要冒籍，谈何容易。时过境迁，再冒固始，没有必要。有的宗族修谱，发现“固始说”有误，即予纠正。如晋江龟湖吴姓，明嘉靖四十年（1561年）修《灵水吴氏族谱》，族人吴从宪作《延陵谱序》叙其支派云：“按吾谱旧稿，有世祖、应祖者，兄弟殷富，自光州固始从王审知入闽，寄迹南台、兴化府塘下，再徙泉州晋江龟湖象泮加埭……复自象泮徙居灵水。”这次主修族谱的吴希澄之子吴可承，于万历年重修族谱，他经过查考，认为吴氏来自光州固始的说法不可靠，而是由四川经江西抚州，折入邵武，再辗转徙居晋江灵水。②

宋代北方汉民入闽的数量不少，而两宋之际、宋元之交的战乱，是促使许多北方汉民入闽的主要因素。因靖康之乱而入闽的

---

① 见陈支平：《福建六大民系》，第96～97页。

② 粘良图：《晋台宗祠及其姓氏源流·灵水吴氏家庙》，厦门大学出版社2007年。

北方汉民中，有不少是名宦高士。泉州郑氏，始祖“郑獬，字毅夫，安陆人，北宋皇祐年间举进士第一，通判陈州，神宗朝为翰林学士，权知开封府。苗裔随南宋政权南移……迁温陵府（泉州）”[①]。《晋江县志》载：“李邴，钜野人，崇宁五年进士，累官参知政事，后除资政殿学士，寓泉州几二十年，遂家焉”。“王秬，父辟章，为泉太守，母丞相赵挺之孙女也，建炎南渡，秬从诸赵卜居晋江”。“赵思诚，高密进士，崇宁中宰相挺之之子。建炎南渡，兄存诚帅广东，与思诚移家泉州，后思诚以宝文阁待制守泉，从弟濬、涣皆登进士，涣任御史，以亲党皆在泉，亦徙居焉”。[②] 对于赵氏流寓泉州一事，朱维幹先生所采可作补充：“高密赵存诚，帅广东任满，和仲弟思诚，契家寓剌桐城（今泉州）。其季弟明诚，即著《金石录》者，在金陵身故，有几个儿子也到泉州，依两伯父。”[③] 花氏，“有花帽军者，于宋绍兴二年随帝南迁，入闽，旋徙同安，子孙分衍于闽中，或居永春，或居南安，或居漳之斗屋，或居之院前南门，或徙鹭岛”。洪氏，“金人南侵，高宗拜（洪）皓为金国通向使，如金不得归，其子获麟哀痛病没，二子遵其遗嘱，一隐于建宁书坊，一隐于同安小登屿”。[④]

宋元时期来自西亚的穆斯林逐渐融入泉州当地社会。泉州的金、丁、夏、马、郭、葛、卜、哈、铁诸姓或为元代世居泉州的西亚穆斯林后裔，或为南下的我国北方穆斯林（中亚穆斯林后裔）。世居泉州的蒲姓流散到永春、德化、漳浦、诏安，以经营香料、手工业为生。蒲姓于元末明初逃出泉州后，大约在清代又有迁回泉州者。民国时泉州城尚有蒲姓 200 多人。[⑤] 陈埭丁姓可

---

① 陈支平：《福建六大民系》，第 99 页。

② 乾隆《晋江县志》卷十三《人物志·流寓》。

③ 朱维幹：《福建史稿》上册，第 236 页。

④ 陈支平：《福建六大民系》，第 55 页。

⑤ 参见林国平、邱季端主编：《福建移民史》，方志出版社 2005 年，第 54 页。

作为认识汉族宗族组织、制度的范例，因为自元末丁姓“隐伏耕读”于陈埭以后，就矢志不移地进行土著化的努力。连篇累牍的祭祀规约，显示陈埭丁氏在宗族文化的后来居上。与此同时，回文化主要存续于崇祖、循祖的祖先崇拜系统中。汉文化与回文化在崇祖的支点上获得平衡。文化孤岛的少数民族特有的凝聚力，使惠安白奇郭姓回民形成由 13 村组成的几乎是单姓的宗族社区。

宋代以后，福建可耕地有限，特别是沿海地区，土地所负荷的人口压力趋向极限。因此，明清时期，北方汉民入闽的数量比起前代有所下降。相反，明清是福建，特别是闽南向外移民的重要时期。

明清时期移民入闽的一个重要组成部分，是入闽戍边的军队。明洪武二十年（1387 年），江夏侯周德兴奉命经略海防，在福建沿海诸要如泉州永宁和崇武、漳州镇海、莆田莆禧、长乐梅花等处设立卫所城堡，调拨军队戍守。根据明代兵制，卫所兵士入军籍，不得随意脱籍或迁流，故那些兵士驻扎于沿海各卫所之后，便逐渐成为当地土著。据《崇武所城志》，守城士兵后来成了惠安崇武城内居民的主体。历代戍守军官留居为土著，常见于方志。明代抗倭名将俞大猷的先祖俞敏，早年跟随明太祖朱元璋打天下，以功世袭卫所百户之职，于明初随军入戍而定居于泉州晋江县。①

众多的人口必然有一定的组织形式，松散的宗姓群体和进一步发展而成的组织化、制度化宗族组织，是封建时代基层社会最基本的社区群体。宗族社会建基于同一宗姓人口的聚居。泉州的聚族而居，可远溯晋代。尽管宋代《舆地纪胜》转录的那段关于西晋末年中原板荡，晋人南下晋江，“沿江以居”，是不准确的，因为没有数十年、甚至百年的时间差，逐次南移的晋人不可能很

① 陈支平：《福建六大民系》，第 67～70 页。

快出现在晋江。然而，却有另一种土著化的晋人，他们早在东汉、三国时期就徙居晋江下游两畔，而且他们已经开始形成家族组织。资深考古学家黄展岳先生指出：已发现的丰州狮子山两晋南朝墓分布密集，墓向基本一致（南偏东），显系族葬墓地。[①]

尽管明清时期泉州人大量外徙，但道光时人口仍高达300万，户数是宋初的6倍。蔚为大观的泉州人口，其汇集之始有如河源之涓滴，而宗族人口使邈不可见的涓滴积为不计其数的细流。值得注目的是，由于战乱等特殊原因而迁入的高官名士，促使泉州人文荟萃。在书香熏陶下，一代代乡土士绅成为闽南宗族获得文化自觉意识的核心力量。粘良图先生在晋江对宗族的广泛调查显示，较早聚族建祠的都是士绅为首的世家望族。直至清代，建祠祭祖成为出现缙绅新贵的宗族的惯例程序。乾隆《泉州府志》云："百人之族，一命之官，即谋置祠宇祭田。"[②]

应当指出，闽南民系的形成[③]促进了闽南人口的聚族而居。闽南民系形成的标志是闽南方言的形成。而闽南方言至晚在唐代已经形成。

第二节　漳州的开发和聚族而居

沿闽江下福州平原，中经莆仙平原、泉州平原，然后分布于漳州平原，是南下移民流布于漳州的历史主脉。唐早期至北宋后

---

① 黄展岳：《泉州南朝以前的历史考古问题》，见福建省博物馆编：《福建历史文化与博物馆学研究》。

② 乾隆《泉州府志》卷二十《风俗》。

③ 陈支平认为："经过唐、五代时期北方汉民的不断入迁泉州、漳州，闽南人这一民系的基本格局便已形成。"（《福建六大民系》，第98页）徐晓望认为："（唐宋时期）北方移民与本地土著相互融合，最终形成了闽南人。"（《闽南史研究》，第28页）

期是漳州开发、人口增长和聚族而居的关键时期。

秦平岭南，在东北以梁山为界的后来的潮州和部分漳州地区设揭阳县，隶属南海郡。赵佗自立南越国后，仍以梁山为界，界限的标志点——盘陀岭蒲葵关，西南侧属南越，东北侧属闽越。康熙《漳浦县志》曰："蒲葵关，汉南越故关也。"[①] 直到唐早期，盘陀岭西南属"岭表"，由岭南潮州管辖。唐开元四年（716 年）漳州州治北移到盘陀岭东北面的李澳川（今漳浦县城），漳州州治开始投入古闽越地即福建的怀抱。上元元年（760 年）漳州从岭南道划出归入属于江南东道的福建。自此，长期部分属岭南[②]的漳州地区，完整地成为"闽"的"南部"，并固定下来。

东晋义熙九年（413 年）析东官郡之东置义安郡，治所在海阳县（今潮州市东北），在郡之东北始设绥安县。绥安县的设立，使漳州地区出现了第一个县级行政建制。绥安县在梁山西南面，县治在漳水北畔，即今云霄县云陵镇。

绥安县设于梁山西南面，并不意味梁山东北面这一古闽越地的南隅荒无人迹。孙吴设建安郡，下领东安县。东安，包括今南安、晋江、同安等县地区，还应远及今漳浦地区。西晋将建安分为建安郡和晋安郡，晋安郡最南边的同安县应管辖到漳浦地区。南朝梁天监年间升晋安县为晋安郡，置龙溪县、兰水县（治所今

---

① 康熙《漳浦县志》卷十九《杂志·古迹》，漳浦县政协文史委 2004 年编印，第 693 页。

② 这里的"岭南"主要指文化岭南，也就是历史文化地理的区划，当然也兼指行政岭南。而且，行政区划也是历史文化区影响的结果。所谓"部分属岭南"的"部分"之分野，是曾作为闽越与南越之界——梁山盘陀岭蒲葵关。在唐中叶以前，蒲葵关以南就是揭阳（治所在潮州）界。漳州设置以前，陈政、陈元光率军行动受岭南潮州、循州的军政长官节制。据唐宋墓志、碑铭以及旧志资料，节制陈元光的有循州司马高琔和潮州刺史常怀德。陈元光创立漳州，实际上是析潮州东部置州，漳州北界依然未逾盘陀岭蒲葵关。

南靖）。自此，梁山东北面的漳州地区开始有了县级建制。绥安县与龙溪县、兰水县，共同推动着漳州地区的初步开发。

隋朝开皇十二年（592年），将兰水县以及隶属潮州（开皇十年义安郡改为潮州）的绥安县并入龙溪县。自此，漳州地区结束了以梁山盘陀岭为界，分属两郡的局面。隋代，福建统称建安郡，下辖闽、建安、南安、龙溪四县，总共才12420户。[①] 四县中龙溪县开发程度最低，人口最少，即使取平均数，也不过3000户。该县人口主要集中在梁山盘陀岭的北面。

唐初陈政、陈元光父子开发漳州是漳州发展史上的一件大事，但迄今为止，写唐初漳州开发史，通常有这一描述：唐总章二年（669年），“泉潮间蛮獠啸乱”，朝廷派归德将军陈政统岭南行军总管事，出镇泉潮二州之间的绥安故地。当时，陈政率府兵3600名，从征将士自副将许天正以下123员入闽。陈元光随父从征。此后，陈政的二位兄长陈敏、陈敷奉其母魏氏，又率府兵3000名入援闽中。两批府兵共约7000余人。

但是，直到盛唐开元年间，漳州仅1690户，如果陈政确有率府兵3600名入漳，而且还是扎根下来，即使没有政母魏氏又率府兵3000入援，到了开元时漳州户数也不至于这么少。上述出自万历四十一年（1613年）《漳州府志》以及谱牒资料。[②] 此前，漳州的府县志中有关陈政、陈元光历史基本还是谨而慎笔的。嘉靖

---

① 《隋书》卷三十一《地理志》。

② 《饶平大巷陈氏族谱·陈政传》云：“已而泉潮间蛮獠啸乱……高宗敕进公朝议大夫统岭南行军总管事，挂印绶节钺，率府兵五千六百名，将士自副将许天正以下一百二十三员，并赐医士李如刚偕行出镇，于绥安故地，比而歼之。旋退保九龙岭下，顾其地势险固，可耕可守，奏请援兵。朝命二兄敏、敷，领军校五十八姓南下。咸亨元年，奉母同行，至浙之江山，不幸二兄俱故，诸侄沦亡。公迎其母，葬其二兄暨诸侄于浦城。由是尽得其父之兵，合五十八姓，进屯梁山外之云霄镇，建宅于梁山下之火田村，营城置堠，寇息民安。”

《龙溪县志》转述陈元光事迹说："父政，以诸卫将军戍闽。……（元光）平广寇，开创漳州，以左郎将领州事，后战没于阵。漳人至今思之。"无涉所谓的在漳州地区平蛮獠。万历元年（1573年）《漳州府志》的陈元光传说："陈元光……从父戍闽，父没，代领其众……仪凤二年，会广寇陈谦连结诸蛮……攻陷潮阳，守帅不能收，公轻车讨平之。……上疏请建一州于泉潮间，以控岭表……遂可其请。"同样无涉所谓在漳州地区平"蛮獠"。但万历四十一年（1613年）修的《漳州府志》开始冒失地采信素有对早期祖先事迹夸大传统的族谱资料。此后的《闽书》以及许多方志族谱便以讹传讹，开始出现"泉潮间蛮獠啸乱"等新编故事。清嘉庆年间的《云霄厅志》成为对此前错谬的一个集成。

《闽书》云："总章二年，泉潮间蛮獠啸乱，居民苦之，佥乞镇帅，以靖边方。高宗敕政统领岭南行军总管事，出镇绥安故地。自惟以寡伐众，退保九龙山。奏得援兵五十八姓，乃进屯梁山外之云霄镇"。陈政领兵从何而来呢？《闽书》又说："陈政自固始入闽。"[1]《云霄厅志》云："高宗总章二年，泉潮间蛮獠啸乱，民苦之，佥乞镇帅有威望者以靖边方。朝廷以政……统岭南行军总管事，镇绥安。……比至镇……群蛮来侵，自以众寡不敌，退保九龙山，奏请益兵。朝命以政兄敏暨兄敷领军校五十八姓来援。敏、敷道卒，母魏氏多智，带领其众入闽。乃进师屯御梁山之云霄镇，边檄宁弭。"[2]《云霄厅志》还"采《丁氏家谱》"使陈政军队南下过九龙江平蛮富有戏剧性："总章二年，将军陈政奉诏镇闽。……先是泉潮之间獠蛮出没无常，戍卒阻九龙江之险，插柳为营。江当溪海交流，两山夹峙，波涛激涌，与贼相持。至是，儒与政谋，遣人沿溪而北，就上流缓处结筏，从间道

① 何乔远：《闽书》卷四十一《君长志·唐五代》。
② 嘉庆《云霄厅志》卷十一《宦迹·陈政》。

袭击走之。遂移屯江之西。为进取计，且战且抚，追桀寇于盘陀下，尽歼之。”[①] 早在南朝梁天监年间九龙江下游之西畔就设置龙溪县（后为州治），就是到了隋朝，因精简行政建制，整个闽中仅有四县，龙溪仍是其一。怎么到了早唐，九龙江（北溪）之西会尽是“蛮獠”？

陈政、陈元光事迹，唐代几乎无载，唯唐代张鷟《朝野佥载》记有陈元光传闻。[②] 根据宋《方舆胜览》、《舆地纪胜》所载的碑铭，[③] 陈元光祖籍是河东，父陈政是广州鹰扬府的中下级军官，领兵戍守绥安（今云霄）。根据《舆地纪胜》卷九十一所载，“朱翌《威惠庙记》云：‘陈元光，河东人，家于漳之溪口’”，绥安位于漳水近入海口，故称“家于漳之溪口”。可见陈元光随陈政戍守绥安故地，已有年矣。陈政殁后，随军的陈元光继父领军。陈元光打了三次仗：（1）仪凤年间陈元光随父陈政平潮州盗。

---

① 嘉庆《云霄厅志》卷十一《宦迹·丁儒》。据称，《丁氏家谱》原谱修于宋代，但早已“蠹毁不可寻”，即使残篇也已“毁于元兵火”（《白石丁氏古谱》，漳州地方志编纂委员会1986年刊印本，第3、35页），可见明代修的《丁氏家谱》有杜撰唐代开漳史的极大嫌疑。

② 张鷟到岭南，故能采录得当地事迹。张鷟到岭南是开元初，距陈元光战殁的景云二年（711年）仅数年，当时人记当时事，应可信。《朝野佥载》卷二记道：“周岭南首领陈元光设客，令一袍袴行酒。光怒，令曳出，遂杀之。须臾烂煮以食客，后呈其二手，客惧，攫喉而吐。”住上两代就可算“土著”。这条材料明示：陈元光是岭南土著，此与“揭阳人”、“家于漳之溪口”一致。由此接续的历史信息是，陈元光随父陈政戍守绥安故地的出发地在岭南，而所谓陈政带陈元光从北方率府兵南下显然悖史。

③ 《方舆胜览》卷十三《祠墓·陈侯祠》：“《庙碑》云：公姓陈，讳元光。永隆二年，盗次潮州，公击贼，降之，请置漳州，委公镇抚。久之，蛮贼复啸聚，公因战殁，庙食于漳。”《舆地纪胜》卷九十一《循州·古迹》：“朱翌《威惠庙记》云：陈元光，河东人，家于漳之溪口。唐仪凤中，广之崖山盗起，潮泉皆应。王以布衣乞兵，遂平潮州。以泉之云霄为漳州，命王为左郎将守之。后以战没，漳人哭之恸，立祠于径山。有纪功碑。”

(2) 永隆二年 (681年) 平潮州盗。[①] (3) 平潮州盗后，潮州蛮寇复啸聚，陈元光率轻骑前往，战殁。也就是说，陈政、陈元光从来没有在漳州平所谓的"蛮獠"。吴与《漳州图经序》概述开漳史云："唐垂拱二年十二月九日，左玉钤卫翊府左郎将陈元光平潮州寇，奏置州、县。"[②] 如果陈政、陈元光曾在漳州平"蛮"，吴与概述开漳史不可能忽略。正因为陈元光平的是潮州的乱事，而永隆年的平潮之战是循州司马领导的岭南平乱的组成部分，循州才有奉祀陈元光的祠庙及其碑记。

明嘉靖黄佐所纂《广东通志》虽然成书较晚，但陈元光的传记根据的是旧志，而且与上引的宋代史料基本不悖，比较准确记载陈元光的事迹。道光《广东通志》沿用了黄志所记，其"陈元光"条曰：

> 陈元光，揭阳人，先世家颍川。[③] 祖洪，丞义安，因留居焉。父政，以武功著，隶属广州扬威府。元光明习韬钤，善用兵，有父风，累官鹰扬卫将军。唐高宗仪凤中，崖山剧

---

① 陈元光最重要的平乱在永隆二年 (681年)。这一年有包括潮州在内的岭南之乱，受命专征岭南之乱的是循州司马高琁，陈元光奉其令击"潮州盗"，而高琁则主征广州周边地区。与陈元光同时代的陈子昂所撰的《唐故循州司马申国公高君墓志》道："永隆二年，有盗攻南海，广州边鄙被其灾。皇帝哀洛越之人罹其凶害，以公名家之子，才足理戎，乃命专征，且令招慰。公奉天子威令以喻越人，越人来苏，日有千计。公乃惟南蛮不讨之日久矣，国有大命，将布远方，欲巡御象林，观兵海裔。彼苍不吊，夭我良图，因追寇至广州，遇疾薨于南海之旅次。"这篇墓志文写于载初元年 (689年)，距永隆二年不过八年，史料价值极高，使《方舆胜览》收录的陈侯祠碑铭的有关事实得到有力的参证。

② 《全唐文》卷五一三。

③ 陈元光祖籍是河东，是比较权威的记载。陈元光祖父名洪，字克耕，"丞义安，因留居"。义安郡原为揭阳县，故称陈元光是揭阳人。此说与唐张鷟《朝野佥载》卷二所说的陈元光是岭南土著一致。

> 贼陈谦攻陷冈州城邑，遍掠夺岭左，闽粤惊扰。元光随父政戍闽，父死代为将。潮州刺史常怀德甚倚重之。时高士廉有孙定嗣为申国公，左迁循州司马。永隆二年，盗起攻南海边鄙。定受命专征，惟事招慰。乃令元光击降潮州盗，提兵深入，伐山开道，潜袭寇垒，俘馘万计，岭表悉平。还军于漳，奏请创置漳州……诏从之，就命元光镇抚。久之，残党复炽，元光力战而殁。事闻，上旌其忠，初赠右豹韬大将军，诏立庙漳浦。①

唐垂拱二年（686年）陈元光在绥安县故址置漳州②，辖二县漳浦（附州之县）、怀恩（治所在今诏安与云霄接壤处③）。漳州的州、县设置极大地推动当地的社会经济、政治和文化的发展。开元四年（716年），以地多瘴疠，应州民之请，州、县治并徙于李澳川（今漳浦县城）。这次北移内蕴着州地北扩的张力。开元二十九年泉州所辖的龙溪县划入漳州（同时撤销怀恩县），使漳州实力大增，也使州治得以在贞元二年（786年）迁入龙溪县城。随后的天宝年间，漳州由开元年间的1690户骤增为5846户、17940口。④ 大历十二年（777年）原属汀州的龙岩县又划入漳州。古代无论是方言区还是经济区，往往也是流域地区。龙岩是闽南方言区，属九龙江流域，而与汀江流域的汀州来往较少，这是龙岩转辖于漳州的原因。

唐元和年间漳州人口明显滑落。唐末五代，随着两次移民入闽的高潮，福建人口出现了空前的剧增。北宋初的漳州户数也骤

---

① 道光《广东通志》卷二九二。

② 康熙《漳浦县志》卷一《方域志》注曰："州名漳，章也，水清浊杞杂有章曰漳。溪水自西林（按：今云霄县西北）出，海水自铜山海门入，清浊合流，义取诸此。"

③ 李林昌：《九十九峰起伏漳浦史》，鹭江出版社1993年，第27页。

④ 《新唐书》卷四十一《地理志》。

增至 24007 户，[①] 约是唐开元时 5846 户的四倍。

陈支平先生指出："如果说在汉晋以至五代南迁入闽的北方汉民中，以避乱以及拓边戡乱的突发性移民占有很大的比重，那么到了宋代，南迁入闽的北方汉民中，常规性移民所占的比重则有所加大。所谓常规性移民，是指那种在非战乱时期主动迁徙入闽的移民。唐宋时期，中国的经济重心已逐渐南移，北方汉人大量向南方迁徙，已成为当时人口发展的一种趋向。从政治上看，由于宋政权鼓励大土地所有制，中原地区的土地关系日趋紧张，一般贫民占有的土地越来越少。再加上中国西北、北边生态环境的破坏，农业生产的自然环境开始恶化，这样就迫使中原及其他省份的民众，为了寻求生存空间，再次举家迁移，进居福建。因此自北宋以来，北方汉民在和平环境里迁移入闽的数量有明显的增长。"[②] 另外，太平兴国五年（980 年）泉州的长泰划入漳州，宋代漳州领四县（龙溪、漳浦、龙岩、长泰），因此，到了北宋后期元丰年间漳州更增至 100469 户（无口数），[③] 约是宋初的四倍。南宋后期淳祐年间，漳州 112014 户、160566 口，[④] 户数与北宋后期元丰年间基本持平。[⑤]

漳州在元明清的县级建制继续发生变化。元代至元三年（1337 年）增南胜县（辖地为后来的南靖、平和，县治先在平和后移南靖）。明代撤销一县（南胜）增六县（南靖、平和、诏安、

① 梁方仲：《中国历代户口、田地、田赋统计》，第 135 页。

② 陈支平：《福建六大民系》，第 51～52 页。

③ 王存：《元丰九域志》卷九《福建路・漳州》。

④ 万历元年《漳州府志》卷五《赋役志》。

⑤ 《嘉定清漳志序》说："中兴（按：指南渡）以来，生齿日繁，漳之事物亦非昔比。"（万历元年《漳州府志》）但从上述户数比较，看不出南宋漳州人口的明显增长。如果北宋末期漳州人口有明显跌落的话，所谓"生齿日繁"才确实。

海澄、漳平、宁洋），漳州遂领有十县。清代雍正十二年（1734年）龙岩升为直隶州，漳平、宁洋划为属县。漳州少了三县。新置的龙岩州有力地促进了闽南西沿中段一个大突出部地区的开发。与龙岩同年升县为州的是永春，因西北部戴云山脉的阻隔，永春州对更内陆的经济辐射力甚微。后来，永春仍为泉州属县。与此形成对照的是，龙岩在升县为州后，开始确立起紧邻闽西的闽南山区中心城市的地位，使闽南与汀州属地有力地连接起来，后来成为引领汀州属地经济发展的龙头。在漳州州治的发祥地云霄，清嘉庆时设立厅治，民国时升为县。民国时还新置东山、华安二县。至此，漳州仍领有十县。后来，海澄与龙溪合为龙海。

元代漳州有 21695 户、101306 口。户数锐减，但人口只减少三分之一。明弘治十五年（1502 年）漳州（领龙溪、漳浦、龙岩、长泰、南靖、漳平六县）有 49335 户、266561 口。嘉靖三十一年（1552 年）漳州（领龙溪、漳浦、龙岩、长泰、南靖、漳平、平和、诏安八县），有 48572 户、324334 口。隆庆五年（1571 年）漳州（领龙溪、漳浦、龙岩、长泰、南靖、漳平、平和、诏安、宁洋、海澄十县），有 48863 户、240878 口。[①] 从南宋后期淳祐年间至明隆庆五年的 300 多年里，从表面的统计数字看，漳州人口增长缓慢。清代漳州传统农业的开发已到尽头，移民走台湾、下南洋甚多，有些迁徙潮汕一带乡村。[②] 与明清漳州人口外迁并行的是移民的流入。明弘治十五年至嘉靖三十一年，漳州人口由 27 万增至 32 万，是一个小跃升，原因是先后于明正德十四年（1519 年）和嘉靖九年新设置了平和、诏安二县。县级行政设置加强了户籍管理，检括了许多避役百姓。明清时期这两县以及南靖县的人口增长与闽西客家人的移入密切相关。直到现在，

① 万历元年《漳州府志》卷五《赋役志》。

② 叶恩典等：《浅析明清时期闽南人向粤东地区的移动》，《潮学研究》第 3 辑，汕头大学出版社 1995 年。

这三县靠永定一侧的闽客双言区地带还分布着明清时期迁入的客家人，而闽客双言区偏向闽南的山区地带的不少闽南人是明代迁入的客家人的后裔。新修《平和县志》指出："元、明、清时期，陆续有三路人口迁徙进入平和境内安家落户。一路从江西、闽西进入；另一路从福州、漳州进入；还有一路从广东梅县、焦岭等地辗转进入平和。"① 所说的"闽西进入"和"从广东梅县、焦岭等地辗转进入"，就是指客家人的迁入。

漳州发展史应特别提及的还有通海贸易。在泉州港凋敝后，漳州月港则异军突起。明朝海禁政策在漳州受到了极大的抵制，朝廷被迫采纳地方官建议，于隆庆元年（1567 年）开放漳州月港，使之成为中国沿海除了澳门外又一个对外贸易港口。开港之前的一个世纪，月港的走私贸易已有相当的规模，并在一定程度上刺激了漳州经济发展。由于澳门港只许外商来、不许华商出，因此开港后的漳州独擅海舶通商之利，社会经济盛极一时。②

经济开发与人口增长相互推动，宗姓人口不仅在一地繁衍，而且以迁于新居地而展开衍派的流布。

南朝时，已有少量的汉人迁居九龙江下游。如乾隆《福建通志》载："王彦昌，其先琅琊人，自东晋肃侯彬迁于闽，居龙溪，后析龙溪置漳浦，遂为漳浦人。"③ 又据蔡氏族谱载："西晋时五胡入侵，北方又一次大举南迁。河南陈留一带蔡氏随众流入福建。时蔡大业之蔡纪恭逃居福建龙溪。蔡允恭于唐贞观年间卒于龙溪新恩里屿头，墓尚存。"④

漳州陈姓，主要源于两大支派：一为陈元光衍派，称北庙

---

① 新修《平和县志》卷三《人口》，群众出版社 1994 年。

② 参见陈自强：《论明代漳州月港》，《漳泉集》，国际华文出版社 2004 年。

③ 乾隆《福建通志》卷四十六《人物》。

④ 泉州蔡氏宗亲会编：《蔡氏宗族联亲会会讯》，1994 年。

派；一为陈邕衍派，称为太傅派。陈元光后裔广布于漳州芗城、漳浦、平和、诏安以及同安、南安、晋江和金门等地。[①] 陈邕祖籍，原居京兆府万年县，始祖陈忠在唐为高官，赠鄂国公，子陈邕，为中宗进士，任官太子太傅，与李林甫不合，被贬入闽。始居兴化，后迁到漳州南驿路南厢山，[②] 族裔遍布漳州等闽南地区。陈元光部属的后裔也在漳州广泛分布。例如：许天正的后裔主要居住于南靖、海澄；卢如金的后裔主要居住于云霄、长泰；[③] 张伯纪的后裔主要居住在漳浦、云霄和诏安。[④]

今漳州沿海一带的所谓“五山李姓”，据称其入闽始祖为唐高祖李渊的第二十一子、唐太宗李世民的弟弟李元祥，因受封于闽越一带，遂于武德贞观年间从陕西入闽，后派分漳州。[⑤]

安史之乱后，北方汉人迁移入闽人数渐增。唐中期迁闽的蔡君智住兴化莆阳，宋名臣蔡襄即其后裔，莆田蔡姓除了迁居泉州，还衍派于漳州、潮州。[⑥] 龙溪连姓，其先也是在唐中期由婺州，居大田，迁龙岩、连江。“唐文宗时世居福建连江之连刊，迁居龙溪”[⑦]。

唐末五代是北方汉民入迁漳州的一个主要时期。曾姓，“唐僖宗光启间，王潮由光州固始入闽，中原士民避难者皆徙以从，曾姓亦随迁于漳、泉、福、兴之间”。苏姓，“世居光州固始，唐末有苏益者，避黄巢之乱……随王潮入闽。……自是苏姓分布

① 陈在正：《陈元光后裔迁台族谱资料及其初步考察》，《陈元光国际学术讨论会论文集》，厦门大学出版社1993年。

② 《台湾省通志》卷二《人民志·氏族篇》，第81页。

③ 万历元年《漳州府志》卷四《秩官志·名宦》。

④ 李林昌：《九十九峰起伏漳浦史》，第42页。

⑤ 永寿《官林李氏七修族谱》卷首《源流考实》。

⑥ 林国平、邱季端主编：《福建移民史》，第33页。

⑦ 杨绪贤：《台湾区姓氏堂号考》，第286页。

漳、泉”。漳州郭氏，王审知入闽时，“次子郭嵩随军入闽，居于漳州其山下郭坑，是为漳州郭氏入闽始祖”。曹姓，“唐末避黄巢之乱，辗转入闽，定居漳州，其裔遍闽南”。漳南萧氏，始祖萧曦于唐代后期中和元年（881 年）迁居入闽，“择居长乐，支派延到闽南各地。萧处仁迁南安，萧本迁安溪高山，萧茂分支安溪芹山，萧造端迁同安浯州（今金门），萧直轩开基晋江岭兜乡。萧岑传至觉，于五代时经长沙入江西泰和，传至萧理，再迁南溪”。其后裔现聚居于南靖、龙海一带。①

宋代北方汉民经常性的入闽数量不少，② 但北宋、南宋之交及宋元之交的战乱，仍是促使许多北方汉民纷纷迁移入闽的重要因素。朱熹在《跋吕仁甫诸公帖》中说：“靖康之乱，中原涂炭，衣冠人物，萃于东南。”③ 庄季裕在《鸡肋篇》中云：“建炎之后，西北流寓之人，遍满于江淮、湖广、浙、汀、闽。”在靖康之乱中移民入闽的北方汉民中，有不少是世家。如柯氏，“先世居广信府贵溪县，始祖某，为潮州太守，当北宋金人之乱，乃隐于福建漳州府龙溪县二十五都良村，枝派蕃衍，遍于闽南”④。

南宋末年，在元兵追击下，流亡的赵宋王室，由浙入闽，南航于崖山而败亡。在从福州出发的南宋残部的船队南下泉州，蒲寿庚拒纳。据传说，船队继续南航至九龙江入海口南畔的港尾停留。驻泊时对此地的了解，应是在崖山败亡后残部又返回到漳浦的港尾等处上岸隐居的原因。族谱载：“有赵若和者，承杨太后

---

① 陈支平：《福建六大民系》，第 97、37 页。

② 例如漳州高氏，据族谱载，宋代高东溪，其祖于宋神宗熙宁二年（1069 年）负青苗债，带领兄弟子女从浙江绍兴入闽，乃弟入福清，兄高逸来到漳浦杜寻东山岭，结茅为舍，定居下来，后被闽南高姓尊为一世祖。（高聿占：《高氏溯源漳浦城》，《漳浦文史资料》第 10 辑，1991 年）

③ 朱熹：《晦庵先生朱文公文集》卷八十三。

④ 《台湾省通志》卷二《人民志·氏族篇》，第 146 页。

命奉少帝即帝昺迁于崖山。旋师溃，帝死，乃以十六舟与黄侍部、许达甫等夺港而出……遂登岸，晦居于漳浦之银坑。时有豪民倡名赵王，举兵抗元，元人悬金购赵王，若和乃隐姓为黄，以避兵祸，深匿谱牒，终身不敢对人言。再三世，而皇明王兴，洪武十八年，有赵惠官者，娶黄氏为妻，仇民告以同姓为婚，乃出谱以证，查系宋裔，始奏复赵姓。”[①] 华安县丰山镇的赵氏家族，也是宋朝宗室之后，族内保存有皇宋赵家世乘的完整七部《赵氏族谱》。[②] 这支贵胄由来与上述的赵若何不同，其先更早就入闽，保庆二年（1226 年）择居丰山镇银塘村，但也曾因宋亡而易姓（明初复姓）。[③]

漳浦一带的杨、黄、林等姓，或是随宋室逃遁，隐居于此；或是在南宋末年陆行南下。漳浦佛昙《杨氏族谱》称，杨姓先人为钱塘人杨逢宸，号应达，生三子一女，三子名亮节、亮忠、亮孝，一女名巨良。巨良被宋度宗封为淑妃，生皇子赵昰，即南逃即位于福州的端宗皇帝。赵昰罹难后，赵昺继位，杨淑妃被尊为太后，兄亮节任制置使。帝室航海至泉州时，因泉州地方长官蒲寿庚降元而匆促离去，亮节来不及跟上，携长子、次子隐居浯州（金门），三子避居佛昙，后分衍本县旧镇、湖西等地。漳浦浦西黄姓，为南宋末随帝室南迁的内阁侍臣黄材的后裔。帝昺败亡于崖山，黄材父子护闽冲郡王赵若和夺港而出，沿来时海路北遁，在九龙江江口的浦西上岸，隐居银坑，其后裔分迁于旧镇、湖西，以及漳州芗城和华安等地。漳浦旧镇“乌石林”于南宋末年从长乐迁来，衍为著姓巨族，派分台中、云林等地。佛昙“港头

① 漳浦《赵氏族谱》卷首序。参见林国平、邱季端主编：《福建移民史》，第 41 页。

② 林国平、邱季端主编：《福建移民史》，第 41 页。

③ 赵潮初：《赵匡胤皇族后裔在银塘》，《华安文史资料》第 15 辑，1992 年。

林”于南宋末年从长乐南下漳州，分衍佛昙。漳浦杜浔“园头林”也是于南宋末从兴化徙居杜浔，分衍诏安。在漳浦，林姓人口仅次于陈姓。①

另外，由海路逃遁而隐居的，既然有南宋王室成员或文臣武将，不可能没有随从人员。这就意味着宋室败亡后，除了王室、臣僚外，遁居于漳浦等地的一般随从人员还有不少。

平和、南靖等县的居民，绝大部分都是元明以后迁入的。如平和县，据新修《平和县志》记载，目前有族谱明确记载迁入时间的16个姓氏中，都是在南宋之后迁入的，其中明代就有：长乐秀峰游氏，明嘉靖年间，游均政由永定县大溪迁居于长乐秀峰。大溪江氏，明初，江肇元从永定县方头迁居大溪。九峰杨氏，始祖原籍宁化县石壁村杨家坊，明洪武年间杨世熙迁徙南靖县河头坪（现属平和九峰），明正德十三年（1518年）平和建县，始移福坪（今九峰杨厝坪），后其子孙繁衍于九峰、长乐、崎岭等地。壶嗣吴氏，明洪武四年（1371年），吴文应从漳浦迁徙大溪壶嗣（时属南靖县辖）。崎岭、长乐林氏，明洪武三年，藻公之后裔庆元迁居平和，庆元之裔孙大荣、大华、大俊等分居长乐之下村、癸村，崎岭之承坑、中寨、黄竹坑、乌石坑、顶厝寨、下楼、田里厝等地。霞寨岩岭庄氏，明宣德年间，庄敬旺从南靖奎洋迁居平和霞寨岩岭。再如南靖县，双峰丘氏，元大德十年（1306年）迁入，始祖丘杰秀。庙兜郭氏，明洪武九年由长泰迁入；书山、斗山、涌山萧氏，明永乐九年（1411年）由江西吉安因任官迁入。版寮刘氏，元惠宗至正五年（1345年）由赣南瑞金转迁而来。和溪林雅林氏，元至正年间迁入；竹员陈氏，元成宗年间迁入。长教简氏，元正至年间迁入。黄氏、张氏、李氏、魏氏、王

① 见李林昌：《九十九峰起伏漳浦史》，第58～61页。

氏、赖氏、召氏等姓氏，都是明清时期迁入的。[①] 还有少量客家人深入至漳州沿海。卢姓，始祖卢光绸，“北宋末南宋初，卢光绸派下子孙相继由江西入闽，分布于宁化、漳州、同安一带”[②]。

明清时期从外省入闽戍守海疆的军队是漳州人口来源的一个重要组成部分。例如，诏安县的徐氏，“世居大江以北，顺治五年戍守南诏，始迁福建省漳州府家焉”[③]。《东山县志》记载：“明洪武二十年，境内设铜山守御千户所，驻防官兵1120名，并有随军家属及外地民工迁入定居。据东山《南屿陈氏族谱》载，东坑陈氏‘开山始祖’原系洪武十八年外来的修城民工；南屿陈氏‘开山始祖’系洪武二十六年调驻铜山而定居的士兵。”[④]

个人或者家户徙居一地，是宗族的滥觞。以上提及的迁入漳州的姓氏，后来繁衍的宗族人口少以千计，多以万计。如南靖奎洋庄姓的始迁祖庄三郎于元代元祐七年（1320年）开基奎洋。明嘉靖年间，八世始建宗祠。今奎洋庄姓已传26代，人口近2万，为南靖一大望族。[⑤] 南靖书洋塔下张姓先祖，于元末明初从永定徙大埔，又折回永定入南靖，于宣德元年（1426年）开基塔下。明末建德远堂，乾隆四十年（1776年）由迁台族人张石敢主捐重修。塔下张姓在本地分居4个村落，人口2000多，在我国台湾地区和南洋的族人数以万计。[⑥]

---

① 陈支平：《福建六大民系》，第101页。

② 陈加锥、林家瑞：《同安主要姓氏》，《同安文史资料精选本》下，1996年。

③ 陈支平：《福建六大民系》，第69～70页。

④ 新修《东山县志》卷三《人口》，中华书局1994年。

⑤ 苏炳堃主编：《漳州氏族源流汇编》，漳州市方志委1992年编印。

⑥ 张寿建：《南靖侨乡“德远堂”张氏概况》，《南靖文史资料》第7辑，1987年。

第二章

祠堂：宗族组织的本质表征

在中国南方，尤其是东南地区的汉族农村，祠堂是非常普见的景观。它们风格古雅，气势宏大，肃穆神秘。祠堂是宗族的观念、组织、制度的空间形态表现。一个姓氏血缘群体成为自觉性的宗族的关键，在于形成共祖的认同，祠堂的始祖之祭就是将共祖这一隐性事实转化为显性的客观实在，从而在宗族成员的观念和情感上确立这种认同，并通过不断的祭祀仪式加以维系。正是宗族祠堂的设置使自在性的宗族开始转变为自为性的宗族。一个自为性宗族就会建立相应的组织、制度来进行宗族社会的运作。因此，祠堂是宗族本质的表征。

明代中期开始广泛出现组织化和制度化的新型宗族即祠堂宗族，以明嘉靖十五年（1536 年）为开端。这一年，诏令天下臣民可以祭始祖。始祖之祭的礼制变革，推动宗族祠堂的兴建，并迅速蔚为大观。新型宗族奠基于宗祠的始祖之祭，诚如清代著名的史学家全祖望所言："宗祠之礼，则所以维四世之服之穷，五世之姓之杀，六世之属之竭，昭穆虽远，犹不至视若路人者，宗祠之力也。"[①] 清人倪元垣也说："亲亲故尊祖，尊祖故敬宗，敬宗

① 全祖望：《鲒埼亭集》外编卷十四《桓溪全氏祠堂碑文》。

故收族。凡宗族离散，皆由不设义田、宗祠之故。”[1] 可见，用于祀先敬祖的祠堂对于宗族是何等重要。

第一节 祠堂宗族的开端

血缘性的聚族而居，早在原始社会就已经开始。然而，如果同一宗姓只是聚族而居而缺乏组织化和制度化，这种“宗族”实际上只是氏族或者叫继嗣群体、姓氏群体。以祠堂为主导，以族田、谱牒为辅助，成为明中期及此后组织化和制度化宗族的立基之本。因而，本书在绪论中将明代中期开始逐渐普及的新型宗族，称为祠堂宗族。建祠祭始祖，是祠堂宗族的开端。

祠堂文化是渊源于原始社会的祖先崇拜发展到一定阶段的产物。宋代司马光对于祠堂的历史变迁做了这样的概述：“先王之制，自天子至于官师，皆有庙。君子将营宫室，宗庙为先，居室为后。及秦非笑圣人，荡灭典礼，务尊君卑臣，于是天子之外，无敢营宗庙者。汉世公卿贵人，多建祠堂于墓所，在都邑则鲜焉。魏晋以降，渐复庙制。其后遂著于今，以官品为所祀世数之差。……唐世贵臣皆有庙，及五代荡析……庙制遂绝。”[2] 从商代，特别是周代开始，即有宗庙之祀，但那是天子、王侯和士大夫的特权。所祀之祖，天子七代，王侯五代，士大夫仅三代。这种“权贵有等”、“礼不下庶人”的礼制规定，一直延续到唐代。《通典》卷四十八的“诸侯、大夫、士宗庙”条下，以“庶人祭寝”作为附注。所谓“庶人祭寝”，即平民祭祀祖先之所，只限于寝室，一般只能祭祢（即考，妣也附祭）。这种“礼不下庶人”的旧制遭到宋代新儒学者即理学家的挑战。

---

① 倪元垣：《读易楼合刻·宗规》。

② 司马光：《温国文正公文集》卷七十九《文潞公家庙碑》。

宋代兴起的理学，比起以前的儒学，哲学探索含量显著增加，同时也保持传统儒学对伦理学传统的关注。宋代理学家以深邃的政治目光，将乡土文化视为国家政治的根基，聚思于家族制度的重建。张载最早认识到家族与社稷的重要关系，认识到谱牒是家族依存的底线。他说："宗子之法不立，则朝廷无世臣。且如公卿一日崛起于贫贱之中，以至公相……造宅一区，及其所有，既死则众子分裂，未几荡尽，则家遂不存，如此则家且不能保，又安能保国家？"[①] 因此他主张："管摄天下人心，收宗族，厚风俗，使人不忘本，须是明谱系世族与宗子法。"[②] 以祭祀为核心的家族制度经"五代荡析……庙制遂绝"，而北宋的品官庙制既不明确也长期束之高阁，因而程颐才会说："家必有庙……庙必有主……且如豺獭皆知保本，今士大夫家多忽此。"他认为士大夫应该在家庙常祭高祖以下祖先，时祭高祖之上祖先。他说："每月朔必荐新，四时祭用仲月。时祭之外，更有三祭：冬至祭始祖，立春祭先祖，季秋祭祢"。"祭始祖，无主用祝……祭先主，亦无主。……常祭止于高祖而下（原注：自父而推，至于三而止者，缘人情也）。"[③] 程颐的祭始祖之构想，是祠堂宗族制度的思想源头。朱熹对程颐祭祖构想的突破，在于弘扬了孔子"有教无类"的平等观念，打破了贵族与平民的礼制藩篱，不囿于程颐所限的"士大夫"，而用"君子"一词将官方和民间尽收掌中。朱熹在《家礼·祠堂》的导语中说："古之庙制不见于经，且今士庶人之贱，亦有所不得为者，故特以祠堂名之，而其制度亦多用俗礼云。"从"今士庶人之贱，亦有所不得为者"一语，可以明确感知朱熹对庙制不下庶民的不满。他说，君子之家应在宫室之东营建祠堂（属于家居建筑的组成部分），而庶民之家也要设

---

① 胡广：《性理大全书》卷六十七。

② 胡广：《性理大全书》卷十九。

③ 《二程遗书》卷十八。

祠堂，但只是祭于寝室的神主龛。奉祀祖先之宫室称家庙，唯有一定等级的品官才有这一权力。朱熹设计的祠堂，只是家族祠堂，尽管祠堂神龛只奉四代神主，但首先提出设神位的始祖、先祖的时祭。而程颐所说的始祖、先祖的时祭，只用“祝”，即以言告祖。朱熹说：“冬至祭始祖……前期一日设位（原注：……设神位于堂中间北壁下）”。“立春祭先祖。前三日斋戒，前一日设位陈器”。[①] 始祖和先祖之祭，在朱熹《家礼》中开始明确而具体。朱熹设计的尽管还只是家族祠堂，但在祠堂举行的始祖和先祖的时祭，包含着宗族祠堂的基本因素，这就为家族祠堂向宗族祠堂的发展架设起观念的桥梁。

明洪武三年（1370 年）礼书修成，其中的祠堂制度深受朱熹《家礼》中祠堂之制的影响，规定：品官可建祠堂，祀四代祖先；庶民祀二代祖先于寝室，后来改为可祀三代祖先。嘉靖朝对官民祭始祖开始弛禁。嘉靖十五年（1536 年）诏令允许官民祭始祖。虽然这时祭始祖不是设木主常祭而是冬至日临时设祭，但这却引发了重要的变化。依照新颁礼制，冬至日祭始祖，品官在家庙临时设立的始祖纸质牌位前举行祭祀仪式。品官一旦可以在家庙祭始祖，那么其原本只祭四代的家族性家庙，就开始向宗族祠堂转变，即品官家庙的临时设置的始祖纸质牌位就会演变为木质牌位而成常祭。而民间得祭始祖，族人便联合祭祖，进而择地建祠。自此，一个属于祠堂宗族的时代宣告来临。

当然也不能说，此前就没有祠堂宗族。由于后世追述本族历史上的祠堂，往往以当下宗族祠堂的状况附会到早期家族祠堂上，这就造成明代中期以前宗族祠堂多如群星的印象。闽南闻名遐迩的庄氏宗族的建祠历史颇具典型。晋江青阳庄氏族人的祠堂和祭田是三世庄主复于元代建置的，所建之祠只是家族祠堂。

---

① 朱熹：《家礼》卷五《祭礼》。

《青阳庄氏族谱》载："三世庄圭复，平生高志励行，以文学名于世……天子遣使以币征，而公辞以衰老，不就。于是始立祠堂，以奉宗先，创祭田以敦时祀。……（三世）庄惠龙，幼失怙恃，励志自强，拓业千亩，以遣子孙。公生于至元十八年，卒至正九年。有菜堂地基一所，年租棉花九十斤，予子孙轮收为蒸尝，后族蕃，共分其地。仍以地换租税十八石于今。礼事作三房。……四世天爵，生大元大德年间。有本里青阳山系倪解元应斗举家所得，山种龙眼树。公用财予以赎，收产两亩，自供赋役，重栽榕木，以荫乡里。又拨出租税三十石予本房子孙轮收，以供父祖忌辰祭扫，以致岁时思慕之意。……六世嗣祖，生于元至正十九年。在襁褓间失恃，哀痛未已，父殁远方，誓不荤食，而为终身之慕。仍拨租税三十二石，棉花二十五斤，予子孙轮收，以供考妣之蒸尝及春秋扫坟，俗节荐新等费。"[①] 从青阳庄氏族谱关于祭田的陈述来看，似乎庄氏在元代已形成祠堂宗族，其实不然。元代青阳庄氏第三世始建家族祠堂，设祭田以奉先，祠堂匾称"永思堂"。到明嘉靖八年（1529 年），庄氏宗族有庄用宾、庄一俊、庄壬春三人同榜考中进士，时称"一榜三龙"。嘉靖九年，任过广西思恩知府的庄科发动族人建新祠"庄氏家庙"于青阳山下。[②] 自此，青阳庄姓才有宗族祠堂。上引的"庄惠龙……有菜堂地基……子孙轮收为蒸尝，后族蕃，共分其地"，这恰恰说明，当时庄姓并没有宗族祠堂而只有家族祠堂，三世庄惠龙所属的房分也没有房祠，以致庄惠龙所置的蒸尝田在"族蕃"后，发生了后裔"共分其地"的事。

有了祠堂的始祖之祭，才有宗族在始祖认同进而宗族认同的状态下进行自觉的整合。在此之前，宗族的人口群体也照样存

---

① 苏黎明：《泉州家族文化》，第 130 页。

② 粘良图：《晋台宗祠及其姓氏源流》，第 16 页。

在，但严格说来，那只是缺乏组织结构和制度形式的姓氏群体。

以中原为主的北方移民自汉代以后，开始或零散或成批地入闽。在迁徙、定居的过程中，地域性的宗族人口的繁衍如水之涓滴，积少成多。在明嘉靖祭祖礼制改革的推动下，聚族而居的自在性宗族，因宗族祠堂之建而转变为自为性的宗族。

宗族的绅士势力和经济基础是建祠所凭借的两种基本的社会力量。通海贸易所带动的闽南经济发展，显著地促进了闽南社会的发展，进而促进宗族社会的发展。通海贸易也带动了移民向海外发展，涓滴成流的海外移民使闽南成为著名的侨乡。闽南强盛的宗族组织凭借着海滨邹鲁的书香传统和海外侨亲的经济支持，使祠堂修建在宗族组织最为发达的中国东南地区极富特色。

顺便解释一下为何不少祠堂仍称家庙。先秦至明代嘉靖初年，士大夫或高品之官的家庙，限于祭三代，特别强调不得祭始祖。因此这样的家庙，其范畴只是家族而非宗族。明嘉靖时允许天下臣民建祠祀始祖，始祖开始为时祭，后变为常祀。作为祭祖之所叫祠堂，这是南宋朱熹的发明，目的是不让祀祖之所专为官宦特权。明嘉靖以后，皆可建祠，原已有家庙的，仍叫家庙，以示曾经的显贵。有些宗族本没有这种传统，却有攀附虚荣之心，也好名其祠为家庙。应当指出，祠称为庙，这是沿用先秦祭先的惯名，严格说，自从朱子倡用祠堂之名，家庙就不宜再使用了，尤其在嘉靖年以后，但积重难返。

第二节　闽南祠堂面面观

在闽南乡村，最宏敞华贵的建筑便是祠堂，就是神庙也比之不及。以下分述与祠堂相系的建祠、规制、衍派、堂号、形貌和楹联。

1. 建祠

祠堂的建造、修葺、重建或扩建，资金来源有多种形式。

建祠由有力者独捐或合捐。晋江罗山南唐龚氏家庙在清道光十六年（1836年）重修，由富商裔孙龚维琚出资白银九百多两。[①] 晋江东石檗谷黄氏宗祠明万历三十六年（1608年），由族人黄道华、黄道开捐资重建。[②]

晋江唐厝唐氏宗祠多次修建，先后有"鸠金"、"丁亩分派"和数人主捐。清康熙二十五年（1686年）由唐氏"长房第九世恂然公董事族中，鸠金建作"。嘉庆十九年（1814年）"合族以人丁、田亩分派"，集资重建。光绪二十四年（1898年）再由旅居菲律宾宗亲唐谅会发动，集资重建，唐谅佐由吕宋返乡，主持董事，族中抽派小工，重建祠宇。族中捐资踊跃，仅唐谅会兄弟就捐献300银元。此外，唐谅高又以卖田款100银元捐献。祠堂告竣，款项开支1300银元，尚余100银元置田业出租，收入用于每年祭祖之费。[③]

南靖奎洋庄氏宗祠下有支祠80多座，为闽南聚居宗族的祠堂数量之最。众多的奎洋庄氏祠堂主要采取按房摊派的方式，集资建祠。[④]

泉州洪氏大宗祠的修建有同姓友人馈捐。该祠于1862年动工，1868年完工。举人洪曜出任总办董事，他派其弟带族谱赴台，请赐进士出身翰林院庶吉士、台湾兵备道兼理学政按察衔洪毓琛（山东直隶人）撰写祠序，洪欣然命笔并捐300银元。[⑤]

无论是主捐还是倡捐以修建祠堂，基本都是官宦和士绅充当

---

① 龚书群：《晋江罗山南塘龚氏家庙》，见许在全等主编：《泉州名祠》，福建人民出版社2003年，第84页。

② 粘良图：《晋台宗祠及其姓氏源流》，第171页。

③ 粘良图：《晋台宗祠及其姓氏源流》，第137页。

④ 陈在正、庄英章：《南靖龟山庄氏宗族的发展及向台移民》，第三十四届亚洲及北非研究国际学术研讨会论文，1993年。

⑤ 龚书群：《泉州洪氏大宗祠》，见许在全等主编：《泉州名祠》，第8页。

主角。晋江罗山南塘龚氏家庙，明万历时由裔孙、湖广道监察御史龚云致“创大宗”。[①] 晋江安平颜氏家庙的前身为元代所建的一间供奉神主的简陋堂屋，明万历三年（1575年）十世孙进士“都谏鸿磐公”出仕，始扩为祠。[②] 晋江涵口陈氏祠堂原为开基祖碧溪公故居，明弘治年间六世孙陈腆任高州太守，改故居为祠。[③] 明万历二十九年（1601年）吏部尚书庄钦鄰等裔孙合资重修庄夏府第，初名蓬莱堂。清乾隆元年（1736年）就府第旧址建祠，为庄氏家庙（锦绣庄祖祠），内祀始祖至十一世祖。[④] 石狮蚶江欧阳氏宗祠，始建于清康熙年间，由官拜浙江左都督的九世欧阳定庵归田后倡建，并修二房族谱。[⑤]

建祠需慎重筹划，深思熟虑。有的宗族，财力有限，或分期而成，或因陋就简，后再重建。至于年久重建、重修，那是常例。南安下店黄氏祖祠，始建于明嘉靖四十二年（1563年），初建顶厅。万历三十八年（1610年）增建拜亭。清康熙三十四年（1695年）再增两廊。乾隆十七年（1752年）重修。1987年再次重修，一新梁柱。[⑥]

晚清至民国，特别是改革开放后。闽南的台胞宗亲成为原乡祖祠修建的重要力量，侨胞宗亲也有出力。在泉州：沙堤王氏家

---

① 龚书群：《晋江罗山南塘龚氏家庙》，见许在全等主编：《泉州名祠》，第84页。

② 安平颜氏家庙管委会：《晋江安平颜氏家庙》，见许在全等主编：《泉州名祠》，第65页。

③ 粘良图：《晋江涵口陈氏祠堂》，见许在全等主编：《泉州名祠》，第86页。

④ 泉州锦绣庄文物修复委员会：《永春湖洋庄氏家庙》，见许在全等主编：《泉州名祠》，第250页。

⑤ 粘良图：《晋台宗祠及其姓氏源流》，第116页。

⑥ 下店老人协会：《南安下店黄氏祖祠》，见许在全等主编：《泉州名祠》，第151页。

庙 1996 年由高雄王玉云捐港币 30 万元重修，又捐港币 40 万元创立舍抄基金会，用于助学、敬老等公益。1990 年台北高氏宗亲会回安溪大坪谒祖，1996 年该会高玉树组织宗亲募集主体工程款 100 万元重建安海高氏宗祠。鉴湖延鲁张公家庙由台湾张福禄家族捐 100 万元重修。1934 年围江周氏宗祠重建，有缅甸族亲周兴柱捐建下落，继而由缅甸族亲周时度捐建余下工程。钞岱郭氏宗祠于 1989 年营建新祠，旅菲族亲为捐建主力。[①] 在漳州：东山留田陈氏追远堂于 1908 年重修，澎湖族亲 100 多户每户红包上写明家户世次和男丁名字，托人带回慨捐祖家。之后台湾族亲又多次助捐修祠。诏安二都南陂林氏应源堂于 1909 年和 1947 年，由台北、嘉义族亲出资两次重修。东山城垵李氏家庙 1999 年重修，由在台宗亲出资。南靖河坑世英堂 1993 年大修，台中大雅乡的张东阁、张剑山、张钦渊等 21 位族亲慨捐人民币 30 余万元。东山宅山朱氏家庙于 1995 年重建，台湾宗亲以及侨胞和祖地宗亲共集资 40 多万元。[②]

按传统，宗祠建成后要举行隆重的“庆成奠安”典礼，包括建醮、祭祖等活动。金门宗祠的庆成奠安项目有：发奏、制煞、掀梁、敬梁神、拜斗、进表、敬神、献敬、追龙、晋主、晋匾、点主、安砖契、净油、过布桥、开庙门、祭祖、宴亲、分灯、辞神、演戏。[③]

2. 规制

规制主要指祠内设施、祭祀规范与祠际关系。

（1）祠内设施

闽南祠堂的建筑格局，通常是两落三开间。前落实际上是门

---

① 粘良图：《晋台宗祠及其姓氏源流》，第 45、70、121、292、349 页。

② 周跃红主编：《台湾人的漳州祖祠》，国际华文出版社 2002 年，第 29、69、130、142、217 页。

③ 廖庆六：《浯洲问礼》，金门县文化局 2008 年，第 181 页。

内厅廊，后落中为厅堂，两侧各一房间，厅堂正中安置神主龛。前后落之间是天井，两旁是庑廊。大门上，某氏家庙或某氏宗祠的匾额下，石框门楣题刻着“某某衍派”。“某某传芳”匾是悬挂在正厅门楣。堂号匾悬挂于神龛靠前的梁下，这种程式化的设置，尤见于漳州。有些堂号书刻于神龛楣额，如青阳庄氏家庙的神龛上镌刻着“永思堂”。[①]

祠堂的主要设施和物件荟萃于正厅。青阳庄氏家庙和蔡氏家庙是晋江著名的祠堂，大厅正中内侧安置神龛，两旁厅壁上均有字径约一米的“忠、孝、廉、节”四个金字。[②] “忠孝”与“廉节”这两组大字分别刻写于祠堂正厅或院落的两侧，是闽南宗祠常见的型制。诸祠楹联内容纷呈，但“忠孝”是精神核心，姓氏源流是记忆要点。“祖训当永遵，绵历千秋，木本水源出忠孝；宗亲宁可忘，迁播四海，连气同枝共敦和。”晋江东石紫云黄氏祠堂的这一联文，很有代表性。牌匾是显示祖宗功德的主要形式。文魁、武魁、进士、官衔以及御题、封赠、褒奖以至异地宗亲之贺，是牌匾普见的题字。在青阳庄氏家庙，除了状元、榜眼、文魁、进士、翰林等科名官衔匾，还有当年民国海军将领萨镇冰所授的“慷慨输将”和“义勇可风”匾，这是对庄氏族人慨捐抗战的褒奖。台湾族亲的“两岸同根”匾，既有亲族也有爱国的情结。

神主龛是祠堂核心设施。标准的神主龛有左、中、右三龛。中龛祀若干代列祖，宗祠祀开基始祖及其以下几代祖，房祠祀本房始祖及其以下几代祖，再分支的房祠祀分支始祖及其以下几代祖。有些宗祠还祀比开基始祖更早的始祖。台湾宗祠祭祀开基祖、迁台祖乃至唐山祖，就是对这一传统的扩展和丰富。神主牌

---

① 粘良图：《晋台宗祠及其姓氏源流》，第19页。

② 粘良图：《晋台宗祠及其姓氏源流》，第171、10页。

以居中靠后为尊。左龛祀有科名、官名的祖先，右龛祀有德有功的祖先。简称“左爵右功”。不过，通常只设一龛，有三龛的祠堂很少见，尤其在漳州地区。即使有三龛者，也不见得循规为“左爵右功”。安溪狮渊孙氏家庙，中龛供奉几代列祖，左龛为贤母祠，右龛为毓英堂。[①] 安溪湖头恒山大成苏氏宗祠，中龛祀宣议公（开基祖苏结）及林、郭二妈，左龛祀庄七、陈一两公，右龛祀游腊仙师。[②] 庄七、陈一应是有功于苏氏宗族，“游腊仙师”的“腊”是“猎”之误写，“游猎仙师”是猎神。安溪大坪高氏宗祠，始祖至七世祖进中龛，小宗五房祖进左边小龛。中龛之右，不详。[③] 小宗五房应是“守祖”的唯一房族。晋江金井围头英围洪氏宗祠，后落中堂安放祖龛，左堂悬挂六桂昆仲圣像。[④] 据传，洪、江、翁、方、龚、汪六个宗姓有共同的渊源。

宗祠神龛所祀自开基祖以下的代数有所限制。惠安白奇郭氏家庙（大宗祠），所祀只有一、二世祖妣，未祀郭氏泉州坡庭开基始祖，即白奇开基祖的祖父。白奇郭氏二世分四房，四个房头皆有房祠，祀本房一世祖及其下若干代。假如大房的某代某房又建有房祠，祀本房一世祖假如是大宗六世，那么，大房的房祠所祀截至的代际就到大宗六世。这样，就更易于理解白奇大宗仅祀一二世，因为二世诸房已有房祠。有的宗祠除祀开基的一世祖，还祀此前的始祖。晋江沙塘王氏大宗祠，神龛内供始祖王翰、一

---

① 狮渊孙氏家庙管委会：《安溪狮渊孙氏家庙》，见许在全等主编：《泉州名祠》，第 197 页。

② 苏万春等：《安溪湖头恒山大成苏氏宗祠》，见许在全等主编：《泉州名祠》，第 207 页。

③ 大坪高氏宗祠管委会：《安溪大坪高氏宗祠》，见许在全等主编：《泉州名祠》，第 219 页。

④ 洪齐贤、曾焕经：《晋江金井围头英围洪氏宗祠》，见许在全等主编：《泉州名祠》，第 81 页。

世祖致政公暨妣谢氏、二世祖横山公、夏坡公、宣教公暨妣神位。

闽南宗祠厅堂的左右厢房，或有供奉观音、福德正神等。永春小岵南山陈氏宗祠，左右厢房分别供奉观世音、土地爷和魁星塑像。[①] 永春仙乡郭氏聚爵宗祠，正中神龛奉祀镏金的神主牌，左右厢房的“佛殿”供奉魁星、土地等神明。[②] 除了观音之外，宗祠供奉的神明等级较低甚至低微。如果祠堂没设厢房，就在神龛两旁供奉适合的神明。在海岛金门，宗祠一般不大，常见宗祠正中神龛两旁奉祀文昌神与福德正神。小金门东坑有一座“六姓宗祠”，当初是由此地人数较少的陈、蔡、程、林、孙、杜六个姓氏的居民共同醵金所建的联宗祠。祠内左侧奉祀三忠王和池府王爷。[③] 据笔者所见，金门宗祠供神多在左侧廊房。

宗祠与神庙的格局有讲究。在普遍“崇左”的文化心理的支配下，建祠遵循“庙左祠右”的原则，这在明清实例可见这一惯习。如晋江芙蓉杨氏大宗祠，康熙二十三年（1684 年）重建，右边是与祠堂同时建造的集云庵，原祀主科名之朱衣神，今奉三世尊佛、观音菩萨及保生大帝。

（2）祭祀规范

祭祖程序一般为：迎神、献食、敬酒、念祭文、焚祭文。迎神即念唱神龛里祖先的名号：某某世某某公，然后将神龛的神主请出，奉置于龛前八仙桌。献食即在奉置神主的八仙桌前的供桌上，摆上供品珍馐，供桌前紧接一长形香案桌。祭祖的前一天，应将厅堂、神案、祭器、桌椅等，清理干净。祭祀用的碗碟特别

---

① 小岵南山陈氏宗亲联谊会谱志编修组：《永春小岵南山陈氏宗祠》，见许在全等主编：《泉州名祠》，第 233 页。

② 陈诗中、郭志启：《永春仙乡郭氏聚爵宗祠》，见许在全等主编：《泉州名祠》，第 239 页。

③ 廖庆六：《浯洲问礼》，第 107、99 页。

强调洁净。这些碗碟平时储藏于专设橱柜，不得他用。另外，祭祖之前，先敬祠内神明，诸如文昌神、土地神。

祠堂祭祖一般为春冬二祭。按规范，春祭在立春，冬祭在冬至。家户祭祖的隆重日是秋季中元节。当然，家户祭祖，过节也祭，除了“做忌”，祭祀简单。同样，祠堂祭祀，除了隆重的春冬二祭，还有日祭、月祭和四时祭。日祭只需上香。月祭是逢朔或朔望上香，献果品。四时祭在每季仲月“荐新”，即祭时令佳果或时宜供品。泉州赵氏宗族，其祭祖条例有：“立祠堂以奉先世神主。出入有事必告。至朔望必参恭。俗节必荐时物。四时祭祀，各用仲月，卜日行事。冬至祭始祖，立春祭先祖，季秋祭祢。其仪悉遵文公家礼。”①

（3）祠际关系

同宗的祠堂构成一个系统。一个宗族的祠堂，有宗祠、支祠之别。宗、支是相对的，社区总祠相对涵盖多社区的地域总祠，则成为支祠；地域总祠相对于更大的地域总祠，又成为支祠。一个入闽而发展起来的宗姓群体，多级别的祠堂不见得要溯至入闽始迁祖的总祠，而是依照认同。某一衍派只溯至某公为始祖，便以始祖肇基地的祠堂为总祠，例如紫云黄氏。江夏紫云派始祖黄守恭，先祖黄元方，河南光州固始人，任东晋晋安郡太守，后隐居侯官黄郑巷（今福州三坊七巷的黄巷）。父黄崖于隋末由侯官县迁至南安县东南十五里西洞州（今泉州市鲤城区），生守恭、守美兄弟二人。守恭五子分居闽南，总属江夏紫云派。该衍派认黄守恭为始祖，以供奉黄公的开元寺檀越祠为祖祠。② 学术上对祠堂的宗支之分较为严格，然而民间只要他们觉得分得清，也就

---

① 《南外天源赵氏族谱·家范》，泉州赵宋南外宗正司研究会 1994 年编印。

② 黄天柱、黄真真：《泉州紫云黄氏祖庭檀越祠》，见许在全等主编：《泉州名祠》，第 5 页。

自行其是，如各大房（每代皆有房分，第二世称大房，如大一房、大二房等）甚至其下之祠，也叫宗祠。惠安霞张的庄氏宗族有三座大祠堂，中间是庄氏大宗祠，东边是霞张庄氏长房宗祠，西边是霞张庄氏二房四房三房宗祠。[①] 二房四房三房宗祠，指的是（二世）第二房的第四房的第三房，其房祠也称宗祠。这样，就会用“大宗祠”、“大宗”、“祖祠”来特称宗族总祠。

以入闽始祖肇基地的祠堂为总祠（祖祠）也有，例如桃源庄氏。永春桃源庄氏家庙，位于永春县湖洋镇蓬莱山南麓，原系闽南庄氏开基祖庄森故居，曾为九世孙庄夏府第。庄夏，南宋淳熙八年（1181 年）进士，官至国史东宫直学士院兼太子侍读、兵部尚书。庄夏后迁入泉郡，庄府巷因此得名。明万历二十九年（1601 年）吏部尚书庄钦鄰等裔孙合资重修永春庄夏府第，初名蓬莱堂。清乾隆元年（1736 年）就府第旧址建祠，为庄氏家庙，内祀始祖文盛公（庄森）至十一世祖。[②] 十一世是庄夏之孙，即迁出泉郡而肇基青阳的是庄森十二世孙古山公。庄府十一世派下当认为青阳祖不宜入祀桃源祖祠，这应是清乾隆改府第建祖祠祀祖止于十一世的原因。由此例也可知，总祠不见得在某宗派的祠系中建祠最早，重要的是该宗派的发源地。

已建的总祠，偶尔也会出现更迭。安溪苏氏宗族已在宋时开基地衡阳建三开间两进的祖祠（显福祠）。清初，先世已迁入湖头的苏氏三房二十世孙、太学生济时公，买地十余亩建屋两座居住。乾隆四十九年（1784 年）其孙咸英，献地建大衡阳苏氏大宗祠（又称“大成祖宇”），祀恒山开基祖忠顺公（苏结）及二世

---

① 福建省文化厅编：《八闽祠堂大全》，海峡摄影艺术出版社 2002 年，第 187 页。

② 泉州锦绣庄文物修复保护委员会：《永春湖洋庄氏家庙》，见许在全等主编：《泉州名祠》，第 250 页。

祖，显福祠为主祠（大宗祠）的地位遂被取代。①

对于一个宗族，宗祠祀若干代祖后，就不再进神主（不包括左右龛），宗祠所祀之祖断代以后的世祖祀于房祠。例如云霄竹港林氏宗祠贻谋堂，祀一世至五世祖妣，至七世以后分别立私祠：承启堂、大厝公堂、存德堂、敬德堂、诚敬堂、垂裕堂，分别奉祀本房六世及以下世祖。这六房不见得在同一世代建私祠，但只要某一房建祠祀六世祖及其以下列祖，其他诸房皆不得祀其六世及以下世祖于宗祠（贻谋堂）。②

年代久远和地域远隔或会疏离支祠与祖祠的关系，使某支祠成为该支祠衍派的溯止的源头总祠，例如奎洋庄氏大宗祠。桃源庄森十五世孙庄三郎于元代开基漳州南靖奎洋，至第八代建祠，奉祀始祖至七世祖。清雍正年重修，并增祀第八世祖。奎洋总祠领大大小小的支祠有八十多座，奎洋衍派追溯祖祠止于奎洋总祠，尽管在族谱还有桃源（永春县原为桃源场）祖地的记载。

另一方面，年代久远和地域远隔也可使支祠与祖祠的关系弥亲。海外侨胞与台湾同胞的宗亲会、祠堂与故园和祖国大陆祖祠的关系正是如此。在闽南地区，改革开放后第一波的祠堂重建动力就是来自海外侨胞和台湾同胞，他们都以中国大陆的祖祠为崇为亲。这些都源于“认祖归宗”的华夏心理定势。

3. 衍派堂号

(1) 衍派与传芳

“郡”是行政区划，“望”是名门望族，“郡望”连用，即表示某一地域的名门大族。对于宗族来说，早期郡望主要是地望，随着美德懿行、功成名就这类事迹的出现，郡望意蕴中的声望得

---

① 苏万春等：《安溪湖头恒山大成苏氏宗祠》，见许在全等主编：《泉州名祠》，第 207 页。

② 周跃红主编：《台湾人的漳州祖祠》，第 78～80 页。

到极大丰富，并明确为祖宗功德。概念内涵宏富，为了清晰明辨，郡望便可分为地望与声望，分别对应“衍派”和“传芳”。“衍”即繁衍，“派”即流派。“芳”是宗族所属宗姓的祖宗功德，“传”意在光前以裕后。

宗族是宗姓衍派不断的结果。一系列的地名形成衍派记忆。早期之地是源远，最近之地是流长。宗族的一系列地名，如同个人履历。以族谱来说，作为冠名的无不是地望。如果是跨地缘的州府宗谱，那么冠名的地望就是州府。如果是地缘宗族的谱牒，冠名的地望就是本地名称。例如，白奇郭氏的族谱，冠名是“白奇”，21世纪初重修，依然照旧。白奇郭氏四房派下某分支，民国时修谱，冠名是“顶山架”这一小村名。总之，地望是衍派之所系。

地望或沿用传统，甚至原始郡号，或是推陈出新。庄氏郡号依次为“天水”、“会稽”、“东海”等，“天水”是源头。祖祠在永春（桃源）的庄姓，以“天水”为郡望。分派于泉州郡城、晋江、惠安等地的，就用“桃源衍派”，① 由青阳分派于他地的则用“青阳衍派”。青阳蔡姓，唐时就从莆阳（莆仙）徙居此地。据称因蔡氏地望为济阳郡，蔡氏悉以“济阳”为郡号，青阳蔡亦然。青阳蔡氏宗祠有一副对联中称“脉由济阳，支分莆阳，派衍青阳，好就三阳开泰”②。从莆阳另有一支蔡氏派衍晋江海口祥芝，也称“济阳衍派”，其祠有联：“济阳衍派家声远，忠惠传芳世泽长。”青阳蔡与祥芝蔡同源于莆阳蔡氏，沿用莆阳蔡氏的“济阳衍派”。③

一个宗族分派于外地，外地宗支会将祖祠所在地作为新的地

① 粘良图：《晋台宗祠及其姓氏源流》，第12页。

② 粘良图：《晋台宗祠及其姓氏源流》，第3页。

③ 蔡思考：《晋江安海蔡氏宝谟世泽》，见许在全等主编：《泉州名祠》，第61页。

望。晋江安海蔡氏迁自青阳，用的是“青阳衍派”。从青阳派衍东石塘东的蔡氏，号“青阳衍派”。塘东等地的青阳蔡后裔迁台后，也沿用“青阳衍派”。泉州西福魏氏始祖九郎公，原居莆田魏圹。入元，因忌元兵追杀，改用“鹤山衍派”，久而成习，但西福魏氏保存着“莆阳衍派”和“莆阳”灯号的记忆。[①] 衍派所冠，普遍是地望。地望或沿用传统，甚至原始郡号，或是在迁衍过程产生新的系列。

较之衍派所冠是地望，传芳所冠则是声望。例如，泉州黄龙吴氏家庙的后厅有“守让堂”匾，前厅有三匾：“梅里肇基”、“延陵衍派”、“让德传芳”。[②] 这也说明。族以地望为标志，声望只是宗姓群体所彰显的内在文化气质，并不作为宗姓或族姓之号。吴姓多用“至德传芳”。“至德”美誉来自吴氏源头始祖泰伯。传说泰伯为周王古公长子，古公次子仲雍，三子季历。古公有传位季历之意，但碍于废长立幼。泰伯为退让而远至江南吴地，史称“泰伯奔吴”。泰伯被誉为“三以让天下，真至德第一人”。不过，尽管泰伯有“至德”，但“三让”倾向于指泰伯的十九世孙季札。季札三让王位，避耕于延陵，后封为延陵季子。我国香港、菲律宾乃至世界的吴氏宗亲会皆以“至德”冠名。君王的御题，是传芳的最好冠名。闽南庄氏开基始祖庄森，传至九世庄夏，于淳熙八年（1181 年）中进士，任过漳州知州、兵部侍郎，为政清廉，深受恩宠。有一次宋光宗与他问对，提起祖坟安葬何地，庄答在鬼岫山，于是光宗亲笔改名为“锦绣山”。自此，庄森派下的庄氏后裔皆以“御墨锦绣”为殊荣，遂有“锦绣传芳”。青阳蔡姓源于莆阳，莆阳出蔡襄，有“忠惠传芳”美誉，

---

① 魏亚氏、魏献顺：《泉州西福魏氏家庙》，见许在全等主编：《泉州名祠》，第 28 页。

② 黄龙吴氏家庙管委会：《泉州黄龙吴氏家庙》，见许在全等主编：《泉州名祠》，第 32 页。

因此青阳蔡姓也用“忠惠传芳”。石狮永宁王氏宗族，衍自王审知，其宗祠正厅悬挂“开闽传芳”匾。[①]

有的宗祠没用“传芳”而用“世泽”。晋江安海蔡氏祠堂，其堂号叫“宝谟”，“宝谟世泽”镌刻于祠堂之上。[②] 安海蔡是青阳蔡的分支。青阳蔡氏十世祖蔡次博，南宋嘉定十三年（1220年）进士，官至宝谟殿大学士，故安海蔡氏要承泽传芳。石狮蔡坑蔡氏系青阳蔡氏十四世祖蔡崇孝迁居蔡坑的后裔，其祠堂同样镌刻“宝谟世泽”。[③]

（2）宗号与族号

宗族最常用的是两种号，一是宗号，一是族号。宗号是宗族所属的衍派，族号是宗族所居的地名。当某个宗族发展流播，在迁入地发展起来的宗族（小宗）也有了自己的族号，那么仍在原居地的大宗的族号就升格为宗号。新的宗号通常是派分出去的小宗最早叫起来的。郭姓从泉州法石坡庭分流而肇基惠安白奇后，白奇郭是族号，坡庭即白奇郭的宗号。白奇郭迁到外地的支派，则以白奇为宗号。可见，宗号和族号属衍派的范畴，是衍派的地方化体现。

宗号有总属和分号，如黄姓总属“江夏”，黄守恭献地建寺名紫云，紫云原址是守恭居地。黄守恭族裔分号是“紫云”。该派的“总”和“分”连用，称“江夏紫云”。宗号或有两名叠加。泉州紫云锦浦黄姓的宗号出自紫云和锦浦，“紫云”是吉兆变为寺名，原寺址就是始祖黄守恭所居地，“锦浦”是惠安的锦溪和

---

① 王人秋：《石狮永宁王氏宗祠》，见许在全等主编：《泉州名祠》，第120页。

② 蔡思考：《晋江安海蔡氏宝谟世泽》，见许在全等主编：《泉州名祠》，第61页。

③ 王人秋：《石狮钞坑蔡氏三公家庙》，见许在全等主编：《泉州名祠》，第104页。

浦口，是祖上迁居的两地。[①] 永春玉塘乐安孙氏，“乐安”是宗姓的总号，“玉塘”是宗族之号，两名叠加，亦即宗号。[②] 偶尔也有用传芳所冠为宗号的例外，如肇基桃源的庄氏宗号称“锦绣庄”。

用宗族所在地为族号，清晰易辨，比如“青阳蔡”、“石龟许”、“陈埭丁”，一目了然。永春康姓，由安溪入永春，先居锦斗，后移凤山，遂以“凤山康氏”自号。[③] 惠安许氏由许山头迁到晋江瑶林，遂以“瑶林”为族号。[④] 尤其对于同姓不同宗的群体，地名族号简明易辨。漳浦至少有三林，分别叫“乌石林”、“港头林”、“源头林”。乌石林：又叫“浯江林”，始祖林安，于南宋景定初年由长乐后市迁居漳浦东关外安仁乡，后发展至海云山下，建祠于乌石，祠名“乌石大厅”。港头林：始祖林景懋，南宋末迁居，具体居处失传。子泰来，孙添福。添福生三子：友成、友春、友泉。友成居漳州涂白。友春居泉州，堂号“后峰”。友泉居漳浦佛昙港头，堂号“黛峰”，为港头开基始祖。源头林：始祖添福，宋末避元兵乱，由兴化移居漳浦源头。据传，源头林系“九牧林”之一的荐公第十八世孙，属诗亭派。[⑤]

清代渡台的闽南移民及其后裔，有沿用原乡族号、宗号以及堂号的偏好，客家人也是如此。1990 年笔者带班在南靖塔下村做田野调查，访得村史：张化孙九代孙张小郎于明宣德元年（1426

---

① 紫云锦浦黄氏宗祠重建理事会：《泉州紫云锦浦黄氏宗祠》，见许在全等主编：《泉州名祠》，第 39 页。

② 孙建斌：《永春玉塘乐安孙氏家庙》，见许在全等主编：《泉州名祠》，第 241 页。

③ 陈诗中、康清龙：《永春康氏玉斗大宗祠》，见许在全等主编：《泉州名祠》，第 243 页。

④ 佚名：《惠安许山头许氏宗祠》，见许在全等主编：《泉州名祠》，第 191 页。

⑤ 林祥瑞：《“乌石林”源流及传衍台湾》，《漳浦文史资料》第 10 辑，1991 年。

年）携妻华氏、子光昭，开基南靖塔下村，后建祖祠德远堂。德远堂九代孙张文羡，随郑成功军队入台。清康、乾等朝先后20多人去台。同治九年（1870年），张石敢在台南按塔下祖祠规格建德远堂。张石敢后裔先后于1905、1947年，两次捐资修缮塔下的祖祠、祖墓。著名考古学家张光直亦张石敢后人。

（3）灯号

宗族将地望写在宗祠的灯笼上，这就是“灯号”。灯号写的多是较早的地望。永春玉塘乐安孙氏家庙，肇基于明末。“据族谱载，惠安、永春乐安孙氏是战国时期齐景公封田书于乐安，赐姓孙，故以‘乐安’为灯号”[①]。南安岑兜洪氏宗祠，灯号“敦煌”，敦煌是洪姓发祥地的郡名，岑兜洪也称“敦煌衍派”。[②] 安溪溪内蔡氏宗祠又叫“济阳祖祠”，济阳是蔡姓望出的郡名，是蔡氏的总堂号，也是灯号。[③] 黄姓的衍派和灯号多称“江夏”，民国时，厦门黄姓和流寓于厦的黄姓宗亲建总祠，就直接名叫“江夏堂”。惠安白奇郭在泉郡的元代始祖是波斯人，三世于明初开基白奇，假托为郭子仪后裔，其衍派、堂号、灯号皆为“汾阳”。白奇郭真实的源流历史正好显示：在宗族史的早期，衍派、堂号、灯号多为一致，后来才分道扬镳。有的封号兼有地望和声望，因此闽南郭姓宗族无不以“汾阳”为灯号。

黄守恭献桑田以建寺，寺成，紫云呈祥，遂以“紫云”为寺名。这一典故显示黄守恭慷慨献地以建寺的美德，因此黄守恭所领族裔各大小分支，其灯号皆为“紫云”。也可以这样来理解，

---

① 孙建斌：《永春玉塘乐安孙氏家庙》，见许在全等主编：《泉州名祠》，第241页。

② 洪维谋：《南安岑兜洪氏宗祠》，见许在全等主编：《泉州名祠》，第145页。

③ 蔡进德、蔡福荣：《安溪溪内蔡氏宗祠（济阳祖祠）》，见许在全等主编：《泉州名祠》，第230页。

灯号分宗姓灯号和宗族灯号，以上所举的“乐安”等，属宗姓灯号和宗族灯号合一。而“江夏紫云”衍派属宗姓灯号和宗族灯号叠用。同安吕氏认为，其姓望出河东郡，故认同宗姓灯号“河东”，但宗族“尊泉派分堂号‘理学’为灯号”。[1]

（4）堂号

早期堂号用地望，继而兼用名望，后来以名望为主。广义的名望包括祖宗功德的记忆，也包括光前裕后、慎终追远的秉持。

我们以《台湾人的漳州祖祠》一书所记为例，来看堂号近乎与地望分离而重在声望。祠堂有堂号的如：①漳州市区：芗城区吕氏惇叙堂，龙文区杨氏世美堂，杏仁吕氏惇叙堂，朝阳杨氏世美堂，天宝韩氏逦追堂，龙文区黄氏蓝田种玉堂。②龙海市：角美林氏慕春堂，杨厝林氏永泽堂，埔尾林氏端本堂，港边许氏奕世堂，东宝郑氏邵鄱堂，古县郑氏致严堂，鸿渐许氏崇本堂，港边许氏奕世堂，和平卢氏追远堂，妈崎连氏思成堂。③长泰县：陶塘洋杨氏瞻依堂，上林林氏孝思堂，竹塘林氏崇礼堂，武安杨氏瞻依堂，江都连氏瞻依堂，马崎连氏思成堂，武安洪氏仁璲堂，珪塘叶氏追远堂。④漳浦县：石榴林氏龙山堂，赤湖陈氏崇孝堂，赤岭张氏种玉堂，下寨李氏绍光堂，旧镇郑氏通德堂，佛昙陈氏鉴湖堂，文卿邱氏诒谷堂，霞美刘氏思敬堂，官浔何氏追远堂，赤湖何氏敬爱堂。⑤南靖县：金山霞涌四美堂，南坑高港崇本堂，梧宅赖氏垂德堂，奎洋庄氏聚精堂，双峰邱氏追远堂，和溪林氏聚斯堂，下版李氏敦本堂，下版刘氏追继堂，塔下张氏德远堂，禾坑张氏世英堂，双峰邱氏追远堂，书洋箫氏芳远堂，金山箫氏四美堂，璧溪吴氏追来堂，上洋庄氏聚精堂，高港曾氏崇本堂，梧宅赖氏垂德堂。⑥云霄县：山外林氏世德堂，火田黄氏继述堂，宅兜李氏崇孝堂，竹港林氏贻谋堂，瓦坑林氏仰德

---

① 福建省文化厅编：《八闽祠堂大全》，第228页。

堂，龙坑林氏世承堂，西林张氏孝思堂，荷步周氏维则堂，阳霞方氏孝思堂。⑦东山县：留田陈氏追继堂，港西林氏存著堂、遹追堂，城垵李氏报本堂，美山杨氏四美堂，前何何氏追远堂，铜钵何氏敦本堂，东沈沈氏祀先堂，东沈唐氏用锡堂，钱岗孙氏崇孝堂，坑北王氏种玉堂，铜钵黄氏燕翼堂。⑧诏安县：南陂林氏应源堂，秀篆黄氏炽昌堂，秀篆李氏炽昌堂，秀篆李氏绍衣堂，秀篆吕氏著存堂，寨坪李氏余庆堂，二都许氏诒谷堂，庵前邱氏继新堂，霞河何氏祀先堂，南诏沈氏飨保堂，秀篆游氏广平堂，秀篆王氏盛衍堂，官陂张廖禋成堂，官陂陈氏敬宗堂，仙塘涂氏积善堂。⑨平和县：壶嗣吴氏报本堂，霞山周氏兴宗堂，江寨江氏济阳堂。⑩华安县：北溪李氏缵德堂，银塘赵氏崇本堂，高车童氏慎德堂。在这些堂号中，以地望为堂号的只有三个，即漳浦县石榴林氏龙山堂、漳浦县佛昙陈氏鉴湖堂、平和县江寨江氏济阳堂。可以看出漳州宗族堂号的价值取向，大别于衍派所用的郡县名以及后来采用的小地名。衍派流布因地脉，堂号传芳在精神。衍派是宗族的“族号”，堂号是宗族的“家训”。

有的宗姓衍派的堂号，倾向怀旧，如周氏祠堂，多用“爱莲堂”，黄姓对“江夏”情有独钟。吴氏延陵衍派的祠堂，常用“守让”或“让德”。如泉州黄龙吴氏家庙，下厅有“延陵衍派”、“让德传芳”牌匾，正厅中堂悬挂“让德堂”匾。闽南曾氏宗族不少以“龙山”为堂号，称“龙山衍派”。据泉州《温陵曾氏族谱》中《始祖兄弟分居附录》记载，“至九世祖曾公亮……始建龙山祠宇”。2002年重建的该祠仍叫“龙山曾氏大宗祠”。厦门曾厝垵曾氏宗祠称“龙山堂”，清代分派于马来西亚槟榔屿，亦建祠龙山堂。萧氏在漳州芗城建芳远堂（总祠），一支迁到南靖书洋再建芳远堂（书洋总祠），书洋萧姓迁台湾后仍建芳远堂（在台总祠）。[1] 萧氏

① 周跃红：《台湾人的漳州祖祠》，第195～196页。

在漳州的芗城、书洋以及台湾的总祠下的支祠，堂号则用他名。

衍派与堂号的高度分离，是明清闽南人宗族社会发展的突出特点。相对来说，衍派的冠名使用比较稳定，衍派成为宗族归属的标志。而堂号差不多成为宗族精神的一种指向，已从原本有姓氏印记变为无姓氏特征。可以说，衍派是对外的标志，堂号是对内的训导。没有姓氏特征的堂号，在一个区域里，即使有重复，但由于堂号功能已变成宗族内部区分，因而无妨大雅。值得一提的是。泉州许多宗祠的厅堂内侧正中悬挂祖上功名或名人所题甚至御题的牌匾，这样，堂号就刻在神主的龛额。在漳州，几乎是堂号匾高悬，很少例外。

4. 形貌

（1）立面

泉州祠堂一般是“三间开”，祠堂大门内缩，成凹形，使门前形成较大的空间。外墙横向取直，以连贯的线条造成比较宽广的视觉效果。如果是“五间开”，中间部分的屋脊一般高于两旁屋脊，俗称“三川脊”，但泉州祠堂三川脊的中间部分的屋顶斜坡侧沿为硬山式，即屋顶侧沿不突出墙面。

漳州祠堂“三间开”比泉州更普遍，大门也是内缩，成凹形，俗称“塌寿”。许多“三间开”祠堂也采用三川脊形制，中部屋顶采用歇山式，即屋顶斜坡侧沿突出墙面，这部分突出的屋顶就覆盖着旁边降低的屋顶，从正面看，形成局部重檐的形态。云霄县阳霞方氏孝思堂正面的外观就是如此，更具特色的是其后落是独立厅堂，也就是左右没有以两廊与前落连为一体，厅堂的中部向前突出为三面通透的前亭。这种形制是很罕见的。

闽南祠堂重“门面”，用功最多。泉州祠堂的大门旁都有一对石鼓，面墙墙根砌以平整条石，墙面砌以红砖或用六角形红砖拼砌。为了显得规整，两侧和后墙也是下条石、上红砖。漳州祠堂的大门也有一对石鼓，墙面的下半部也多是平整的条石砌成，但上部多敷以白灰泥。

晋江祠堂可为泉州祠堂建筑的典型代表。“塘东崎，檗谷大，庄厝祠堂盖南门外”，这是一句在晋江耳熟能详的谚语。“塘东崎”指塘东的蔡氏家庙屋顶建得高斜峻峭，尽管祠堂面积不大，但二丈九尺九寸的脊高为晋江祠堂之最。晋江东石檗谷黄氏宗祠，为五开间两进闽南古建筑，祠前有大埕七个层级，宽 24 米、深 221 米，祠堂占地面积 4.8 亩，规模冠于泉南群祠。青阳庄氏家庙则是晋江最美观的祠堂，为硬山顶抬梁式木构架砖木建筑，建筑面积 925 平方米。祠堂七开间二进，其前后厅屋脊为三川脊，即中央五间自起屋脊，两头尽间降低高度另起屋脊。高低错落的屋脊各造起高翘的燕尾，屋角耸立鸱吻。面墙墙根砌以“泉州白”条石，墙面用六角红砖拼砌，嵌着一对八角形青石螭虎窗。祠堂开三通门，门廊处立着四根石柱，两侧“对看堵”的砖雕为瑞草灵禽。

漳浦乌石林氏海云家庙堪称漳州祠堂中的佼佼者。该祠五开间三进，两天井，宽 23 米、进深 70 米，前坪四亩，泮池七亩。尤具特色的是，前落门前由石柱木梁形成与整个门面同宽的前廊。龙海杨厝林氏义庄是祠堂与民居结合的大型五凤楼，石砖木结构，坐西北朝东南，中轴线自东南而西北依次为：泮池、埕院、二进大厝、花园。面宽 90 米、前后长 114 米，总面积 3730 平方米。①

漳州西隅的双言区地带分布着客家人村落，客家人的祠堂比较低矮，规模较小；青砖砌墙不抹白灰泥；屋脊平直，没有闽南人祠堂的中间弯两头翘的两燕尾美人脊。简朴与华丽，构成漳州地区客家人与闽南人祠堂的鲜明对照。即使像闽西上杭稔田李氏大宗祠这一客家地区罕见的规模宏大的祠堂，仍体现出端朴无华

① 周跃红：《台湾人的漳州祖祠》，第 61、54 页。

的特点。客家人祠堂多围以院墙，不少祠堂的大门不在祠堂正中而是侧开，这是出于“聚气”的考虑。许多客家村落沿溪谷而建，背靠溪谷一侧的祠堂与溪谷对面之山近对，为求祠门之前敞阔，故大门侧开。漳泉闽南人所居地势一般较为平阔，没有祠堂风水所忌讳的面前逼仄问题，平时大门紧闭，只从侧门进出，无“散气”之忧，一般不设院墙，大门正开。但漳泉对照，漳州祠堂的院墙相对较多。泉州祠堂，山区比起沿海，院墙较多。

（2）彩绘

漳州部分祠堂会在门面白墙上绘以一幅幅彩画。周跃红主编《台湾人的漳州祖祠》一书中，共有117个祠堂，在配有祠堂外观的106座祠堂中，大门两侧白灰泥墙面施以彩绘者有29个，比例达27%。

泉州祠堂大门两旁几无素面彩绘。泉州祠堂门面的“下白石、上红砖”的墙面，也使彩绘无处可施。龙海虽属漳州，但祠堂外观颇类泉州。泉州祠内彩绘的量比较节制，注重以青石质料的人物、花鸟等浮雕、镂雕、透雕为墙面装饰。例如晋江东石西霞蔡氏宗祠，大厅两侧对着大门的墙上，安装着青石夔龙窗，白石墙根有麒麟浮雕，两侧庑廊墙面嵌着阴刻的青石诗匾以及戏剧人物的精致青石镂雕。这种“基白墙红”的闽南祠堂建筑形态，成为后来“嘉庚建筑”的基本格调。20世纪50年代建造的集美学村和厦门大学校舍，如果撇去楼层因素，那白墙基、红墙面和燕尾美人脊，正是泉州地区祠堂的再现。厦门岛和集美原属泉州府同安县，泉州祠堂以及古厝建筑的形制和格调仍然成为当今泉州、厦门建筑中传统风格的主流，成为传统与现代结合的典范。

泉州城区和晋江的回民祠堂体现别致的民族特色。燕支苏氏宗祠大门只漆黑色，没有汉式门神彩绘，整体肃穆典雅。①

---

①　苏彦硕、苏彦铭：《泉州绥成堂燕支苏氏宗祠》，见许在全等主编：《泉州名祠》，第23页。

（3）雕塑

在民间观念中，祠堂是族人景仰的宗族殿堂。因此，人们竭其所能，用精美的雕塑使祠堂彰显高贵典雅的非凡格调。雕塑是祠堂建筑的细部工艺，体现祠堂文化的艺术和审美。

泉州祠堂的木雕、砖雕和石雕令人赞叹。木雕主要体现在梁栋的辅构件尤其是柱梁接合部的雀替、作为梁际承重的卧狮，以及廊檐处的花篮式吊筒等处。而且这些木雕必彩，通常鎏金，吊筒还要髹彩。木门窗、板材墙堵，也常有木雕饰物。楹联一般雕于平面或弧形的木板，也有直接雕刻于石柱上。砖雕的纹饰在烧制前已成形，故而耐久。石雕最突出表现在透雕的螭虎窗。浮雕纹饰的青石板嵌于墙上。即使是柱础的“石珠”，也多环雕纹饰。木雕、砖雕和石雕的图案，多用鹤、鹿、蝙蝠、云龙、卷草、荷花和万字锦等吉祥图案。青阳梅岭北坡并列的庄、蔡两座宗祠，堪为泉州宗祠雕塑代表，尤其是其外白石、内青石拼接的八角螭虎石窗，堪称经典。

如果说泉州祠堂的石雕最为精美，那么漳州祠堂的彩雕则盛于闽南。闽南的宫庙建筑很多都采用彩瓷剪贴雕塑即彩雕，以漳州为常见。云霄的威惠庙和供奉林太师的云山书院屋脊上的彩雕著于闽南，人物、动物雕塑栩栩如生，色彩丰富。在闽南，泉州祠堂忌违制而不在屋脊上采用双龙相对的彩雕，但不少漳州祠堂很大胆地采用这一形制。[①] 漳浦沙西下寨李氏绍光堂屋脊有麒、

---

① 如漳州市：芗城区杏林吕氏惇叙堂、龙文区朝阳杨氏世美堂；龙海市：港边许氏奕世堂；长泰县：枋洋青阳卢氏忠谏府、陈巷陶塘洋杨氏瞻依堂；漳浦县：湖西贻安城内的黄氏大宗祠、赤岭蓝氏种玉堂、绥安高氏高东溪祠、旧镇郑氏通德堂、佛昙杨氏大祖（厝）；南靖县：金山霞涌萧氏四美堂、南坑高港曾氏崇本堂、梧宅赖氏垂德堂、奎洋庄氏大宗祠、奎洋庄氏聚精堂、梅林长教简氏大宗祠、双峰丘氏追远堂；云霄县：马铺和地何氏家庙、阳霞方氏孝思堂；平和县：坂仔镇心田赖氏家庙、乾岭黄梧祠；诏安县：南门外沈氏飨保堂、秀篆黄氏炽昌堂、秀篆游氏广平堂。

鹿、鹤、鱼和花卉的彩雕，重重叠叠，尤其是屋脊两端上扬的部分，至少有一米半高，虽略显厚重，但与祠堂门面艳丽的彩绘倒形成呼应的关系。东山县杏陈前何的何氏追远堂，屋脊彩雕对高度有所控制，从而显得沉着而轻盈。诏安县东镇霞河何氏祀先堂屋脊彩雕既华丽又庄重。诏安县南门外沈氏飨保堂屋脊的双狮、双龙彩雕，非常生动传神。东山东沈唐氏永锡堂的彩雕雍容优雅。漳州祠堂彩雕可谓多姿多彩。在台湾，祠堂，尤其是宫庙的彩雕，远望如彩云重重叠叠，比漳州的更为夸张，可谓“青出于蓝而胜于蓝”。

（4）附设

祠堂前，必有祠埕，石砌为常见。祠埕前，多有半圆形或方形的泮池。在山区，依着山坡的祠后，常有半圆形的草坪（俗称“伸手”）。草坪后的山坡养护着风水林。漳州祠堂的风水林构设，越往内陆腹地越普遍。南靖县金山乡乐土黄氏龙湖祠建于明初，在祠后的“卧牛眠地”形状的后山，营造了三百多亩的风水林。现在，“卧牛”山林成为东南地区少见的亚热带原始雨林。晋江流域短窄，只有九龙江流域的三分之一，沿海地燥，较难蓄水，惠安尤其突出。这可能是泉州祠堂少见泮池的原因。当然，地处山区的安溪、永春和德化，泮池略微多见。除了永春、德化等山区县，泉州祠堂不重风水林，也罕有风水林。

宗族有科名出仕者，多在祠堂前树旗杆，旗杆底座有一对夹石，成对的夹石越多说明功名者越多。有的宗族的夹石颇有讲究，立于四方形或八角形的底座上，底座四周施以精美的浮雕。在闽西客家人祠堂则是树立“石笔”（或叫“石龙旗”）。紧邻永定的南靖书洋塔下聚居着客家张氏宗族，其祠德远堂前的半月形泮池两畔矗立着21根石笔，为客家地区之最。

5. 楹联

祠堂楹联通常是柱联。柱联多刻在石柱上，也有刻于联板，挂在石柱或木柱上。祠堂联文是宗族文化的精华，高度凝聚着宗族历史、制度、规范和观念。[①]

（1）风水想象

晋江青阳蔡氏家庙：“前紫帽后罗裳庙堂冠冕；左旗山右石鼓将相规模。”联文中的“前紫帽”，指祠堂远对着紫帽山，据云，祠堂前的远山是“笔架”的象征，寓意书香传统。

晋江东石玉井蔡氏宗祠：“玉堂祖考观五马来朝诚香盛概；井里孙曾报千枝竞秀喜乐开怀。”联文阐释风水与宗族的关系，以及栖灵宝地的祖先与子孙受福荫的关系。

漳州龙文黄氏蓝田种玉堂：“赖他好景来龙远，宗我蓝田衍派长。”联中“来龙”指祠堂后有绵延山脉。

漳浦旧镇郑氏通德堂：“祖宗识远知此青山独可家，诗礼恩深宜其后世多佳士。”上联有风水意蕴，下联的人文阐发与上联的自然理解对应，珠联璧合。

东山美山杨氏四美堂：“龙潭护卫为襟带，虎山排闼做屏风。”据云，背依如动物盘踞之山，面临如襟带之水，系“吉地”。

龙海海澄和平卢氏追远堂：“前飞凤后盘龙此地钟灵垂祖泽，左伏牛右卧狮他年育秀贻孙谟。”据云，后为绵延山脉如“来龙”盘此“结穴”（按：山脉转为低矮的突出部，称“结穴”或“结局”），又有左右低缓山势（按：“伏牛”、“卧狮”皆为低缓之形）拱卫，系“上吉地”。

风水观念和具体阐释属于地方性知识，是古代人们表达其文化经验和未来向往的象征符号，其中也积累着宝贵的历史经验。

（2）迁徙记忆

晋江青阳庄氏家庙：“锦绣御墨恩浓，自宋迄今，频惹御香

---

① 宗祠联文除注明外，晋江的见粘良图《晋台宗祠及其姓氏源流》，漳州的见周跃红《台湾人的漳州祖祠》。

依玉阙；桃源春光瑞蔼，分永入晋，共看春色满青阳。”

晋江塔江刘氏宗祠：“远从北里分宗派；近自东楼肇本支。”

晋江塘东东蔡家庙：“源出济阳系迁莆阳派衍青阳；分支仑里居卜梓里族聚东里。”

泉州霞洲紫云黄氏祖厝：“霞里结庐翚飞鸟革，汀洲衍派源远流长。”①

诏安桥东霞河何氏祀先堂：“自光州固始以来莆才侨居三四世，由化郡新安而入诏乐斯土千万年。”

祖先迁移史和发祥地有实有虚。很多宗族修谱始于清代，关于早期历史的记忆，与其说是记录，不如说是传说加想象。就以上面联文提到的“光州固始”来说，对于不少宗族来说是真实的，也有很多是随波逐流。无论是实是虚，都在表达中原认同和华夏认同。

（3）祖德功名

晋江衙口施氏大宗祠：“东溟欣砥定，生民咸颂干城；南纪庆安澜，上将精诚卫国。”

晋江青阳庄氏家庙：“一榜三龙齐奋，五科十凤联飞。”

晋江围江周氏宗祠：“细柳为营汉代忠贞胄，莲花立说宋朝理学家。”

晋江东石紫云黄氏祠堂：“江夏绵华裔，祖宗成就耀史册；海峤怀往烈，子孙绳武振家声。”

诏安南门内许氏纶恩堂：“三世两人庙祀，一门六代恩荣。”

由这些颂祖联文，自然会让我们联系到宗族历史记忆的建构。虽然历史记忆既会筛选也会重组，历史表述与历史真实永远无法重叠，但颂扬祖先的筚路蓝缕，其实也是在表达后裔的立志

---

① 林天送、黄汉霖：《泉州霞洲紫云黄氏祖厝》，见许在全等主编：《泉州名祠》，第18页。

和远图。

（4）训诫劝勉

晋江东石世美叶氏宗祠："南阳世泽长，承先启后，无忘孝悌初心；佛岭家声远，尊祖敬宗，不外纲常大礼。"

晋江芙蓉杨氏家庙："继祖宗一脉真传，曰清曰白；教子孙两行正路，惟读惟耕。"此联是清代泉州书法家庄俊元为杨氏家庙题写的真迹。

晋江科任吕氏宗祠："士农工商，一字认真便是祖宗肖子；忠孝廉节，四德克尽堪称天地完人。"

晋江东石紫云黄氏祠堂："祖训当永遵，绵历千秋，木本水源出忠孝；宗亲宁可忘，播迁四海，连枝同气共敦和。"

漳州龙文黄氏蓝田种玉堂："承恩秉铎司清漳保民如赤论亲疏不论贵贱，作祖蓝田传世系视子若孙分上下何分东西。"

龙海港边许氏奕世堂："祖宗传家在亲贤积金积书到底不如积德，孙子继志惟孝悌事父事长将来始可事君。"

漳浦旧镇林氏浯江海云家庙："重礼仪而教诗书栽培祖德，别尊卑而敦敬爱缀属宗亲。""家之兴在礼仪朔望参谒者礼仪之本，族之大在孝敬春秋祭祀者孝敬之源。"

漳浦佛昙陈氏鉴湖堂："至孝至忠至正至中以天下之大仁行天下之大公天下第一，笃亲笃敬笃诚笃信以人间之传德成人间之伟业人间无双。"

南靖奎洋上洋庄氏聚精堂："聚会肃冠裳入庙须知孝敬，精灵倚杖履登堂无废诗书。"

平和五寨林氏大宗祠："读古人书留意天地经纬，为后世法无忘祖德宗功。""要好子孙须从尊祖敬宗起，欲光门第还是读书积善来。""绍祖宗一派真传克勤克俭，教子孙两行正路惟读惟耕。"

第三章

族田：宗族社会的经济基础

族田是维持宗族制度得以运行的经济支柱，完全没有族产族田的宗族组织是不可能存在的。宗族的族田主要为祭祀而设，但还有助学、荫润（轮耕值祭）、救济等功能。族田的广置和世代保持，与宗族的强大和长盛不衰形成互济的关系。清人倪元坦所说的“凡宗族离散，皆由不设义田、宗祠之故”，点明了族田（也称义田）之于宗族的重要性。

第一节 族田的设置

北宋皇祐二年（1050 年）范仲淹在苏州长洲、吴县置义田十余顷，设义庄这一管理机构，将每年所得租米供给各房族人作为救济助贫之用，此为族田之发萌。至明中期，设置义田者渐增，但仍为数不多。义田的创建者多是仕宦之家，也有少数富商。这种义田因私人捐建，产权尚未为宗姓族人所公有，与祠堂宗族的族田性质有别。而祭田，虽然很早产生，但在明中期国家允许官民祭始祖之前，祭田通常只是家庭或高祖以下的家族的祭产。明中期之前，违背国家礼制的宗族始祖之祭，已有零星发生，极个别地方出现的建祠祭始祖已有一定数量。将这种个别的建祠祭（始）祖的违制现象放大，把义庄管理的义田与后来祠堂宗族的族田混为一谈，这就是所谓“宋元以来近代宗族形成”这一误识的缘起。

宋以后，随着家族组织的逐渐发展，朱熹等理学家大力鼓吹“敬宗睦族”，对家族祭祀大力倡导，并把祭田的设置作为实现这一目的的重要手段之一，促进了祭田设置风气的日渐兴盛。例如：晋江磁灶林氏家族，“十一世林坤，为人好学，习礼明章，性宽厚笃诚。重孝道。设置祀田，看守祖墓。立有祠宇于栖乡下宫南北畔”。晋江西坑锦马林氏家族，“十二世林晚成，宋孝宗淳熙八年生，宋理宗嘉熙四年卒。……公为人忠厚老实，克勤克俭，率子孙开发西坑，披星戴月，奋力躬耕。置祀田七石五斗，祭祀竭诚，时人称之”。惠安龙塘王氏家族，“王健男，判泉州检校司空太宝。生宋元祐年间，葬南安二十三都。公置田租在永春县上场等处，为蒸尝祭扫”。

元代，家族祭田逐渐增加，规模也更大。如前述晋江青阳庄氏宗族的祭田，就是元代开始设置的。

元代泉州坂头吴氏族人设置的祭田量也很大：“三世祖吴君弼……元世祖至元十九年生，元顺帝至正元年卒。号清江。清江公拨租二十三石，田四段，坐在东庄桥弥陀前，长生桥埔仔前，南清洋埔乾等处，为祭田。……三世君锡……置祭田百余石在本邑芦洋金田庄，被彼处侵渔过半。……四世祖希禹、显胜、翊斋，置祭田收租一十六石，在白水营等处。另，墓前地四丘，载税银四钱。”又有“置田于南四都、后洋、山头林、东院、糖部、旧厝、沙坪、夏艾头、下尾、竹坑、尾崎、陈洋、山仔、潘坑、玉卦庭、横塘、寮内等处，载米一十六石计共租粟三百余石”。[①]

宋元时期祭田的设置，局限于那些富裕家族、宗族。明代以后，社会经济特别是商品经济的发展刺激着宗族组织的发展。明

① 苏黎明：《泉州家族文化》，第130～131页。

中期以后，宗族的祭田等族田的设置逐渐普遍。一般的宗族在建祠的同时，也大力筹集资金扩置族田。泉州《梅溪陈氏族谱》云："吾宗从宋末以迄于今，盖三百余年矣，未有兴此田，盖自嘉靖辛酉……诸叔父兄弟佥曰然，遂以告之家庙，而立为大宗义田。"[①] 到了清代族田之设已成惯习。乾隆《泉州府志》云："百人之族，一命之官，即谋置祠宇祭田。"[②] 说的是族人达到一定规模，一旦族中有人入仕为官，就要"谋置祠宇祭田"。可见，建宗祠置祭田，已是社会生活的模式，尤其对于有政治声誉的宗族。既然超越家族的宗族祠堂，在明中期才逐渐蔚起而兴盛于清代，那么闽南宗族的族田主要是在清代设置和扩增的，也就顺理成章了。

明代中期以后，激烈的社会变迁增强了福建民间宗族的凝聚力，以及族人对宗族的认同感和依赖感。陈支平先生引述浦城《后山蔡氏族谱》的《祭田引》关于置祭田之远虑："先人为子孙虑也远，故其为计也周，家产分析，虽数万金，传历再世，愈析愈微。惟厚积膳田，生为奉侍赡养，殁则垂作祭产，以供俎豆之需，或共理以孝字，或轮授以虔祝，绵延勿替，历久常存。不幸而后昆式微……余资犹堪糊口。"[③] 祭田虽为公田，但轮值耕祭可得祭祀费用之余，即使子孙"式微"，"余资犹堪糊口"。这条材料虽出自闽北族谱，但同样适用于闽南宗族的情况。

应当指出，族田的所有权很大一部分归属族内不同层级的宗族组织。这些层级性公田都统称"族田"。

1950年春，福建省农民协会曾对解放前福建地区的农村共有田作了典型的调查，调查报告略云：

---

① 见陈支平：《近500年来福建的家族社会与文化》，第57页。

② 乾隆《泉州府志》卷二十《风俗》。

③ 陈支平：《近500年来福建的家族社会与文化》，第68页。

> 本省各地区共有田在田地总数中的比重是这样的：古田七保占75.8%，古田过溪占61.4%，永定西湖村占60%，永安吉前保占56.6%（以上属于闽北闽西地区）。仙游4个村占43.5%，永春7个村占29.53%，莆田华西占21.87%，南安新榜村占15%，福州市郊6个村占13.55%，福州市郊2个村占7.98%，福清梧屿村占9.02%（以上属于沿海地区）。从这里，我们可以看到各地共有田所占比重极不一样，有高到75.8%的，也有低到7.98%的，一般来讲，闽北、闽西占50%以上；沿海各地只占到20%到30%。[①]

该调查报告还着重指出：各种共有田中，族田占绝对的多数。族田在福建土地总量中占有如此之高的比重，这恐怕在全国范围内也是十分少见的。陈支平先生指出：福建省沿海族田比重较小，并非意味着沿海的家族制度较闽北地区不发达。沿海族田比较少是因为沿海各地人多地少，土改时人均土地仅在一亩左右，以当时的生产力计，每人必须有七八分土地才能保证食粮足用，因此，族田占土地总量的20%～30%，可能是沿海地区扩充族田的最高限度。[②]

当时视公田实质为封建地主阶级剥削农民的土地，尽管有调查数据，但是基于“典型”调查，就普遍性而言，这些数据须大打折扣。不过，我们从中可以了解到从沿海往山区，族田明显呈递增的趋势，即使在闽南一地，情况也是如此，如位于山区的永春，其公田就比沿海的南安多一倍。然而，族田少，不见得族产就少。

明清以后商品经济较之唐宋元有长足发展，这也意味着社会财富不再以田产为单一的标准。在手工业商品经济比较发达的闽

---

① 见陈支平：《近500年来福建的家族社会与文化》，第63页。

② 陈支平：《近500年来福建的家族社会与文化》，第63页，注释二。

南沿海地带，族产的名目繁多，如糖房（制糖作坊）、焙灶（干果作坊）、店铺、海荡（滩涂养殖地），甚至干脆以货币设“公钱款”放贷生息。例如泉州洋塘杨氏家族，在明代不仅有大量的族田，而且曾把族款借出生息。“公钱款共一万一千文，每年收到利息钱二千二百文。培接、培指、培道同借去钱五千文。培笔借去钱一千文，培兹借去钱一千文，滨石借去钱一千文，懋仁借去钱一千文，焕富借去钱一千，焕轸、焕俯借去钱一千文。每千文每年应入利息钱二百文”。又如从南安水头迁入泉州城内西街的王氏家族，“八世迁居城内象峰开基。……在城西有糖房、典当、焙灶，均设在傅府山下。另在涂山街水门温市场内尚有店铺壹间，租作渔店，所收租金悉充为交轮忌辰、祭祖等用，每年由各房轮流凭摺收取支用。……并自置帆船多艘组队巡回南北各港，业务鼎盛，货畅其流，修桥造路，恤孤济贫，富而好施，热心公益，族人聚居全巷”。[①] 晋江金井郭氏原建有祠堂一座，号“乙辛祠堂”，清初迁界，族人流离，祠堂废祀。到了清乾隆二十五年（1760年），重建宗祠，道光十四年（1834年）修葺宗祠，在井尾港海地开凿大池一口，池中养鱼作为祠堂蒸尝祀费。[②]

明清以后，闽南人移民南洋逐渐增多，业绩也日益斐然。闽南华侨素以“慷慨捐输”著称，他们对家庭、家族、宗族和家乡的经济贡献相当可观，以致闽南有“靠侨吃侨”的民谚。因此，兼有侨资这一外力的闽南族产是比较充裕的，为宗族社会的发展提供了重要的经济基础。

闽南宗族的族产，虽然在明代以后呈现出多样化的态势，但就大多数家族而言，数量最多而又影响最大的族产，无疑还是应当首推土地田产，即通常所说的族田。

---

① 苏黎明：《泉州家族文化》，第127～128页。

② 粘良图：《晋台宋祠及其姓氏源流》，第343页。

当然，有祠堂无祭田的宗族也曾经有过。林广明约于明成化六年（1470年）从“龙岩县缘岭松墘”迁出，开基南靖金山乡“半径咬鸡坪”，数传之后，族人在益龙墘共建益龙祠，祀开基祖广明公及其父大逊公。至迟到乾隆年，益龙祠有“书香田一段，年收租谷曰六石”，无祭田而按房轮值：“每年七月半祭祀，主祭由族中三大房轮流，无祭祖尝田，祭费根据祠内供祀祖先神牌所传下子孙按人口摊负。”①

第二节　族田来源、项目和功用

族田作为主要的祠堂宗族的公产，其来源有三：

一是提留。即分家析产时提留一定数量田产作为祖、父辈的赡养费来源，祖、父辈殁后，此田即为家庭或家族祭田，当家族发展为宗族，即为宗族祭田。不少赡养田成为祭田后，成为房支祭田，仍泛称为族田。这类田产提留，是闽南族田增殖的主要方式。如《南外天源赵氏族谱·家范》称：“祭田之事自恨贫薄不能，言及此语痛心再三，呜咽流涕。倘我后世子孙如有余饶能继吾志者，可拨出腴田三十五亩以为祭祀之资，严戒后之子孙长久保守，毋致质鬻。”

二是义捐。即殷实之家主动献田，更多是捐银，以购置族田。

三是派捐。即按人丁、田产或身份摊派银钱，甚至娶妇、添丁也有“喜庆银”之捐的额定款，然后用这些钱款购置族田。如泉州薛氏家族，“子孙娶妇喜庆银一钱，添丁喜庆银五分”。在通常情况下，能力、权利和身份与责任是相互联系的，有的宗族就是以能者多贡献的原则议定献银标准。南安郭氏家族，“祖宗九

① 苏炳堃主编：《漳州氏族源流汇编》。

世以上未有祀田，至十世朴野公始建祀业，亦聊具粗略而已。迨乾隆甲申冬诸绅衿见其秋冬两祭简陋难堪，于是共兴孝思，充祀银以为买置祀田之资。谨将酌议充银定式开例于左：一生员充银一大元，一监生充银二大元，一乡宾充银二大元，一贡生充银四大元，一举人充银四大元，一进士充银十两，一及第充银五十两，一及第充银五十两，一仕宦随力充捐。”[①] 不少登科、出仕者，不囿于派捐而慨捐，那就是义捐了。

此外，还有“罚银充公”，部分充公银可能购置公田。漳州市南靖县十八家村《郑氏族谱》，录有一则明代警示碑刻，颇为典型：“妣陈氏四娘，葬在窑上岗背黄蛇过江，郑一葵兄弟倚恃财势，于本年正月径然就于妣坟左八步之内占葬二穴。有祖妣四户子孙户长郑友学、郑再兴、郑珊、郑楷等，切齿不甘，公同屡看有碍，务要取起骨殖谢祖。次日，仍到城隍庙同誓，公罚一葵兄弟罚出系银一百两，为祠堂之用。”[②]

捐置族田不是一次而是多次进行。上述“十世朴野公始建祀业”，系义捐。乾隆年开例充银以置田，则是身份派捐。泉州紫云黄姓由单个族人捐金购置了本族最早的族田。族谱载：“守恭公舍宅为寺，延僧守之。僧德公立檀越祠以志。万历间几罗于火，裔孙黄文炳重修建构，群子孙以岁序拜公祠宇……文炤毅然会族众而谋曰：不奉先不孝……乃醵金买田千亩……春秋祭祀而所需又惟此福田。”[③]

族田分为两大类：一是祭祀田，即祭田，也叫蒸尝田、祠田。有的宗族的族庙还有庙田；一是赡族田，包括义田、学田（书田、书灯田）、公役田等。

---

① 苏黎明：《泉州家族文化》，第134页。

② 陈进国：《信仰、仪式与乡土社会》，中国社会科学出版社2005年，第608页。

③ 苏黎明：《泉州家族文化》，第135页。

（一）祭田

1. 祠田

祭祖的花费是宗族开支最主要的部分。祭田的收入主要用这一项开支，因此，在许多家族中，族田几乎是祭田的同义词。祭祀时用的各种牺牲、祭品、用具，祭祀时的宴饮、演戏，都出自祭田。祠堂的修理、族谱的修撰与续修、祖墓的培缮、墓庐的管理，以及家族的迎神赛会等开支，往往也出自祭田。祭田一旦设置，轮祭者就要自觉履行祭祀的职责。对此，各个宗族都有严格的要求。“凡有轮收祭祀祀墓田地，岁收子粒，务要依时祭扫，勿得坐收其利以废祀事。敢有侵欺盗卖者，族长率诸尊辈共切责”①。

明清以来，族产兴起的一个重要原因，是为了防止子孙们在动荡不安的社会经济中生活没有着落，给子孙留下一份永久性的共有田产。各房子孙每逢轮值耕种年份，收成除了用于祭祖，还有一定剩余，这实际上是隐形的经济补助。当然，也有些宗族或房族，在派下各房轮值祭祀的余额是缴公充为公产。这种动机一直到民国时依然产生效果。1950 年福建农民协会调查宗族共有田时，了解到：“地主从他们的所有土地中划出一部分为族田，部分固然是为了作死后的祭祀之用，但最主要的还是怕子孙把产业败光，所以提作族田，也就是想使占有的土地保持得更稳固些。”② 例如：泉州仑山留氏家族，“康熙年间，孟迪公有子三人……恐后子孙记缺，商议公拨园地三丘，每丘年载租七十斛。每贴干净租七十斛，为公存忌，永垂不朽，以表兄弟之情，俾死者有赖，生者无愧”③。这就是说，这个“存忌”的祭田就是三个

① 《南外天源赵氏族谱·家范》。

② 见陈支平：《近 500 年来福建的家族社会与文化》，第 68 页。

③ 苏黎明：《泉州家族文化》，第 139 页。

儿子的公田，每人轮耕一年，除贴七十斛作为亡父忌日的祭祀费用外，余额就成为个人的收入。又如："诏安……族大而丰者，肴核维旅，海物维错，鼓吹演剧。其次肴蔌必备，不敢俭于所生。维缙绅及六十以上抱孙者，得与于祭而分胙，以爵贵贱为差等。原于乃祖分产之，始留田若干为子孙轮流取租供祀，曰蒸尝田。厥后支分派别，有数年轮及者，有十余年始轮及，更有数十年始轮及者，其租多盈千石或数百石，少亦数十石，供祭之外，即为轮及者取赢焉。"[①] 所谓"颁胙"，就是祭祀后，宗族按男丁数量颁发一份祭祀用的牲肉，这是共祖、平等和一定程度的经济共有的象征。

2. 庙田

宗族宫庙的田产，由族人谢神而捐置。如南靖县书洋乡萧姓宗族的核心宫庙——角祖庵（位于车田村），庙貌宏敞，供奉南海岸蛇岳王公，原有庙田，每年田租 30 多石。[②]

（二）赡族田

一个社会有对资源进行重新配置的责任，否则当资源配置严重失衡时，这个社会就难于维系。一个宗族就是一个小社会。将宗族部分经济资源重新配置，在某种程度上填补贫富分化的鸿沟，从而达成宗族社会的稳定，这就是赡族田的本质。

1. 义田

"以祖宗视之，均是一气，当深悯恻，量力资助"，这是宗族

---

① 陈盛韶：《问俗录》卷四《诏安县》。

② 永定县湖坑乡马额宫的《刘汉公王李姓大福田款》碑文载："大清乾隆五十三年捐题，五十七八年置买：一乱石岌下分钟家地前禾田……钟昌圣白手借耕；一乱石蓝屋场禾田……钟宁魁白手借耕；一乱石大岌下……钟宁松白手借耕……"马额宫为李姓宗族所有。角祖庵与马额宫之间，车程 20 多分钟。这说明，至少在书洋、湖坑一带或南靖、永定一带，庙田有较高的出现率。

固有的睦亲相助的道德要求，也是敬宗收族的实践需要。赈济贫困族人，避免他们生活难继、流离失所，宗族才可能聚合。这就是设置义田的主要用意。义田赈济的对象，具体有：一是族中衣食难继者；二是孤寡残疾无助者；三是族中无力婚娶及无力举丧营葬者；四是因天灾人祸而陷入困境者。如南安梅溪陈氏家族，在明代嘉靖万历年间始设义田，其族谱曰："义田何以兴乎？为赡族人而设也……宗之乏者有嫁娶丧葬则咸于是取给焉。"①

赈济的对象当然必须是本宗族的成员，因此族人的义子、养子、已嫁之女是没有接受赈济权利的。但已嫁之女如果年轻守寡，老来贫困无靠，也可以接回家族奉养，接受宗族赈济。她们虽已不属本族成员，但守节是宗族的荣耀，故可以破例。家族赈济对象的选择，要经过房长、族长的评议认定。一旦认定以后，则以计口授给的办法，或划分为几个等级，予以赈济。②

2. 学田

办学助学是设置学田的目的。学田收入的用途可细分为如下几项：（1）兴办私塾，供族中儿童上学，如建造塾舍、聘请塾师等。（2）补贴族中学子的学杂费。（3）对应举赴考的族中学子予以资助。（4）奖励取得功名的子弟。有的宗族的族规规定，族中子弟凡考取秀才奖若干元或若干石，考中举人者奖若干元或若干石等。例如：清雍正年间，印塘杨氏家族十三世时开始设置学田，称为"毓材田业"，所置计"有田十四丘，田面四十三篮，由懿亭公直祀收管。当年应纳产米柒钱玖分，折征银捌钱，仓米四升八合，折谷九升六合"。这些学田后来即由其后代轮祀者"依次轮流"管理，但规定"当择师时须公议斟酌妥当，不得擅自主意，亦不得各延一师。倘若各延一师，田业依旧听当年之人

① 陈支平：《近500年来福建的家族社会与文化》，第65页。

② 苏黎明：《泉州家族文化》，第142页。

收管。当年如不延师，田业所出停公收贮”。十四世的时候，又增加毓材田业八丘，田面十三篮，专作应举赴考的族中子弟的资助，以及奖励取得功名者。“公订毓材田无数亩，原以为试费膏火之资。本房中若有登科之人，即以此田付之收管，俟后起有人然后将业交代。倘幸而一科中或数人登科，则就计亩均分可也”。至于先后登科之人如何交换这些田业，以及收管者每年应纳之数，家族也规定得很清楚。“公订毓材接受之间，以立夏立秋为准。如立夏前登科，则此年春季旧管即应卸下，以付新科之人收管，倘立夏后登科，须俟至秋季方许收粟，春季之粟仍是旧科收管，立秋例放此。另，园一丘订以五谷收成为准，不得援田以为例。此毓材田业收管者当年应纳产米四钱九分七厘，折征银五钱一分三厘。仓米三升，折谷六升”。①

3. 族务田

宗族事务，如修水利、修路、修桥、设渡，以及与外族的民事纠纷、诉讼甚至械斗等，皆有赖于族务田。公役田、桥田、渡田等都属于族务田这一类。有的宗族还设置有专门支付某类族务费用的族田。例如，清代泉州印塘杨氏宗族，就设有“应酬世事田业”②。这种田产也属于族务田。

4. 公役田

为了统筹安排本家族的赋税钱粮，有些宗族专门设立了公役田、门户田，统一应付政府的赋税差徭。如梅溪陈氏家族，明代中叶设五班里正公田，“一班二班之田各百余亩，三班四班之田各六十余亩，五班之田则八十余亩，大约诸子姓所以充里正一岁之费者，皆是物也”③。公役田在宗族之设，并不多见。

族田名目一旦确定下来，原则上不能随意变更，以便保证不同

---

① 苏黎明：《泉州家族文化》，第143页。

② 晋江《印塘杨氏族谱》，见苏黎明：《泉州家族文化》，第143页。

③ 陈支平：《民间文书与明清赋役史研究》，黄山书社2004年，第35页。

类型族田的专用。《泉州府志》曾记载这样一件事："林豫宗……晋江人……祖之宦也，先置族义田，后欲为父秋江公置祭田，力不逮，豫宗告从兄五河令请割义田数亩为祭田。兄不可，曰：非先命也，于是别图埭田海荡为祭田。终以薄为歉，使其子茂先至五河谋之，茂先至真州而卒，从兄乃割俸充秋江祭田，以竟其志。"① 此例说明不同类型的族田不可随便改变名目。有的宗族，祭田项目较细，如南靖奎洋庄氏宗族的祭田中，有"二世必文墓租三十石四斗"、"六世盘谷公萃英堂祠租百余石"等。② 族田项目细分，为的是专款专用，便于管理。不过在某些情况下，经过族房长的商议酌定，根据调剂的方式，族田的用途有一定的灵活性。

族人所捐不仅有田产，还有鱼池、山场、坟山等地产。乾隆《泉州府志》载："李梯……晋江人，移居南安……祖祠浅狭，捐分地并易地拓建之。"③

族田等族产收入，主要用于祭祀活动，用于族学和赈济的相对较少。祭祀是每个宗族都必须举办的活动，族田的设置首先保证这项基本用途。在一些经济条件比较优越的巨姓大族中，由于族田族产较多，除保证宗族的祭祀活动外，其他活动也能较好地开展。而一般的宗族，用于祭祀以外的族产不是很多。宗族的祭祀活动，使宗族的血缘关系得到加强，增进了宗族的亲和力。宗族组织掌握族田及族产的收入，通过"守望相助、患难相恤"的实践，为贫困族人提供一定的经济扶持，使他们的生死婚丧有最低限度的保障，使族人感受到宗族荫庇，从而达到收族的目的。

---

① 乾隆《泉州府志》卷六十《笃行》。

② 苏炳堃主编：《漳州氏族源流汇编》。

③ 乾隆《泉州府志》卷六十一《乐善》。

第三节 族田的经营管理

族田的来源，无论是宗族、房族购置，还是富裕族人捐献的，一旦确定为族田，就成为全族共有的财产。这些族田，都必须将其地理位置、坐落四至、田亩面积、收成情况以及经营管理者等录入家谱，以防止时间久远，因情况不明而引起产权纠纷或族田流失。子孙必须对族田世代永守，不准擅自出卖。这一条往往作为家族的族规家训载入族谱，举族遵行。倘有不肖子孙敢于私自盗卖族田，则要受到家法的严厉惩处。晋江《沪江侯氏族谱·谱例》云："凡坟墓及祭田皆当书其乡村地名及向背四至，以防迷失。子孙无问隐显，但有放僻为非，有玷其父祖及侵祖坟卖祭田者，并大书之以示戒，中有贤能子孙能盖前愆者，乃特书之。"变卖祭田，无论出于何种缘由，均为家族之大忌，均被视为是大逆不道的不孝行为。尽管有种种规定，但一个宗族在漫长的历史发展中，也难免由于各种原因而出现盗卖祭田的现象。对此，宗族组织往往也在修谱上予以惩处：一是"削谱"，即在族谱上削去其名；二是在族谱中"书之以示戒"。如《青阳庄氏族谱》中就记载着好几个盗卖族田的不肖子孙："庄公福，字本源，……既骑葬仑头山震彦公墓头，又兼盗卖蒸尝焉"。"庄尾……有祭田十担……所不幸者，不能以继志，祭业倾覆几于将尽"。"庄饶……平生荡覆家业，至卖蒸尝，又留产在户以累子孙。噫，哀哉"。所谓"留产在户以累子孙"的"留产"，指负遗产，寓意"父债子还"。《青阳庄氏族谱》就记载明后期有三兄弟出银赔偿其祖所盗卖的族田。[1]

之所以常发生宗族祭田因"不肖私行典卖"而流失的情况，

---

① 苏黎明：《泉州家族文化》，第140页。

原因就是这类公田还有私有的依稀印记，如前述泉州仑山留氏三兄弟对祭田的轮值耕祭即是。一些不肖子孙利用对这类土地的使用上有祖先遗留下来的特权“私行典卖”。当然，这种专有权会随着世代延续所出现的后裔众多而成为完整意义上公有的族田。但即使是这种完整意义上公有的族田也仍然会因“久佃成业主”等原因而流失。

族田经营的方式，既有租给外家族耕种，也有族人自己耕种。从宗族的道义角度而言，族田应由本族人租种，这也是先人将田产提留一部分充作族田以免后裔无田可耕的一个远虑。但从管理的角度而言，一般并不提倡族人自己耕种，因为“久佃近业主”或“久佃成业主”的事时有发生。为了防止族人对族田的侵蚀，宗族往往更愿意以招佃取租的形式租给外姓。族人对族田有否先租权，各地情况有别。在南靖、漳浦地区，一般倾向于族人有优先权。当然，若族田地处遥远，就不必考虑族人的优先权了。宋代以后，人多地少的问题在闽南，尤其是沿海地区日益凸显。20世纪50年代初土改时，泉州地区人均耕地仅一亩左右，晋江、惠安、南安这些沿海地区则仅有七八分地。[1] 耕地少的地区，宗族所置的族田往往与宗族社区距离甚远，甚至有在外乡乃至外县者。这类族田当然让族田所在地的当地人承佃。例如：惠安龙塘王氏宗族的王健男，“生宋元祐年间，葬南安二十三都。公置田租在永春县上场等处，为蒸尝祭扫”[2]。祭田远在他邑永春，当然是出租给族外人耕种了。

族田由族人自耕的形式有两种：一是将族田租佃给族人耕作，照常纳租。如印塘杨氏族田中就有部分属这种情况。“一祖留下产园一丘受种九升，坐贯本乡，土名浚埔，配产米一钱零二

① 苏黎明：《泉州家族文化》，第136页。

② 苏黎明：《泉州家族文化》，第130页。

厘，年纳税银六钱，现耕裔孙焕亲。一祖留下产园一丘，受种六升，坐贯本乡，土名浚埔，配产米六分八厘，年纳税银四钱，现耕裔孙懋枝。一祖留下产园一丘，受种六升，坐贯本乡，土名浚埔，配产米六分八厘，年纳税银四钱，现耕裔孙培恼。一祖留下产园一丘，受种六升，坐贯本乡，土名浚埔，配产米六分八厘，年纳税银四钱，现耕裔孙培潭。一祖留下产园一丘，受种三升，坐贯本乡，土名浚浦，配产米二分一厘，年纳税银一钱，现耕裔孙锡出。一祖留下产园一丘，受种三升，坐贯本乡，土名浚埔，配产米二分一厘，年纳税银一钱，现耕裔孙锡攀"。

二是"直（值）祀自耕"，即某人殁后，其蒸尝田由几个儿子按年度轮值耕祭，轮值者承担当年祭祀费用，余额自得。印塘杨氏族田中就有部分属于这种性质。"一祖留下产田一丘，田面二篮，坐贯本乡，土名大沟后岸坑乾，年配产米四分，此田系直祀自耕。……一祖留下产田一丘，田面五篮，坐贯本乡坂边，此田系直祀自耕。一祖留下产园二丘，受种六升，坐贯本乡，土名坂边，此田系直祀自耕。一祖留下产园一丘，受种一斗，坐贯本乡，土名伍厝头，此系直祀自耕"。①

祖先提留的族田，从原则上说，凡是他们的子孙便有享用这些族田的权利，但从实际上看，族田所包含的经济共利关系，在值祀自耕方面表现得更为明显。因为它往往是高曾祖考等近亲的祭田。一方面这些近亲祖先的祭祀规模一般都不大，仪式比较简单，花费比较省。另一方面，这些值祀自耕的祭田一般都采用轮种的方式，如某一父亲有三子，提留的祭田，便由这三个儿子轮值耕祭。这样的轮祭田，实际上就是三个儿子的共有田。当然，如遇收成不好，轮耕值祭也有赔本的。

如果轮值值祭的是宗族的祭田，那么房族开支盈余一般归宗

---

① 苏黎明：《泉州家族文化》，第139页。

族。南安《诗山凤坡梁氏宗谱》的族规记载："祭田当随房交轮收掌，办物祭品有常色，不许虚费，当交轮之项则，以所用数目示众族人。若积有赢余，则可修祠堂、买祭器以待用，或助族人之贫者。"

此外，土改时福建农民协会的调查报告中指出："中、贫农所产生的族田，虽也同样受浓厚的祭祀观念的影响，但颇多是由于他们占有的土地有限，如都分给子孙们，非但不能使他们解决生活，且反而使耕地的使用显得零碎与不合理，以族田的方式保留下来，让子孙们得以从事较合理的使用。"①

宗族无论对于哪一种族田的管理，都有比较严格的制度。一般情况下，会在族中推举一人或数人专门管理，他们须是"公廉正直"或"殷实练达"者。也有的宗族将经管族田的权力集中于族长或房长之手，他们作为宗族组织的代表来行使族产的管理权。不过，一般还是设有专门的管理人员，具体负责族田的招佃、收租和收益分配工作。族田出租，无论是新出租或更换租佃者，都要将族田的位置、名称、租给何人、租金多少，以及租佃契约、收益分配等记录在案，以备查询。如果因某些情况而引起租率的变化，也要及时记录，以免口说无凭，引起纠纷。《印塘杨氏族谱》记载："袋仔田租一石两斗，系石塘前直祀自收，与洋塘直祀无干。后因年荒租谷累欠，故二房公议将一户粮米拨付诸现耕当差。"② 这里不仅记录着租谷的变化，且涉及两房之间的利益分配。

宗族对族田管理进行礼法兼行的控制。礼指道义上的教化，法指依照族规的惩罚。闽南宗族对族田的管理形成一套比较严格的办法，并随着时间的推移不断地加以调整和完善，以防出现舞

---

① 陈支平：《近500年来福建的家族社会与文化》，第70页。

② 苏黎明：《泉州家族文化》，第140页。

弊的现象。但网密仍有疏漏，族长、房长和经管人基于利益的驱动，利用管理上的职便，采取各种名目欺骗众人，从中谋利的现象也不可能避免。有的宗族的族规，申明族长应为公廉之人，这也透露了曾有反面人物的存在。然而，此类事情罕闻。其因可能是，若真有此类事情发生，"为尊者讳"的史笔惯例不会曝光于族谱。再则，即使记载于族谱，也不会亮出他们的身份，致使我们今天难于解读。下引的例子，我们就无法辨明盗卖者是族房长或经管人，还是族内承耕者。晋江《青阳庄氏族谱》记载："琛治……盗卖蓝田公蒸尝，有孙朝鸣、本泽、本迟共出银代赎以垂永鉴云。"族田作为宗族的共同财产，无论谁加以侵吞，都被视为大恶，也使子孙蒙羞。因此，庄琛治盗卖房族祭田，其孙共同出银作为被盗卖祭田的"代赎"。

一旦发生族田被盗卖，族房长会设法追回。据晋江《沙堤王氏家谱》，明永乐年间，"乃立田园租三十余石与柏山四处为蒸尝"，后来田园陆续被不肖子孙盗卖。民国十九年（1930年），沙堤王氏西山房的王若察邀集各房房长共同调查，追回祠堂公田十之七八，充作历年新婚轮值大宗祠春冬二祭之资费。

根据上引以及同类资料，盗卖的公田几乎都是房族田。这可能是，相对于宗族共有的族田，房分的共有田具有一定的私有性质（某代祖后裔私有，与宗族公有相对）。特别是蒸尝田越晚近，私有成分就越高。

第四章

族谱：宗族的史籍志书

族谱也叫世谱，即世代系谱，这很简明扼要地指出族谱的核心内容。世代源远流长，史也；世代不断新生，志也。族谱通过说史志今，将宗族成员整合在一个祖先衍派系统里。始祖之祭固然使宗族有了认同的核心，但族人与祖先联系的依据在于世系，世系使族人获得了历史的记忆。有了这一记忆，宗族根基得以生成。人们的根源之寻不会止于始祖和开基祖，于是族中士人就虚虚实实地建构可溯始祖以前的历史，一经编入族谱后，始祖前史也就成为宗族的集体记忆。这样，族人崇祖的内容便丰富起来。谱牒世系为长幼尊卑秩序提供依据，仅此远不够，宗族这个小社会必须有法度，于是家训族规产生了，它们规范着族众的行为。崇祖敬宗有了文献的归依，历史的叙述有着当下的诉求，时下的记录和自律他律条例的收存，这些规范和促进着现实宗族社会。这就是族谱这一宗族的史籍志书的重要功能。

第一节　族谱的回顾

族谱是同宗共祖的血缘群体记载其家族或宗族世系和事迹的图籍。在殷商的甲骨、金文中，就有一些家族世系的记载，这是族谱之发萌。周代的《世本》是族谱的开山之作。战国时代的《春秋公子血脉谱》开以“谱”为名之先。东汉以后士族门阀势力兴起，世家大族世袭的门第特权须要有谱牒依据，因此自魏晋至隋唐，朝廷都设有图谱局，掌管士族谱牒的纂修和收藏。唐末五代士族门阀制度崩溃之后，谱牒也随之衰绝。宋代以后，族谱的编撰方式由过去的官修演变为私修，功能也从社会政治转向亲睦族人的伦理道德。

宋代，一些大族固然已经数修族谱，但这种修谱活动远未普及。明代中期以后，修谱活动出现了普遍化的趋向，不少闽南宗族都是在这一时期内首次编修族谱的。南安梅溪陈氏家族，其族谱“相传修葺自太学介石公之手，介石公以弘治丙辰岁贡入太学，丁巳卒”[①]。据修谱者的生卒年，梅溪陈氏家族于嘉靖年始修族谱。庄氏宗族开基南靖奎洋始于元代延祐七年（1320 年），嘉靖二十八年（1549 年）首修宗族族谱。《龟山旧族谱序》曰：“仰维我始祖三郎公……始立籍于南靖，永丰其属里也，龟洋其故居也。历年三百，历世十有二三矣。前世家谱，惟存大略，未得其详。”[②]“惟存大略，未得其详”的“前世家谱”应是家族谱。[③]

族谱编修需要一定的经济基础和稳定的社会环境。明清的倭乱和迁界对于闽南宗族的谱牒编修和保存是一次沉重的打击。如泉州《董氏大成宗谱》记道：“吾宗世谱，一失于元至正二公挈家下水之时，再失于明嘉靖倭乱，三失于海上黄凯、林顺之纵掠（按：清初），沧桑迭变，文献尽湮，由是统绪散失，而世传杳杳

---

① 陈支平：《近 500 年来福建家族社会与文化》，第 42 页。

② 苏炳堃主编：《漳州氏族源流汇编》。

③ 明嘉靖二十八年（1549 年）修谱之前，庄氏唯于永乐年间修过一次。《庄氏族谱·龟山修谱辨疑论》云：“自明永乐年间，我三郎公之五代孙宏茂公，兴水木之思，始修明志之谱。”但当时庄氏尚未建宗祠，宗族组织尚未形成。

难明矣。”泉州《霞山陈氏家谱》记道：“余族经康熙海氛，族多散离，有徙于泉郡，再徙于十三都塘仔乡者，有升平复界而归耕于科任之厅前者，比乡相望，不过数十里，而杂乱参错，名号相袭，种种不可胜纪。……谱牒未正，心每恙焉”。“吾祖经海氛兵锋，谱牒无存，是以徽音善行不传于族”。漳州诏安《杨氏族谱》亦云：“吾家杨氏……皇明时丁几千数，代有名人。……明末不造，草寇窃发，大清初起，海氛未平，昔之闾阎扑地者化为丘墟矣，昔之鸠宗聚族者化而星散矣。……慨自皇明鼎革海氛变乱之时，父子兄弟相聚者少，离散者多。入城多致困毙，入山惟恐不深，又何有于房亲，又何有于族属哉？故今族谱既失，其长次三房之先世……慎勿以其举一遗百而忽之，可乎！”①

清朝于康熙二十二年（1683 年）统一台湾，结束了数十年的战乱，福建的社会经济进入了恢复和发展的阶段。康熙、雍正、乾隆三朝号称“康乾盛世”，是清代社会经济的繁盛时期。社会安定和经济繁荣再一次为修谱活动提供了良好的基础。自康熙中后期始，闽南许多宗族进行了族谱的重修工作。至清代中后期，不少宗族的族谱一再重修，体例和规模也日益完善和扩充。

随着宗族的扩大以及联宗通谱，清代闽南修谱出现两个显著的特点。一是族谱的细分化。一个较大的宗族，除了总谱之外，往往还修撰了房谱、支房谱。由于房支是多层次的，房支谱牒往往要冠以房支村域地名以示区别。这种族谱层级化的情况，在清代以前是非常少见的。二是通谱（亦称统谱、联谱）的兴起与流行。所谓通谱，就是把各居一方的同一姓氏的人群，用族谱合编、联编在一起，从而形成“合千万人于一家，统千百世于一人”的大宗谱。通谱的族人，并非有真实的血缘关系，只是同一姓氏而已。这种泛血缘的通谱的出现，一方面反映了清代民间修

① 陈支平：《福建族谱》，福建人民出版社 1996 年版，第 11～12 页。

撰族谱的进一步发展，另一方面反映了在血缘关系作为民间社会组织的基本法则仍然有效的情况下，出现了以姓氏为认同符号整合虚拟血缘的趋势。这种趋势在20世纪以后海外华侨华人社会中方兴未艾。

清代以后闽南谱牒编修的纷呈迭出，缘于宗族经济实力的增强。这种增强突出地表现在台湾族亲以及华侨族亲的慷慨捐输。这样，即使在晚清以后中国大陆社会经济出现了衰退的趋势，但闽南族谱编修并不与之俱衰。随着闽南人迁居台湾以及移居海外人数的增多，由这些外迁族亲出资赞助祖家修撰族谱的情况越来越多。清嘉庆二十五年（1820年）晋江县玉山林氏家族修纂族谱时，在台湾淡水经商的族人林正兴，“积金满千，公鸠佛银，交入行中，言念宗谱未修，以为修谱之用。又恐不足，自独加捐以补足”。泉州《蓬岛郭氏家谱》记载族人郭腾蛟，“自其祖徙居台湾苗栗郡苑里庄猫盂，公生长其地，与蓬岛祖居远隔万里。……当光绪庚寅，我族三修谱牒，公亲率其子若侄，越重洋归来相视，并为其一派先灵填还冥库，虽云聊从俗例，亦属孝子顺孙所用心。今家乘四修，其孙木火又能慷慨赞成，捐银二百元以助经费。可见公虽身在海外，而其水源木本之念，实相传勿替”。[①] 又如南安码头诗口的吴氏族谱载：“所有谱牒，毁于倭氛。……十六世元张公复起重修……民国庚申年有族长青山者……设局修纂，请仰周叔主笔，由岷侨相继捐金。”[②] “岷侨”即马尼拉侨亲。

台胞和华侨对闽南祖家修谱等宗族事务的支持，形成闽南宗族文化和村落文化维系和发展的蓬勃动力。如十年动乱，使族谱、宗祠、村庙经历了一场空前的浩劫。改革开放以后，台湾同胞和海外华侨的经济支持与政策层面的声援，成为闽南宗族文化

① 陈支平：《福建族谱》，第13～14页。

② 苏黎明：《泉州家族文化》，第118页。

和村落文化恢复的重要动力。泉州地区最大的两支回民宗族陈埭丁和白奇郭，皆编纂几十万字的宗谱，就是分别由菲律宾侨亲和台湾族亲捐修出版，这是侨、台特色的闽南宗族文化重建的一个缩影。

第二节　族谱的类别

古代天子、诸侯祭祀祖先之所叫“宗庙”，诸侯以下的品官的祭祀祖先之所叫“家庙”，原因就在于诸侯以下的品官只能祭高曾祖祢四代或四代以下的祖先。高祖以下的亲属叫家族，祭祀不超过高祖的祖先之所称家庙，正缘于此。而“天子庙七”（祭七代祖先）、“诸侯庙五”（祭五代祖先），所祭的最远代祖先之下的亲属叫宗室（宗族），宗庙之谓，即缘于此。这种礼制等级观念影响久远。国家意识形态的大传统制约着民间观念形态的小传统。在民间理念中，宗族通常涵盖家族。如果同宗的几支族众，其各自的谱牒称为族谱，其合谱就叫宗谱。如果是区域性的同姓联宗的谱牒，一般称大宗谱。关于“宗支”、“房支”这两个名词：“宗”之衍派即“支”，“宗支”的“支”指聚居一地的宗族。相对于“支”的“宗”，则指若干分居异地的宗族。例如，泉州晋江陈埭丁氏中称一世开基泉州文山里的宋代丁节斋的派下称“宗”，开基陈江的三世丁硕德派下称“宗支”。[1]“房”之衍派亦称“支”，即“房支”。“房支”既可以是“房”、“支”的合称，也可以指“房”下的支派。闽南方言的“房柱”就是“房支”的俗称。据此，一个聚居的宗族，其谱牒叫族谱；房族的谱牒叫房谱，房下的某一支衍派的谱牒叫支谱，如“某房某支家谱”。尽

---

① 本章有关陈埭丁氏谱牒资料，均见庄景辉编校：《陈埭丁氏回族宗谱》，香港绿叶教育出版社1996年。

管族谱、家谱可以混称，但如果一个宗族的谱牒叫族谱，房支谱则称家谱。反之，未曾见一个宗族的谱牒叫家谱，而房支谱牒有叫族谱的。了解了这些，对于闽南谱牒名称之纷繁，诸如房谱、支谱、家谱、家乘、族谱、祠谱、世谱、宗谱，以及联谱、统谱等，就不会一头雾水。

1. 族谱、宗谱、房谱、支谱

族谱是明清以来闽南宗族最普遍使用的谱牒名称，也有的称家谱、家乘。族谱一般指记载聚居一地的宗族以世系递传为主要内容的民间史志。同一始祖分支异地的各衍派的合谱，或称族谱，但一般叫宗谱。陈埭丁氏宗族编修于道光，续修于嘉庆、光绪的宗族谱牒名为“福建泉州晋江县南关外二十七都陈江雁沟里丁氏族谱”。丁氏宗族的房谱如：《江头大厝房房谱》，“大厝房”是九世求仁公派下；《晋邑江头丁氏竖棋柱义亭公派下家谱》，“竖棋柱”是大厝房的亚房，因“本柱神主亦已经分厅奉祀（义亭公）”，所以有“竖棋柱”（“柱”乃房下之房），而“义亭公派下”是对“竖棋柱”的进一步说明。在泉州府属的有些县份，房、柱之下还有“刊”，这是柱下之房。

相对于“宗”的“支”，则是聚居一地宗族。元末明初，蒲氏族人遁居于永春、德化、龙溪等地。福建漳州《龙溪蒲氏支谱》，就是由泉州蒲氏分化出来迁居龙溪的一支族人的家谱。谱名的“支”透露着真实的血脉渊源关系。如果一个宗族与其他同姓宗族联宗而有宗谱，此后这个宗族不会自称为“支”。

2. 祠谱

祠堂是宗族最核心的特征，是宗族及其分层组织的符号。在宗族的宗祠之下还有不同级别的支祠（或叫房祠）。宗祠以及不同级别的支祠分别指代对应的宗姓血缘群体。闽南宗族中的房及其下多级别的亚房，通常要有支祠作为表征。理论上说，每一世代都有房分，但作为组织化的宗族，其内部房支的组织化须以祠堂为表征。换言之，每代都有房分，但这并不意味着每代都有族人认可的房族，关键在于有无对应的祠堂。每一个支祠都有对应的房族，每一个房族就有房长。鉴此，祠谱就是族、房谱牒。如果祠是整个宗族的总祠，那么祠谱就是该宗族的族谱。如果祠堂是一个宗族内某一层级的支祠，那么祠谱就是这个支祠所表征的某一房族的房谱。

由于房支的世代级别很多，纷繁迭出，不易分辨。例如，说起某房房族，那么到底指的是哪一代的某房？如果说是某支祠的名号，那就一目了然了。因此，某支祠的祠谱，就是某一层级的房谱。尽管以祠谱称房谱甚方便，但闽南人更习惯称“某某公派下”，如上引的“晋邑江头丁氏竖棋柱义亭公派下家谱”。也有些房族，不用“某某公派下”，而以本房开基村落作为房谱的冠名。如“江头大厝房房谱”。这种以村落冠名的房谱，其实就是延续族谱以地名冠名的惯式。

陈支平先生认为：“祠谱是以家族祠堂及其所属族人为收谱对象的谱牒。有的祠谱与房谱、族谱没有多大差别，如……龙岩《谢氏祠谱》，基本上是记载同一聚居地族人的谱牒，在收载内容上更侧重于祠堂的管理、礼仪等方面。”①

3. 统谱

统谱，亦称宗谱、统宗世谱、大成谱、联谱、通谱、总谱等。统谱一般有两种形式：一种是把分布于各地的同族各支派统编于一谱，这种统谱是有血缘关系的宗谱，即上述的“同一始祖分支异地的各派合谱”。如福建《朱氏通谱》，收谱对象限定于徽州朱氏（朱熹先祖）的后裔，凡自认为源出此脉者，均可被收入此谱。这种基于血缘关系的宗谱，在上述与族谱、房谱、支谱一并介绍时已谈到。这里真实血缘的宗族往往与虚拟血缘的宗族混

---

① 陈支平：《福建族谱》，第19页。

在一起。

统谱的另一种是同一姓氏的联合谱，收进这种统谱的同姓人，大多并没有血缘关系。如晋江《董氏大成宗谱》，把各地董姓收入谱内，所谓“河间派，董仲舒迁居；临川派，董晋公扩源；湖溪派，董仲三金公；临湘派，董旭一公；云南派，董旭二公；广昌派，董谋公；浙江派，董思敬；广东派，董言公……”又如安溪《谢氏总谱》，除了收载泉州一带的谢氏族人外，也把华南许多谢氏群体均认为同宗而总汇入谱。尽管“同宗共祖”是设定的，但还要讲得事出有据：“吾族得姓之始本姜姓，神农之后申伯，为周宣王之舅，受封于谢”。“申伯公所流而传哉，一本万殊，万殊一本，寻源溯流，自必由周而汉而晋而齐而梁而隋而唐而宋而元明，原原本本，班班可考矣。……吾谢英裔共培祖德，齐笃宗盟，广搜联络，大会成篇，爰订此血脉志，以为探祖问宗者循溯之基、会合之柄云”。至于有些总括全国同一姓氏的大族谱，其血缘关系更是语焉不详。光绪年间编修的《章氏会谱》，“齐联福建江西两浙诸族，于世表外，著有郡县地望分支系图，于各族派别一览了然”。民国时期撰修的《吴氏全国大统宗谱》，共收进吴氏各支派达“五百零三支”。[①]

闽南族谱的上述类别，既是类型逻辑也是历史逻辑。由家庭发展为家族，再由家族发展为宗族。宗族组织在完善过程中还会促进房族组织的发展。宗族还因族人迁居异地而形成若干衍派。族谱与支谱，族谱与房谱，族谱与宗谱，族谱与统谱，反映宗族组织的历史发展和人为扩展。

宋元时期闽南撰修的族谱，已不可寻，但从民间修谱推崇欧阳修和苏洵的谱图、谱式的情况来推测，宋代闽南族谱的体例简单，篇幅短小。明代闽南编修的族谱，传世甚少，虽然编目多起

---

① 陈支平：《福建族谱》，第20～21页。

来，但内容简约，篇幅不大，跨地域和跨家族的大型宗谱未见。

明代中期开始，闽南修谱的项目逐渐趋向完整，但内容还比较单薄。同安《林氏族谱》，系明正德进士、名儒林希元于嘉靖年间所撰。该族谱为不分卷本，所载内容除世纪、世系图外，还有诸林宗派、得姓源流、家训、祭土地文、物产、廨圃埭等，记述也都比较简略，体例没有一定的规则。如其中《物产》一节，仅记如下数行文字："物产者，可生之业，人所赖衣食以生者也。林氏散居四方，显晦贫富不一。予族居翔风里十三都为名族，田园虽少，犹足课子力耕，免于饥寒。自屯叟至予之孙完，凡六世，颇能克扩，不能悉书。姑即其关于门户之盛衰者书之，以示子孙，俾世守而勿失焉。"其他项目的内容也同样简略。因此，尽管族谱所包含的项目不少，但篇幅不长，全谱不过薄薄的一小册。[①] 南安《梅溪陈氏族谱》，明万历十五年（1587年）由该宗族九世孙、进士陈学伊纂修。族谱共分上、下二卷。陈学伊在《前序》中写道："余分责诸子弟检订旧谱，缀次新支，而裁之以独见，凡十年而始成新谱。谱凡上、下二卷，有总序，有义例，有世系图，有世传，有纶音，有年次，有外谱，有居室坟墓考，有祠堂记，有祭法，有大小宗祀田记，有义田公田记，有谱训，有立后解、家难考等纪。以万历丁亥之春缮写成书，告之家庙。"虽然陈学伊纂修的族谱包含了以上这么多项目，但有关内容，都比较简单，远不如后代的族谱那样连篇累牍，因此整部族谱的篇幅不大，现传仅为抄本二册。[②]

这两部族谱分别修撰于明代嘉靖、万历时期，其时正是祭祖礼制改革，开启了宗族开始组织化、制度化建设的新时期。修撰者虽是进士，但族谱的规模都比较小，体例的设计也较随心所

---

① 陈支平：《福建族谱》，第22页。

② 《梅溪陈氏族谱》附录《裱续旧谱前序》，见陈支平：《福建族谱》，第21～22页。

欲。由此可以窥见，即使到了明代后期，闽南族谱还比较简略。即使是福建的名族朱（熹）氏的族谱，其在明代万历四十八年（1620年）撰修的《建安谱》，同样比较简单。卷首除了朱熹、真德秀的两篇序言和修谱序外，正文共分十款：会元、尚像、世系、褒典、实录、像赞、丘陇、祠院、渊源、留题，整部族谱只有上下二册。可见，直至明代后期，族谱的简约不是闽南一地的区域性现象。从这些族谱也可以了解到，尽管明中期的宗族出现乡约化趋势，但宗族的规约还处于萌芽时期，一般还未出现宗族的成文规约。

清代康乾时期，社会稳定，经济繁荣，人口剧增。宗族人口膨胀在促使房支组织繁复化的同时，也促使宗族人口外迁，从而形成新的衍派。于是，原有的族谱规模和编写体例已不能适应这一时期宗族发展变化。这样，有经济能力和文化条件的强宗大族，兴起了修纂大型族谱之风。

族谱一方面固然是为了正本清源，团结与凝集族人，但另一方面，却也是宗族向社会显示势力与地位的一种表现形式。自清代以来，后一种社会作用日益显示出它的重要性。因此，民间在修纂大型族谱的基础上，对不同地域内的同姓族谱进行联纂。许多跨府县、跨省份的超大型宗谱、世谱、统谱等在清代陆续出现。

超地域的宗谱、联谱的出现，与绅士的社会活动是紧密联系在一起的。绅士有着较为广泛的社会交游和声望地位，修纂超地域的宗谱、联谱，自然非他们来倡导和组织不可。举福建的李姓为例。清代康熙年间，福建泉州安溪出了一位大学士李光地，号称“理学名臣”，福建其他地方的李氏家族多引以为荣，并有攀附之意。于是，许多李姓家族纷纷请李光地为族谱撰词作序，联宗认亲。其中，汀州李氏与泉州李氏本无联系，但自李光地始，两地李姓互认宗亲，视为同一血缘。

借助同姓名流以提高本族的社会地位。这也正是清代民间认宗联谱现象的重要原因。

闽南宗族修纂族谱虽然大体存在着从简易家谱到大型族谱、再到跨地域的联宗统谱的演进过程，但对于一般的宗族难于企及，甚至有很多宗族连编修比较规范的族谱都做不到。这些宗族修的族谱只记载本族的源流、迁移过程和简单的世系表。随着人口的不断繁衍和宗族人口的扩散外移，同一宗族的支派、房头也越来越多，而那些分支出来的族人，在新居地形成新的衍派之后，又开始撰写各自的族谱。因此，这种体例简陋、篇幅较少的族谱，在闽南族谱中占多数。笔者经眼的南靖县数十个宗族以及房族于清代至民国时期纂修的谱牒，至少有一半以上，除了谱叙只有世系记录。纂修较规范、体例较完备、内容较丰富的族谱，诸如奎洋庄氏族谱、书洋萧氏族谱、塔下德远堂张氏族谱等，只占少数。

第三节　族谱的构成

清代闽南在不断涌现大型族谱、宗谱、联谱的同时，族谱的体例格式也出现了逐渐趋同的倾向。就清代的一般情况而言，体例格式比较完备的族谱，除了序言、凡例外，有这些基本内容：源流、世系、人物、规范、文献、祠墓。

族谱的实质就是宗族史志，因此其编修，基本是方志体例的复制。方志的基本内容有：星野、建制、山川、军政（城池、公署、关隘、防御、兵制、水利、津梁、学校）、户口、赋役、职官、宦迹、人物（笃行、儒林、文苑、隐逸、烈女）、风俗、艺文、祠庙寺观，此外还有物产、祥异等。作为宗族史志，不必有星野、建制、山川、军政、户口、赋役、职官、宦迹，以及物产、祥异，而人物、规范、文献契字、祠墓，正是与方志的人物、风俗、艺文、祠庙寺观对应的，宗族重血脉世系，源流、世系就成为族谱的特色内容。族谱对方志体例的复制，反映国家意识形态对民间基层的控制和影响。国家史志、地方史志、宗族史志的一脉相承，体现史志意识从国家到民间多层结构的一体化。

1. 序言与凡例

谱序是每部族谱都不可缺少的内容，它包括本族人和邀请外族人写的序。谱序的内容一般可包含修谱缘由、修谱经过、家族的渊源传承以及谱学理论等。随着族谱撰修次数的增多，序跋也不断增多，故一些大型的族谱历经数修之后，序跋多达十余篇乃至数十篇，如泉州《延陵吴氏宗谱》载有序、跋等五十余篇，字数亦达三万余字。族谱新修之后，旧谱大多逐渐散失，而唯独历次的序跋，一般都能够在新谱中保存下来。因此，谱序是了解清代以前特别是宋元时期族谱修纂情况以及了解该宗族历史发展的重要资料。

凡例又称谱例，主要说明族谱的纂修原则。族谱的凡例看似林林总总，但主要内容大同小异，旨在强调宗族血缘的纯洁性、重要性以及族谱记述的真实性。与凡例相辅相成的是谱论。谱论一般是摘录前代名人学士谈论谱学的简要语录，其中以欧阳修、苏洵、程颐、朱熹等宋代名臣大儒的语录最为普遍。有些族谱还把洪武帝、康熙帝、雍正帝的谕民榜、谕民诏令载入谱中，作为谱论告诫族人。

2. 源流

先世考有时亦称源流考、迁徙考等，主要考述本姓来源、本族的历史渊源以及始祖、世派的分支迁徙情况。云霄《云阳方氏谱牒》的第二章即为《渊源》，分《述要》、《考据》二节。《述要》称："方氏……最早有雷，原姓姬，为神农八代孙黄帝之女儿榆罔之子。相传雷佐黄帝伐蚩尤，因功封于方山，遂以封地为姓。……唐朝总章二年，世居河南固始县的我伯虞公字子重，随陈政将军入闽。”①

陈支平先生通过对福建李、陈、林三姓族谱的比照分析，指出：“（这三姓）先祖渊源合流情况大致可以反映福建民间家族追溯先祖渊源的一般情况。”② 这一概括同样适合闽南族谱的先祖追溯。闽南族谱的宗族源流，远虚近实。远即先祖早期史，近即始迁祖以后的晚期史。同安《浯阳陈氏族谱》的宗族源流很有代表性。据旧谱，浯阳陈氏始祖是随王审知入闽的部下，清代康熙九年（1670 年）重修族谱，竟变成了陈政、陈元光的后代。尽管如此，这次重修族谱的谱序仍说：“始祖以下，见闻最近，综核宜详，不敢缺略，不容假借。”③

由于族谱之修犹如层垒，早期所说的族源会因族谱的旧序汇辑而透露出来。修谱者对族源如有不同意见或质疑，也可直陈己见。陈埭丁姓族谱就显示了不同期修谱者对于族源的不同认定或陈述新资料作为存疑待考。对始迁祖以前的族史，或随意嫁接，或认真考辨。这两种态度表现于不同宗族，也表现于同一宗族。

3. 世系

世系是各宗族血缘传继的直接表述，是族谱的主要内容。世系一般可分为两种方式：一种是世系传录。它详细记载从一世祖开始到修谱时止，宗族所有成员的姓氏名号、生卒年月、简历、妻室子女以及葬地封赠。如《石井郑氏宗族谱》关于郑芝龙、郑成功父子世系的记载：“十一世……郑芝龙：小名一官，字曰甲，号飞黄。崇祯间以军功授前军都督……弘光封南安伯，隆武封平西侯，后进太师平国公。投诚，封同安侯。先娶陈氏；继娶日本翁氏，一品夫人；后娶颜氏；侧室陈氏（逐出）、李氏、黄氏。生男五”。“十二世……郑成功：讳森，字明俨，号大木。明赐国

① 陈支平：《福建族谱》，第 28 页。

② 陈支平：《福建族谱》，第 153 页。

③ 陈支平：《福建族谱》，第 147 页。

姓，名成功……永历嗣封漳国公，继而晋封延平王。……妣董氏，雷廉道董容先女。……生男十”。[①]

世系的另一种方式是世系表或世系图，即以图表的形式记载该宗族的血缘传继情况。福建族谱中的世系图，大多沿用宋代欧阳修的谱图，五世一图，取五服之义。南安郭氏族谱的谱例云：“五世为一图……缀以一乔梓，纵棣横萼，仿欧阳文忠公之例。”[②]

4. 人物

（1）人物传略。包括行状、墓志铭、神道碑以及年谱等多种形式。族谱对于族人入传的选择，基本上遵循“扬善隐恶”的原则，虽偶有对某一族人因犯族规而被削除族籍的记载，但相当罕见。有些族谱因某一族人功业显著，耀祖光宗，所撰的传记冗长，如安溪湖头《李氏族谱》，载有清代大学士李光地的年谱，长达万余字。泉州《刘氏家谱》，载有宋代名将刘锜的传记，亦几近万言。这种长篇传记，亦属罕见。

（2）科第录。也称科名志，系族人历代登科名录，有的还记载登科者的简要业绩及著述等。当代续修的云霄《云阳方氏谱牒》，专辟《科第》一章，记载明清两代具有生员以上身份的族人200余人，以及民国以来至1949年具有高中以上文凭的族人近百名。

5. 规范

（1）家礼。家礼又称凶吉礼，主要记载家族内的祭祖礼仪。泉州《梅溪陈氏家谱》就载有《大宗祭法》、《小宗祭法》，对族人的祭祀礼仪做了严格规定。有些族谱也记载家族内的冠礼、婚礼以及祭鬼神礼等。龙岩《长塔赖氏家谱》，载有《敦和堂祭省牲仪则》、《祭祠堂仪节》、《升龛仪节》、《长塔求熟祭文》、

① 《郑成功族谱三种》，福建人民出版社1987年，第83、86～87页。

② 陈支平：《福建族谱》，第31页。

《求熟仪则》等仪礼，其中《求熟仪则》略云：“阖乡众弟子等卜以今日祈安求熟之期，有事致告于神农皇帝、定光古佛、陈真祖师及本境敕封银青光禄大夫、民主公王、田祖尊神并众位神祇之前……”

（2）排行。排行又称字辈谱、行第谱，是标明宗族世系人名的排行用字。惠安《刘氏族谱》陈述这种名字排行的作用时指出：“行者，列也，雁群飞必排空横列，遥而望之参差如一，故父之齿随行，兄弟之齿雁行。……字而缀之以行，列之以次，行明等也，次教辨也。曰某行某次，而众明于诸祖诸父、群季群孙之序矣。”① 后代族人在为子孙起名字时，一般要遵循字辈谱的顺序规定，这样才能世次不乱，辈分分明。字行多四字一句，句句意可连接，内容上及国家，下启子孙，亦家亦国。晋江翁氏自十八世起统一编有字行：“孝悌忠信，温良恭让，德礼乃立，修身齐家，治国临民，光于朝廷。”还有谥行：“义丕基永，源泽长存，孙谋诒燕，以裕后昆，克绍先烈，受福无垠。”②

（3）族规。族规是宗族制定的约束和教化族人的家族法规。族规的名称很多，如家法、家约、家戒、家范、族约、条规、祠规、禁约、规范等等。族规的内容十分庞杂，除强调敬宗收族为其核心内容外，其他如财产继承、婚姻纠纷、禁盗禁赌、山林管理等，也因各个家族的不同情况而有所偏重。如云霄《云阳方氏谱牒》收载有万历三十七年（1609 年）制定的《家规十四条》，禁止：强吞弱，少凌长，砍山木，绝水源，唆图赖，谋匿捏，引奸宄，招赌友，设妓女，谋幼子，树盗党，私接宰，犯名义。要求：公举协力。有些在地方上具有一定影响力的宗族，在族规中还制定有乡规民约，以规范本族和制约参加合约的同乡里其他宗

---

① 陈支平：《福建族谱》，第 33 页。

② 晋江《玉塘翁氏族谱》。

族。例如：安溪湖头《李氏族谱》就载有清代大学士李光地为当地乡族规定的《同里公约》；龙岩《长塔赖氏家谱》载有合乡共定的《禁赌博开花会约》。

6. 文献

文献包括艺文（著述诗文），皇帝和官员对宗族成员的封赠，以及族产产权的契据等。

（1）艺文。即族人所撰或与家族有关的各种体裁的诗文。如南靖《龟洋庄氏族谱》，收载有寿文、挽文、祭文、诗歌等数十种，以及族人、进士庄亨阳遗著《秋水堂集》的许多篇目。艺文的名迹录，记载与本族相关的名胜古迹、山水桥梁、庵寺书院和亭台堂舍等，诸如《龟山岩岭纪略》、《埔头甲社仓记》、《奎山造文峰序》、《指南居文林社叙》、《下龟洋八景》等。

（2）皇帝和官员对家族成员的封赠。也称恩荣录，有诰敕、赐谕、公文等。如《延陵吴氏通谱》的卷一和卷二，载录各种与本家族相关的封诰、祀典、碑文等。龙岩《长塔赖氏家谱》载有东晋安帝元兴元年（402 年）十一月十一日的诰命，诰封赖氏先祖赖遇“万古之郡、子孙百百世”。恩荣记录，可彰显宗族声望。但远代恩荣，邈不可考，虚实难辨。

（3）族产契据。族产包括祀田、坟山、山林、义庄、书灯田、庙产、房屋、店铺等，是宗族组织赖以运转的经济支柱。族谱记载族产的数量、买卖情况、管理规则、收支账目以及经营租佃等等，许多族谱在记载族产的同时，还附载与之相关的契据文书。此外，一些与家族事务相关的承嗣、婚姻、过继、分家、遗嘱、断罚，以及与外家族的纠纷调解合同、状告文书等，也往往一并附载于此。所以，有些族谱的契约文书数量十分可观，达百余页。晋江陈埭《丁氏族谱》收有元代的契抄。可能是鉴于明代鹿园墓地产权纠纷的教训，陈埭丁姓宗族甚至还专门汇编一本

《坟山契约》。[①]

7. 祠墓

祠堂和坟墓是宗族进行敬宗祭祀的主要场所，族谱对于祠堂、坟墓的修建历史、建筑规模、地理位置等都有或详或略的记载，甚至配图说明。有的宗族每新建或重修一次祠堂，往往由族人或请外姓名人撰写祠堂志，因此有的族谱中的祠堂志之类，不下十余篇。如泉州学前《李氏宗谱》，就载有祠联十余幅。同安兑山《李氏族谱》，也记载十余幅祠联。有的还介绍祠堂环境的功用，包括风水效用，如龙岩《罗陈文安竹庭公（派下）族谱》云："五世祖竹庭公祠……右植榕树数株以护堤基而遮拦水口"。[②]

与祠堂相比，记载坟墓的文字较少。有些族谱在记载坟茔时，或配以地图，注明四至界限，称"墓图"。闽南人对祖墓远无客家人的重视，许多客家族谱的祖墓往往一墓一图，闽南族谱的墓图较少见，记载文字也较简略，但越往山区、特别是接近客家地区，墓图也逐渐多起来。[③] 这可能是，较之沿海地区，内陆山区可提供营造墓地风水形胜比较丰富的环境素材。墓图多不是单纯记述形貌，而是在传播"佳城"、"吉穴"的神秘信息。

以上是闽南较大型族谱的基本体例格式，这种体例格式与中国其他地区的族谱大体相同。闽南族谱中，也有一些比较少见的篇目，如龙岩《长林世谱》有《大事记》二册，"大事记就一邑一乡及本族重大事变并有关于一族教育事业水利人口兴替等事迹，列入籍，资后人观感。大事记仿史例纲目编纂"。永春《官林李氏七修族谱》卷一有《听年大当考》，记载该家族于清初承

① 厦门大学人类博物馆抄藏本。

② 陈支平：《福建族谱》，第30页。

③ 肇基于永春，衍派于晋江、南靖等地的锦绣庄姓族谱，有绘墓图、详说明的传统。类似锦绣庄姓族谱的这一风格，在闽南人的族谱少见，但在闽南西北与永定接壤的闽客双言区地带的客家人族谱中多见。

应“大当”役的情景：“其听年，本朝以来俱系三房催办……周而复始，不得推诿。”泉州《薛氏族谱》载有《控案稿》，记载本宗族与郑、何等姓争夺育墓山和汪坑草庵山等处山产的诉讼文件。惠安峰城《刘氏族谱》载有《迁海记》、《展复说》，对清初的迁海政策及族人的流离失所进行专节追记。[①]

第四节　族谱的编修

明清以来，闽南宗族都把修纂族谱作为后代子孙的一种义务写进族规，以保证族谱续修的相沿不断。古人认为，族谱应当三十年一修方为善继善述。因为三十年为一世系。但实际上，这种愿望很难实现，也未见这样的谱牒。由于战乱和经济等方面的因素，闽南宗族都不能严格按此间隔来续修族谱，但“三十年一修族谱”作为族人承袭的理念，起着“取法其上，适得其中”的效果。

倘若撰修族众较少的族谱，或者只是修房支谱，在资金不愁的情况下，只要编纂得人，修谱并非难事。如果宗族源远流长、人口众多，撰修族谱的工作量很大，实非易事；若印刷出版，耗资甚多；再者，族众多、房支繁，族、房长的协调亦得慎重。

清代大型族谱的编修，首先是组织修谱董事会，接下来就是筹措资金，以及收集整理资料进行编纂。修谱董事会，或称“谱局”。南安郭氏家族，“民国戊辰孟冬之月开族众大会议修族谱，到者五十余人……议决族谱有重修之必要”。次年春天，选举修谱董事会。董事会由族长及各房派的房长组成，“紫阁派：绪越、绪祉；小宗二：朝宣、重龄；白叶坑：治仁；牛角垅：云益；湖中派：缵余、礽成；双池派：重吉、缵绅……”共有53人。修谱

① 陈支平：《福建族谱》，第33～34页。

董事会成立后，开始具体分工，“执行应行应止事件，及聘请总纂、校对、印刷事宜”。[①]

除了族、房长之外，绅士在族谱的编修中发挥了重要的作用。明代状元、泉州庄氏宗族的庄际昌，不但热心于修纂族谱，还亲自撰写了《谱例》。该《谱例》云：“族谱序、图于前，凡例于后，别为外集及诰敕、志铭、行述并列例。一续宗传，附祭版、祭期、祭仪。二建祠堂传，扩地倡义财用。三续缙绅传，传其行述志铭。四训行义传，训词孝弟、和睦、敦亲、安分、勤业。五训起家传，戒酒色赌斗。六续贤妇传，有仁义孝慈四德者为立传。”[②] 族中贤能在修谱中各尽其能，缙绅名列主修，族长、房长在修谱董事会发挥作用，读书人中之干练有能者执掌修谱的具体工作。所谓“贤者在位，能者在职”，修谱尤然。

筹集修谱经费的途径有下述四种：

（1）从族田的收入中拨出一定数量作为修谱经费。为修谱设置的专项产业极其罕见，而各种名目的族田各有专项用途，修谱经费只能从祭田提取，而祭田收入主要用于祭祀费用这笔大宗开支，从祭田支出之余提取的修谱之费，只能聊作补贴。因此，这种方式较之其他修谱经费筹集方式，显得无足轻重。

（2）按宗族人口摊派。南安郭氏家族在民国年间四修族谱时，由谱局向族人颁发《募捐启》，启文称：“邀族众集大宗祠开会议决择日告祖开局纂修，无论远近或存或没咸登谱牒。……第牵一发而动周身，成一裘必集群腋。以吾族支派愈多，户口愈众，印刷编辑工费浩繁，预算非巨万不成。议定每人口出资壹元，不敷之数，就族中有不动产及生计活泼者，以次捐助。尚希我族众仁孝为怀，父勖其子，兄勉其弟，踊跃而破悭囊，明大义

① 陈支平：《福建族谱》，第38页。

② 陈支平：《福建族谱》，第40页。

以襄盛举。岂特芳名勒之谱端，垂于后世，而敬尊爱亲之道胥在是矣。”[①]《募捐启》的“募捐”是柔性表述，实际是“每人口出资壹元”的摊派。

（3）以捐喜钱的方式汇集储备修谱资金。龙岩谢氏宗族规定，凡新丁出世，须交新丁钱，以备修谱，“每年议报新丁，定于正月十二日，若路远不及报者，随到随登，以备下届续修易于稽查。公议每丁捐出小洋三角，倘隐匿不报，实系自误。至续修之日查出，丁费仍要补足，方许登谱，以昭大公”。有些宗族还规定族人有添丁娶妇、入泮科举等喜庆事，须交纳谱钱以备修谱。如泉州《薛氏族谱》载：“子孙娶妇喜庆银一钱，添丁喜庆银五分，各自钞集生年月日交与本房公举续修私谱之人。……子孙进泮喜庆银二钱，补增生喜庆银二钱五分，补廪生喜庆银三钱……登第喜庆银六两，居官者随其官之大小岁入一月之俸，武职岁入半月，致仕方免。”[②]

（4）自愿捐献。由于族人贫富不等，特别在贫寒之家为数不少的情况下，用派捐的方式会造成不安的族氛。又由于闽南因通海贸易以及这种贸易刺激的商品经济的发展，常使族内出现若干财力厚实之家。这样，有财力者自愿性捐献的筹款方式，应是明清，特别是清代闽南宗族修谱的首选和主要方式。而且，闽南人习性仗豪侠、好义举，这就使修谱筹款的第四种方式几成习尚。南安郭氏家族四修族谱时，“住台湾各派合交人口六百四十一元一角三”。泉州尤氏家族有不少族人迁居东南亚各国，民国重修族谱时，“南渡数次，劝诸同志题金重修谱牒。幸先灵阿护，诸族亲乐从。起自宣统庚戌，至甲寅春复南渡鸠资，并劝郡西裔家标倡捐向诸亲族输金合谱，亦各乐从。……乙卯之春谱成，而各

---

① 陈支平：《福建族谱》，第42～43页。

② 陈支平：《福建族谱》，第40～41页。

房族亲及邻乡亲朋齐集同庆落成之喜”[1]。清道光二十五年（1845年），晋江蚶江石壁村玉山林氏修谱时，在台湾淡水经商的族人林正心，“积金满千，公鸠佛银，交入银中，言念宗谱未修，以为修谱之用。又恐不充，自独加捐以补足”。晋江蚶江林氏这次修谱全由台湾族亲主动捐输，主捐者是林正心，其他人“公鸠佛银”。[2]

如果缺乏殷实之家的独捐或数人合捐可达修谱款额，那就为首倡捐，举族应倡，有力者多捐。如泉州刘氏宗族在明末清初重修时，便由族中进士刘麟长倡捐，并撰写《募捐疏引》告示全族。该文略云：

> 岁己丑吾宗中重修牒谱告成，兄起丰将赍牒遍告宗中叔兄弟醵金而助之梓，光厥家乘，盖孝思也。爰白芝山遣弟大仍航海而语不肖长曰：“愿兄翁一言弁其首。”余喜曰：“是吾祖父谋之数十年而弗克就者，余何幸当吾身而克睹其成也。是祖若宗之神灵实式凭之，而诸叔兄弟侄之心力实共襄之者也。不肖长藉有荣施弁言之役，敢不唯唯。”……余叨宦，亦刻意承先志稍置义学、义坟、义海，事少试其端，而以任内偃蹇萧索状，亦多中格。……此意正惓惓未敢自懈也。惟我宗中叔兄弟侄联翩鹊起，继武穆文清公张而大之，余小子藉光多矣。敬捐微资，弁首为倡。[3]

族人的捐款，在修谱经费中占有重要的位置，如南安郭氏宗族四修族谱时，不少族人认捐了数十元大银，“璇兴派治石公捐大银五十元……甲田长朝宝捐大银八十元……楼上派烈阿捐大银

---

① 陈支平：《福建族谱》，第43页。

② 苏黎明：《泉州家族文化》，第221页。

③ 陈支平：《福建族谱》，第42页。

六十元……”①

族谱资料的来源有二：一是前代遗留下来的旧谱资料或口述资料。撰于弘治年间的云霄方氏族谱的序言云：“余自弱冠，颇谙世故，深自惭愤，于是上究先世出何祖？始居何地？后代如何而播迁？子姓如何而分派？切切然而未窃其真。幸有三曾叔祖在焉，时年九十余矣，乘间问之……由是拜而书之，庶历代之世系，虽不能纪其远，亦可以纪其近；虽不得闻其详，亦可闻其略。即书一图，汇成一谱。世系相承，子姓昭明，俾后世得有所依据。”后代历次裔孙重修族谱，便根据这种旧谱资料而扩充之，该族谱中撰于康熙年间的重修序言云：“……日夜取旧本而远溯之，复采遗书而综核之。凡四十余载之常变盛衰，耳目所不及者，托随房各自抄勒，然后集成全书。”②

修谱资料的另一种来源是修谱董事会向族人征集调查。南靖赖氏家族在清代雍正年间修纂族谱时，便向族人发布启文，征集资料，该启文略云：

> 我祖肇基颍水……自六二祖开地葛天原，分宁邑，传十七代蒙业竹里，实镇和山，乃子孙亿计。而族氏莫稽，入庙怆忙，止问千绳鼻祖；升堂错落，谁辨百世云孙？……今日艺苑名家，群推文物之地，竹林芳族可无昭穆之书？生当晚近，焉知祖德？适值读礼之年，倍切追远之念，不揣愚陋，有志修明，所愿大人先生佐予不逮，各将分裔历考精详，惠寄前来，聿登分册，搜采遗文，恒因根而振叶，旁求逸绪，爰沿波以讨源，庶百千千支，端绪可寻，卷帙能载。青蓝之父子，虽隔世可知，金玉之友昆，即易时且莫紊。……今宜

① 陈支平：《福建族谱》，第 43 页。

② 陈支平：《福建族谱》，第 94 页。

逐派而修，用抒数言，聊当告明。谨启。[①]

族人收到修谱董事会通知后，即将自家情况上报于房长，房长汇总通房资料上交给族长、谱局。云霄方氏宗族在清初续修族谱时，对待“早年幼孤，随母出嫁，及长而茫然不知；或遭兵火，掠卖外方，甫离而各天不返，俱当详记，以待追寻。或某房人，以何年何事挈几子几孙移居何县何乡，即名下注册。某房人以何年补粮授职，随征某省，移住某处，有子孙几个，俱加注入。使后之房亲，本族能出仕远游者，到处可按址询考，千里聚会……按谱而认识之”。为了搜寻无遗，方氏宗族的修谱人四出调查，“族众散处村落不下二十余处，近者数里，远者数十里，不惮跋涉辛勤，阅半载余，而谱成”。[②] 族谱初修以后，即设登记新出生男婴的“丁簿”，以后续修就方便多了。

修谱目的在于总一族之人，收一族之心。同一血缘系统的族人均录中谱，但详略有别。因为光宗耀祖、彰显宗族势力，也是修谱的一个重要目的，依照“尊功尊爵”之则，对于那些有科举功名和有贡献的族人，均在族谱中特加宣扬。清代大学士李光地在为该家族族谱撰写的序文中明确地指出了这一点：

> 吾家之谱其为善亦有三焉：本以宗法而联之，所以长长也；标其爵命而荣之，所以贵贵也；系之传纪而彰之，所以贤贤也。三者备矣，然后昭穆序焉，名分严焉，劝戒彰焉。……观谱者，识长长之义，则知所以尊祖焉；识贵贵之义，则知所以尊王焉；识贤贤之义，则知所以尊圣焉。夫能尊祖、尊王、尊圣，其材不蕃、家不大者，未之前闻！[③]

族谱撰修告竣之后，若是印刷，就要分发给各房及有关族人

---

① 陈支平：《福建族谱》，第 44～45 页。

② 陈支平：《福建族谱》，第 45～46 页。

③ 陈支平：《福建族谱》，第 46 页。

保存。泉州《彭氏族谱》则在族谱扉页上载明各房领谱的名单："族谱系计印刷十二付，兹将各付所交各房负责人开列于后：长房建锵，次房乃兴，三房乃心……"族谱分交各房及有关人员执掌后，许多家族还规定族人应当时常拜阅，以敦教化，增进尊亲和睦族的观念。泉州《尤氏族谱》在《谱例》中说："谱牒志载世系，所以尊崇祖考，垂示子孙，分昭穆、明长幼，家政首务也。各宜致谨珍藏，以时简阅，以起其孝悌之忱。"①

祖先崇拜的成分和宗族组织的排他性，决定了族谱的封闭特征。宗族对族谱的收藏、保管有明确的要求。一般将族谱收藏在专门制作的木匣里。族谱是宗族的秘籍，不得私自借给外人翻阅，更不准借给外人抄录。泉州《尤氏族谱》的《族谱训例》云："谱书当宝，不可假借他人。"②

---

① 陈支平：《福建族谱》，第48～49页。

② 陈支平：《福建族谱》，第49页。

第五章

族学：宗族人才的培养

祭田在于祀，义田在于养，学田在于教。通过教育，提高本族的人口素质，进而期待登科出仕，推进宗族的生存与发展，增强在乡族社会的竞争力。宗族所办的族塾甚至书院，意义就在于此。

宗族所办的小学，也叫义学、义塾或族塾，在宋代以前还只是个别现象，到了宋代才在私学发达的推动下有所发展。范仲淹在设义庄的同时，也设置了义学。范氏义学对后世产生很大的影响。族学在明中后期，尤其是清代，有较大的发展。雍正帝《圣谕广训》指出，人民“笃宗族”的具体措施是：“立家庙以荐蒸尝，设家塾以课子弟，置义田以赡贫乏，修族谱以联疏远。”[①] 此处，义学与祠堂、义田、族谱并列，族学之要，甚明。

第一节　族学的宗族营造

书塾、书院和府县学，约略构成传统的教育体系。府县学，均为官办书塾、书院，官民皆可分别兴办，或互相协作。民办书塾即私塾，有家塾和族塾。官办书塾叫社学，具有免费教育的义

① 参见常建华：《宗族志》，第 47 页。

学性质。有的学者认为“社学是民办形式，虽是官方倡导”[1]，应属误。个人所办公益性私塾也称义学。书院主要是官办，或是官办民助（助建、助学），少数是私办。私办又分为宗族所办，以及高官或富商所办。后者在私办中甚少，如施琅在厦门办鹭津书院，系施氏掌管的家族书院。[2] 闽南宗族普遍重视文化教育，除了少数官宦、富豪人家能够自设书塾以培养自家子弟外，一般的宗族，则利用族产所提供的经济力量，开办书塾，有的宗族甚至开办书院。

一、助学的义举懿行

宗族办书塾，甚至办书院，或者资助官办书院的修建和费用，多是族中个人的奉献。宗族的赡学田，归根结底也是个人的捐献。明代以后，闽南地区社会经济特别是商品经济的发展，为族学的发展提供了坚实的经济基础。泉州《南外天源赵氏族谱》云：“希谨公，生康熙年间，卒乾隆年间……建大厝一座，书房、糖房……厝宅损坏，旧址尚存”。“宜爵公，生嘉庆年间……家资十余万建祠及第宅、书房多座。不惜金钱，不食先人余荫，好延师笃课。子孙昌盛多入庠序”。晋江《青阳庄氏族谱》云：族中早有书房，明初五世庄震彦因恐“宗族子孙不肖，常馆鸿儒，方从善，日同讨论而训诲之”。石狮永宁刘氏家族于万历间集长老议事，商定各家参照资产，每年拿出一定的余资，购置田产，以资助族中学子。据该宗族的《鳌城东瀛刘氏家谱》云：“万历戊申……适家族谱成……又立为条约，酌人岁出余资，行立族田，于以御外侮，于以资学业。”一些富有的族人也乐于兴学助教。石狮《龙渊蔡氏族谱》载：蔡德策，重视族人教育，“每岁给考

---

① 陈笃彬、苏黎明：《泉州古代教育》，齐鲁书社2005年，第144页。

② 道光《厦门志》卷二《分域略·书院》。

费、供馆资。……素敬业儒，凡造门者，尽礼之。间有缓急，则资给之”。[①]清代，厦门黄名芳“建玉屏书院、修紫阳祠，皆与有劳。巡道德泰赠以匾额，太史洪艮圃、蓝古萝为之立传”。许名扬“建义田以赡族孤寡……又立家塾，置书田，俾族众子弟诵读其中”。郭炯“善贾，积十三年而家裕。……新祖祠，设义塾以教族中子弟。……巡道周凯志其墓”。[②]

还有许多创办书塾或捐置学田的懿行见载于方志，这些人物的涌现也反映了当时宗族义学已蔚然成风。这些书塾虽是个人创办的，但性质是宗族公学即族塾。乾隆《泉州府志》记载：“张欣，字士表，惠安人，恤孤赈贫作家塾延名儒，教子孙、亲戚子弟来学者，悉廪之”。“林彦佳，字克美，安溪人，居晋江，岁贡生。素行慷慨，亲族子侄知读书者，悉邀来家，给饷食之”。“洪以诜……南安人，移晋江……寇退……宗人议筑堡捍贼，以诜腴田若干在营度中，捐以成之，构书舍以课子，额曰‘三惜轩’，集英俊角艺课其甲乙”。[③] “林荣……晋江人，天性孝友淳朴。父曾欲建居室葺里塾未遂其志，荣体父志为之，自是同祖皆得安居，子弟莫不肄业”。“唐童……后徙郡治之南……岁辟馆延名师课督子弟及里中儿”。“陈启文……晋江安平人。少略涉书知大义。父有遗田，二弟议折之，则使之选其善田，而已取其荒瘠。力修本业，甫一年，而荒者垦，瘠者肥，量入而出，久之有余……自是渐裕，则慨然曰：吾身所自出祖也，身所由分族姓子孙也。敬祖莫若丰祀，爱族姓莫若教学。乃自置祀田、塾田各若干亩，曰：吾以上竭敬思，而以下开诗书之泽，其心尽于此田矣”。[④] 在漳州市图书馆内，至今仍存一方《漳州海澄林氏祀田

① 苏黎明：《泉州家族文化》，第193页。

② 道光《厦门志》卷十三《人物·义行》。

③ 乾隆《泉州府志》卷六十一《乐善》。

④ 乾隆《泉州府志》卷五十九《笃行》。

碑》，记载林氏族人购置祀田和林瑶一人捐输千金、独置“玉绳公书田”，碑中云：“买陈家田十七丘……价值一千三百八十一两，全年税粟九十八石零，系瑶独置，献为玉绳公书田，派下子孙有进大庠及中科甲者，付与执掌，逐年收税纳粮，以助读书膏火及乡会试之资。后有人再进中，照份均分，而捐纳出仕并进中武途者，不得与焉。”[①] 族塾是私办的宗族公益事业。私人办学可以发挥个人积极性，便于精心管理。

书塾有家办、家族办和宗族办三类，名称繁杂，判断是不是族学，关键看入学者，诸如“课笃族中子弟”，大致可以判断为族学。安溪山珍黄氏家族，明“隆庆年间，七世一晖设书馆于牛头寨埔。清中叶，山珍设有书房仔三处，即后厝书房仔、洋中书房仔和顶新厝书房仔，顾师课笃族中子弟。学者自备桌椅，每年正月开学，腊月十六日散学。家庭敦聘塾师，族中学子苦学不辍，故有‘美园十八书笼’之誉，并荣获清溪邑政嘉扬牌匾”。南安梅山芙蓉李氏家族，元末肇基梅山后，传六世至李白水，家族振兴，把“士勤于读，富诗书”作为族规，并积极加以贯彻实施，“建书院、聘名儒、课子孙”，先后营造了六处书房，成为家族开发子弟智力、培养人才的重要场所。惠安崇武在明清时期也建有许多族塾，如靖江的霞张馆、思德馆、吉兴馆，莲西的何家祠、刘家祠，蔡厝蔡氏宗族的东篱馆，詹厝詹氏宗族的西园馆，海门詹氏宗族的詹厝馆，潮乐张氏、黄氏、魏氏、邓氏宗族的张宗祠、黄宗祠、魏厝祠、邓厝馆等。[②] 清代早期，南靖和溪麟野林姓宗族设有临川斋（图书室）和培英学堂等多所书塾。[③] 族塾一般具有排他性，但也有例外。平和县五寨林氏宗族，乾隆时创

① 陈支平：《近500年来福建的家族社会与文化》，第204页。

② 苏黎明：《泉州家族文化》，第194～195页。

③ 苏炳堃主编：《漳州氏族源流汇编》。

办三所族塾，延请举人、秀才任教，外姓子弟也可入学。[①]

书院是比书塾高一级的学校。有的宗族或其族人还创办书院。

在石狮祥芝，元代初年刘君辅创办的族塾芝山书塾，是见载的闽南宗族较早的私办书院。据《芝山刘氏书塾记》云："延祐元年甲寅，圣天子以新科取士，罢黜诗赋，崇尚经学，翁之子昆仲四人挟其能，踊跃就试，有司负公道避世嫌不敢取，归而刻志于学，谓麟经夫子之亲笔，百王之大法也，以此而取科第庶可无愧。一日，三郎子礼跪请于翁曰：'书塾迫狭无以为藏修游息之地，又不立先圣先师遗像，无以昭揭诚敬。圣经贤传与群书杂处，篇帙散乱，无以为庋藏之所，请撤而大之。'翁嘉其言而颔其请，乃作燕居堂以奉先圣先师，堂之后为斋，斋之后为炉亭，左经右史，诗文以与诸生肄习，斋之两序各有房以备寝。……每岁捐租谷三百石以为塾之廪，择子弟廉干者司其出纳，使师有岁俸，生徒有日膳，春秋二丁及俸给膳馐之费外，有余资储以待用三岁。"[②] 从这些记载可以看出，当时的芝山书塾规模是较大的。

南靖和溪麟野林姓宗族九世林廷璇，于嘉靖年间在本社碧云岩创建棣华书院，聘请秀才以上的文士教授本族及外姓子弟。[③]乾隆《泉州府志》记载："朱璿……晋江人……天顺丁丑……建祖祠、置祀田、备祭器、定祭仪、构书院，延师教子孙诸为永久图，乡里称为孝敬先生。"[④]

二、宗族的惠泽鼓励

经费是创办族学的关键。为保证族学有较稳定的经济来源，

---

① 周跃红主编：《台湾人的漳州祖祠》，第 42 页。

② 芝山刘氏大宗谱牒编委会：《温陵芝山刘氏大宗谱牒》，1997 年。

③ 苏炳堃主编：《漳州氏族源流汇编》。

④ 乾隆《泉州府志》卷五十九《笃行》。

许多宗族专门设置了书田，亦即学田，以其收入作族学的经费。其使用和分配，除了开办塾学，供给塾师束脩，便用于学子的学习补贴和科第奖赏。倘若学田不胜族学支出，祭田收入若有余额，也可拨支于族学经费。族中有登科出仕者，或经商致富者，受宗族精神感召和发乎反哺感恩之情，多能慷慨捐资族学。南靖和溪麟野林姓宗族九世林廷璇，于嘉靖年在本社碧云岩创建棣华书院，聘请秀才以上的文士教授本族及外姓子弟。族人林钎曾在棣华书院读书三载，后登第出仕，于崇祯时升至大学士。他在漳州南台庙边和西门古武庙旁购地分别建"文馆"和"武馆"，作为本族子弟赴府城考文、武秀才时的寓所。[①] 有的宗族将登科出仕者应回馈族人列为族规。南靖靖山湖山黄氏宗族的族规有："子孙读书，由科第出身，禄享余资，须分诸同胞，置祭田、书田给贫乏庶兄弟。"南安蓬华郭氏家族，就针对仕途得意者派捐"祀田之资"，名曰"喜钱"，其捐数依其取得的成就而递增，并且作为一种定例。石狮祥芝刘氏家族也规定，"仕者每应一任，则必捐俸禄以为塾廪之助，官愈高廪愈厚，则是塾可与吾族相为始终矣"。晋江青阳庄氏家族规定，凡族人："登科者，例出入祠银十五两；登第者，例出入祠银三十两。"[②] 这是定制。即便没有这些明确的规定，族人一旦登科出仕，往往也会捐建祠堂，捐献资金置祭田、义田或学田，参与推进宗族教育的投入、产出、回报（再投入）这种扩大型的良性循环。

宗族为族中子弟提供免费教育，本身就是最好的惠泽。此外，宗族还给予诸多的鼓励。

平和县小溪镇坑里村黄氏宗族，于同治二年（1863年）议定："裔下有中科甲者，竖旗挂匾，定领银二十四两，并准入中

---

① 苏炳堃主编：《漳州氏族源流汇编》。

② 苏黎明：《泉州家族文化》，第199页。

龛主壹位，永此定例。”[①] 若族大支繁，科名奖励和秀才、举人常年津贴，由所属房族支给。南靖县庄氏宗族的六成祠（七世玄甫公派下）房分于光绪七年（1881 年），召集本房属下四个房分“家长”，“议立例簿公定：新进泮者贴衣冠拜礼多少均分，足粟八石；出贡者并旌旗挂匾，定贴足粟二十石（原注：如无旌旗但挂匾者，贴衣冠拜礼粟八石）；登乡榜者，定贴衣冠拜礼二十石，报礼二十石，旌旗匾费二十石，京誊真二十石，共八十石（原注：如一时未足，三年找清）”。庄氏宗族的章德堂（九世望周公派下）的“书租”为：“秀才文武六十石在吴宅仓；监生纳例二十石在上峰仓；新进举、贡夺标一年另定；举人租在吴宅仓，一名二十四石，二名四十八石，三名更多者照四十八石均分。另有旧书租二十六石余在上峰仓，亦付夺标。”[②]

在许多宗族，其派下房支，学田普及。南靖和溪麟野林姓一至七代，世习犁锄，朴质少文。八代以后始有锐意读书者。至康熙以后，人丁日盛，各大小房多数置有学田书租，奖励子弟读书上进，如小三房文肃公派下，规定考中举、贡者，当年夺标可得书香谷二百余石。社里普遍设有私塾、书斋，如临川斋、培英学堂等。[③] 林氏宗族所居是地近高山峻岭的丘陵绵延地带，田地偏少。但其各大小房普遍置有学田，可见学风倡导可嘉。

能否进入“习举子业”教育阶段，学子的资质往往起决定作用。即使是贫寒子弟，只要功课优异，学习的奖助通常不成问题。宗族组织会采取有关措施，使那些天资聪颖、堪可造就的子弟获得深造的机会。南靖书洋萧氏宗族在族中子弟年满十五时甄别“聪明者”与“庸下者”，前者续学，后者就业。其族规曰：

---

① 周跃红主编：《台湾人的漳州祖祠》，第 113 页。

② 苏炳堃：《漳州氏族源流汇编》。

③ 苏炳堃：《漳州氏族源流汇编》。

“凡生业不可少废，子弟至十五以上，择其聪明者责之儒业而赀其费，俾得专业。又必择贤师益友亦正其从违，庸下者则令其或务乎农，或精乎工，或经营于商贾，各占一业，务其成效。”不少宗族的族规家训中都有这样的良愿卓识：“子弟之质美而无力从师者，须助之”。“子孙器识可以仕者须资勉之”。“子孙聪明可读书者，毋论家之有无，皆宜读书，族内亦须扶助，共冀成立”。“或有俊秀子弟，无力求学者，更宜之设法栽培，以成其材”。[1]

宗族助学不限于本族，有的助学地方书院或县学等。漳浦居于诒安堡的黄姓宗族，其族领黄性震“倡义捐金三百一十两，置田四十亩一分，岁入谷一百八十余石为义租，不隶于学，自输赋外，将三年所积资为邑士科举乡试费（原注：例以本籍为主，其本籍而列外庠者，亦与焉。若外籍而入本庠者，不与）”[2]。

官办书院采取寄宿制，皆有学田以赡士，学子食宿无忧。民办书院差不多也是这样，前述石狮芝山刘氏书塾，即是如此。另外，对于在官办书院的学子和府县学的生员，诸宗族还会根据能力予以补贴，所费出自族中赡学田。

三、族学的社会环境

尊师方可重学。晋江五店市的石鼓山至今还保存着青阳乡贤祠。这一乡贤祠是以庄氏族长庄用宾为首的几个宗族组成的乡约组织于明嘉靖时倡建的。当年选祀乡贤祠的标准是“论德不论官，以贤不以族”。最先入祀的是夏秦等二人。道光《晋江县志》载：“夏秦，元季进士，不知何许人。避乱来晋江，初居涵江，后居青阳山下，以列经教授乡里。郡守胡器与部使者每造庐咨访。洪武中，召至京，力陈年老，乞归。箪瓢屡空，处之晏

---

① 苏黎明：《泉州家族文化》，第197页。

② 康熙《漳浦县志》卷九《学校志·学田》。

如。”[1] 这个夏秦，不过是避乱来青阳教书的孤老头子，但学高品清，教授乡里，广为敬重，后入乡贤祠受崇祀。仅这点足可管窥作为泉州首邑的晋江，乡族崇学重教的良风蔚然。

崇学也出良师。就以晋江来看，兴盛的学风既出科名，也出师资。道光《晋江县志》载：“晋江文献甲于海内，占毕弦歌。自宋迄明，理学经济为务。……经学之儒，彬彬辈出。党塾子弟，髫龄既有能诵十三经”。“其未仕者，自缙绅家以下，只以舌耕为业，士习相沿无异”。[2]

良师不仅是业师，可范者亦师。宣扬光宗耀祖的先贤是宗族引领学风的传统方式。明代嘉靖年以后，乡约推动宗族在族内的组织化和制度化，在族外与他族共同组成以乡约为框架的乡族社会。这样，宗族的先贤就递进为乡族社会楷模。青阳乡贤祠前后共有九人入祀。“乡有君子，名并石不朽；邦之典型，德与梅俱馨。”青阳乡贤祠这一古联文，揭示了乡贤对于乡人，尤其是学子的师范作用。

母贤裔贵。道光《晋江县志》记载：“（某氏）张陶业妻，年二十，夫殁，舅姑在堂，子甫周月，氏纺织以赡……课子甚严……每以女工喻学业。张焕登称其孟母之风。”又载：“陈氏，袭永宁卫百户朱万庚为妻。……倭陷卫城，万庚死之。氏年二十三，誓死抚子。……季子正艳，娶妇赖氏，未久卒。赖氏年二十，苦节啜茗佐粥，事姑尽孝，抚二子成立。卒年八十二。督学庄以‘松德兰馨’匾之。正艳长孙伯，邑庠生；次孙宸雍正癸卯恩科举人。”[3] 陈、赖婆媳苦节抚子，后裔贤能，亦有功名。类似这样的事迹不胜屈指。

---

① 道光《晋江县志》卷十三《人物志·流寓》。

② 道光《晋江县志》卷七十二《风俗志·士习》。

③ 道光《晋江县志》卷六十一《烈女志》。

官府是教育事业的主导者和运作者。教育是社会教化的核心事业，关系民风淳朴和社会稳定，而且官员本身就是教育的受益者，对办教育自然多发乎于心。早在宋代，闽南地方官员对办学就卓有成绩，其中突出者在南宋创办十几所书院。有的书院是官建民助，即地方官倡建，经费既来源于官府，也得到民间资助。据《安海志》所录的宋代《石井书院记》，安海在南宋绍兴初年建有讲学的“精舍”（书院），嘉定四年（1211年），镇官游绛应安海士民的要求，报请泉州郡守邹应龙，重建为石井书院。“邹公应龙然其请，捐公币四十万以倡”，并指令漕、舶二司捐助，翌年石井书院落成。[①] 厦门在城东南隅玉屏岩下原有一所社学，迁界毁。后由水师提督吴英在社学原址创建玉屏书院。乾隆年官府增建，乡绅助捐。此前，吴英为副帅辅施琅攻台后，留守台湾，亦建书院。康熙《漳浦县志》载：“万历三十七年六月，知县黄应举捐俸银四十两买置，李应麟二所共八丘，受种一石一斗八升，实丈过田八亩，坐址车鳌洋，每年科大租二十石，田邻卢国、李敬、陈裕、李让、李麟等，佃人卢甘、张昆浦耕纳，每年折银二两，作月考诸生供给之费。”又载：“国朝康熙二十一年，总督姚启圣给银六十两，购坊四图李开盛户丁李同甫霞洞保民田，载田种二石，岁入租三十石，以粮六钱四分输官，附诸李开盛户籍而征之，余分给贫生，有县牒行学存案。”[②] 随着社会商品经济的发展，除了购置学田，也产生了资本投资的方式。嘉庆《惠安县志》记载：“乾隆八年，知县姚廷格……捐银二百四十两，寄刘贵使德裕典铺生息。”[③] 道光《厦门志》记载：“侍御谭尚忠任兴泉永道，劝绅士黄日纪等捐白金三千两，交厦防厅生

---

① 《安海志》卷六《学校·石井书院记》，1983年（内刊）。

② 康熙《漳浦县志》卷九《学校·学田》。

③ 嘉庆《惠安县志》卷九《学校·公贮》。

息，每年计得息六七百两，备膏火。”[1]

正如官办书院，有宗族或家族的代表人物以捐资等形式参与其中，官办社学或也有宗族参与其中。嘉庆《惠安县志》载：“南门社学……陈氏主之。良盘社学……陈氏主之。香山社学……张氏主之。马埏社学……胡氏主之。鳌塘社学……黄氏主之。北坝社学……连氏主之。上谢社学……骆氏主之。苏坑社学……苏氏主之。”[2] 这是官府把社学的管理委托给社学所在地的主要宗族或乡族。[3] 由此可见，官办的基础教育有宗族或乡族的力量渗透其中，反之，宗族所办的基础教育，其主要教材就是官方指定的国家教材。这就是宗族与国家在教育上的互参性。

师资、家庭、官府等组成族学发展的社会环境。良好的环境，使闽南地区向学成风，人才济济。乾隆《泉州府志·风俗》云：“十室之内，必有书舍。保贩隶卒之子，亦习章句。当是时师严而尊，学徒已婚冠为弟子员矣。稍不如矩踞而受抶，其大乡巨族，则多为社塾，师徒交励与郡城埒……岁科试晋邑儒童卷可万余，县送府七八千人，府送道亦二三千人，入泮百五六十人，学使者如周讳之训葛讳寅亮咸云：泉郡生儒即三倍其额尚有不足收之恨焉。”[4]

第二节 普及型和提高型教育

一、普及型教育

明代以来福建地区社会经济特别是商品经济的发达，对于福

---

① 道光《厦门志》卷二《书院》。

② 嘉庆《惠安县志》卷九《学校·书院社学》。

③ 参见刘海峰、庄明水：《福建教育史》，福建人民出版社 1996 年，第 130 页。

④ 乾隆《泉州府志》卷二十《风俗》。

建民间的教育普及起了一定的促进作用。很多宗族里，从事工商业的人数占去相当的比重，从事传统农业的人数日益减少，这就需要有更普遍的文化教育。但是这一时期的工商业对于文化教育的需求是低层次的。高利润的商业主要是依靠流通领域的贱买贵卖，手工业也是以生产土特产为主，适应这样的工商业，一般粗识文字、略通书算便可应付，这样就使得宗族内部的教育，偏重社会实用，倾向满足于启蒙的通俗水平。当然，那些有书香簪缨传统的宗族，就不是这样。这也是科名不是星散分布，而是相对集中于名宗望族的原因。

另一方面，普及型教育远不止于粗识文字、略通书算，追求知书达理、品学兼优、修身齐家，历来是国家和民间社会对于教育及其效果的共识。清康熙四十一年（1702年）钦颁御制的《训饬士子文》说："从来学者，先立品行，次及文学……敦孝顺以事亲，秉贞忠以立志。"泉州桃源庄氏宗族的族规说："立书田以兴教学。礼义由贤者出，唯读书为能明理。然礼义生于富足，亦唯有资然后能读书也。自为家门寒素，作养无资，往往有聪明子弟，困于家计，不能造应成材，非读书之为难，亦培养未周也。近来科举罢停，学堂兴起，论者几视读书为无用。然国家养士之典，终不容废也。凡我族人，祀田之外，当另立书田，为油灯考试等费，以作养人才，以厚待后学。庶几人文蔚起，学校振兴，其族党增光，岂有艾欤。"[①] 这一族规制订于清末，科举已经罢停，在这种背景下仍强调"立书田"，原因在于庄氏族人认识到："礼义由贤者出，唯读书为能明理。"即使科举罢停，但读书可以使"人文蔚起"，"族党增光"。显然，庄氏族人深刻理解教育之于教化和人文的深远意义。

教化能使个人接受伦理道德观念和处世哲学，从而修身齐

---

① 苏黎明：《泉州家族文化》，第190页。

家，维护宗族社会秩序。一个不“知书识礼”之人，很可能缺乏伦理道德的他律。《芝山刘氏书塾记》所云：“古者国有学、家有塾，所以教其子弟格物致知、诚意正心，以为修齐治平之本，此吾儒有用之学也。”[①] 这里已把创办族学的深刻用意说得很精辟，该记作者邱葵是理学名士，他看出书塾之教非之乎者也、寻章摘句，而是“修齐治平”的国基之大用。

任何一个宗族中，要保证众多的子弟人人都能读书不大可能，而能入泮登科者更是极少数。一般而言，能够受到比较正规的文化教育的人，大多数还是属于宗族之内的缙绅和富户的子弟。普通农户子弟当中的大部分，往往在进入族塾接受或长或短的基础启蒙教育之后，即从事农作。即便如此，普及教育所传授的伦理道德，对于一个人在宗族社会的生存和发展，也具有不容忽视的重要作用。

鉴此，宗族组织的教育宗旨，就是与社会教化紧密地结合在一起。教化的核心是遵从圣贤之道，崇尚儒学礼义之本，把传统的伦理道德寓于文化教育之中。基于这样的指导思想，族塾所授的课程，一般先以《三字经》、《百家姓》、《千字文》等为启蒙课本，辅以识字，然后逐步扩大授课内容，讲授《幼学琼林》、《昔知贤文》、《古文观止》、《千家诗》、四书、五经等。《芝山刘氏书塾记》云：“学于是塾者，必以六经为本，先读《大学》，以观古人为学，次第而求其入德之门。次读《论》、《孟》，以观古人圣贤之格言大训，而求其博约之方。次读《中庸》，以观圣神功化之极致，而求其性命。六经可得而明而大本立矣。又参周邵程张朱吕之遗言绪论以培植其根株。又旁搜广取屈宋班马韩柳欧苏之文以发畅其枝叶。幼而学之，壮而行之，则上不负圣朝崇儒尊经之意……以慰父兄之望。此则西桥翁之心也，子孙昆仲其钦守

① 芝山刘氏大宗谱牒编委会：《温陵芝山刘氏大宗谱牒》。

之，以为后人之法之。”[1] 这样，族塾就成为儒家文化在基层的传播基地。塾师对塾中儿童进行严格的教育和训练，不仅要教他们读书写字，而且更要同时训导他们学习修身齐家、居官事君之道，学习封建伦理道德、纲常礼教，将来成为对宗族和社会有用之人。[2] 不过，根据文中所披露的信息，至“塾师”邱葵作此记时，书塾应已发展为书院，塾其名而院其实。或者，书塾、书院兼而有之。芝山刘氏书塾主收刘氏族中子弟，兼收外姓。

普及教育阶段正是学子世界观、价值观奠定之时，因此普及教育阶段所接受的伦理道德教育，其作用更是意义非凡。

二、提高型教育

族塾只是一种基础启蒙教育，宗族子弟要能走上科举仕途，经过族塾学习后，还得进入较高一级的书院继续学习，进而考取生员，取得进入县学、府学甚至国学深造的资格。为使族中子弟受到较高的教育，有的宗族还创办书院。这种书院，实际上就是宗族基础教育事业的延伸。

书院以官办为普遍，民办为辅。即使是官办的书院，也常得到宗族和乡族的支持，诸如在用地、修建、学田以及有关费用方面。有的私办书院办学有方，甚至外县学子向慕而来。南靖县和溪林野社，当地林氏宗族的林廷璇公派下所居，在邑庠生林光岳的倡导下，鸠工辟建书室于丛林岩石间，取名“棣华书院”。画栋雕梁，图书充屋，延请名流学者，教授本族子弟，以应科举考试。和溪乡地处南靖、龙岩、漳平三县交界，邑外的适中、永福、迎福诸镇士子“来执弟子礼、请受业者”不少。终清一代，由此登科入仕者，自钦赐翰林院林文锦以下，数以百计，而秀才

---

① 芝山刘氏大宗谱牒编委会：《温陵芝山刘氏大宗谱牒》。

② 苏黎明：《泉州家族文化》，第200页。

以下未登科第而为塾师者，不可胜数。[①]

闽南不少宗族将教育规诫写入族规，使之具有督导监察族学的权威。泉州赵氏宗族规定，凡赵氏家族子弟均须入学读书。“子弟年十六以上，须能暗记四书一经正文，讲说大义，粗知礼义之方，然后为之冠”。“子弟学业未成，不许食肉饮酒。古有是法，非为资于勤苦，抑欲其斋盐之味。子孙器识可以出仕者，须资勉之”。又规定：“祖宗广储书籍，以惠子孙，不许假人，以致散佚，须各识卷首云‘赵氏书籍’。如有不才子孙以之散鬻与人及假借于人，而不宝惜，甚为不孝。”[②] 如此严肃而具体的规定，充分反映出重学崇教的态度。

高级人才的培养，需要有经济实力作为后盾，因此，那些巨族大姓在培养人才方面，总是占有一定的优势。高级人才的培养，还需要较为完善的教学设备，主要是藏书。藏书乃传家之宝，成为登科出仕的必备阶梯。晋江锦马林氏族谱称：“吾林入闽定居莆阳之后，传家有两重：重图书设置，重培育人才。披公建灵岩精舍，课子功读，故一门九刺史；翘公有‘翰墨之薮，图书之府’之赞语；知公建望江书堂，文英公弱冠游太学，怡公博览群书，勉公著述自娱，皆说明传家有宝。”

历史上的泉州地区，某些宗族的科举人才出现令人惊羡的高产现象。北宋天圣元年（1023年）桃源庄氏六世开启进士荣名，南宋登进士者有十余人，赐同进士出身者二十余人。明代，登进士第三十余人，中举人五十余人。万历间，庄安世中武状元，庄际昌中文状元。桃源庄氏衍派青阳庄氏宗祠有“一榜三龙（进士）齐奋；五科十凤（举人）同飞”的楹联。安海镇黄氏家族，

---

① 林天麒、林开万：《碧云岩·棣华书院忆旧》，《南靖文史资料》第四辑，1985年。

② 苏黎明：《泉州家族文化》，第191页。

明代后期连出数名侍郎以上的高官。儒林张氏祖祠，匾有“进士”、“兄弟进士”、“父子进士”、“同榜进士”、“理学名宦”等，正是该宗族自宋以后登科及第和学誉宦绩的记录。泉州的史氏家族，晚明科举盛出，史继阶等叔侄子孙数人，或为侍郎，或为尚书，或为大学士，成为当时泉州望族。安溪湖头李氏家族，清初李光地入阁为大学士，名赫朝野，其后人叔侄相继登举进士。[①]惠安玉埕《骆氏族谱》记录明代中后期本宗族的宗贤，共有文进士一人、武进士一人、举人一人、三考出身三人、荣政十余人以及诸生三十余人。[②]

这种人才荟萃于少数宗族的现象，在漳州地区亦然。如宋代漳浦出了 26 个进士。赤岭乡蔡坑村蔡氏宗族就有 3 名。宋代漳浦“荐辟”出仕者 19 人，蔡坑蔡氏宗族竟占了 15 名。据漳浦县的康熙志、光绪再续志，清代西湖、下布的蔡氏取得功名的频率最高，时称“蔡氏科第，甲于邑中”。清代，漳浦出了 42 个进士，西湖、下布蔡氏占有 9 名。进一步看，蔡氏登科者高度集中在个别房支。进士：蔡世远、蔡云从、蔡新、蔡淮（新胞弟）、蔡善述、蔡本俊（新子）、蔡行达（新孙）。举人：蔡可远（世远季弟）、蔡鸣珂（世远仲弟）、蔡长汉（世远长子）、蔡观澜（世远子）、蔡本樬、蔡超（淮长子）、蔡式廓、蔡本杖（新次子）、蔡本俶（新长子）、蔡兰绮、蔡长汭（世远子）、蔡元宽（新从弟）、蔡本俊（新六子）、蔡行兰、蔡本份（新五子）、蔡开弟（新曾孙）、蔡开昌（开弟胞弟）。[③]

对于这类现象，民间认为这些宗族或房支占据了风水宝地。但如果把“风水”的“水”字去掉，那么学“风”倒是宗族、房

---

① 苏黎明：《泉州家族文化》，第 197—198 页。

② 陈支平：《近 500 年来福建的家族社会与文化》，第 211 页。

③ 郭志超：《读点校本〈漳浦县志〉》，《漳浦文史资料》第 24 辑，2005 年。

族学籍功名等教育效果差异的重要原因。学风除了良好的学习态度，还有正确甚至是优异的学习方法。一个宗族科名连绵，应有可供复制的成功模式。所谓的家学渊源，也蕴藉这种意味。

族学栽培的人才进入缙绅行列后，除了在经济上会对宗族有所回报外，他们也会运用其政治地位和官场人脉给宗族提供荫庇。晋江磁灶林氏家族于清康熙九年（1670 年）控吴氏家族占夺墓山，三年没有结果，后推族裔海坛总兵官林贤出力。“少保公出力，鸣之当道。兴泉道爷李批语：据详肖天造伪图利，吴郎坏人祖墓谋葬，分别徙杖是矣。康熙十二年五月判断明白，然后封树重修”①。

在提高型教育阶段同样十分重视对学子道德教育。学校之学，非止学问，更重品德。“今人才皆出于学校，岂非以养之、豫而教之备哉？士之为学，先立品行而次及于文章”②。泉州《南外天源赵氏族谱·家范》告诫：“子孙……既得出仕，当竭忠报国，抚恤下民，一以公廉勤俭，不得苛虐贪婪。如有赃墨以污家声者，则于谱上削其名，死则不许入祠堂。……亦不许恃身自贵，以骄宗族乡党。所用一遵家范，违者不孝。”读书明理、忠厚正直、忠孝报恩……这些屡屡出现于诸多宗族的家训中。忠孝为则，戒邪警惕，雕琢人品，是宗族对其学子提供的最重要的精神砥砺。儒家思想既是国家的意识形态也是基层社会的观念主流，因此庙堂之高和江湖之远的教育伦理是高度一致的。

---

① 晋江《锦马林氏大宗谱》。

② 嘉庆《惠安县志》卷九《学校·学政》。

第六章

族政：宗族治理的礼法兼济

族政是宗族的族务和政治管理。宗族是基层社会自治组织，政治管理最能体现“自治”的性质。本章所涉族务，主要关注的是以家训族规为中心的政治管理。

家训、族规是宗族的道德伦理为导向的行为准则及其规定，也是载入族谱的重要内容。家训属于礼教的范畴，族规属于法治的范畴。“礼”治违制于未然，“法”治违制于已然。宗族族政的运行机制，就是礼法兼济，以维系宗族社会的正常秩序。家训以北齐颜之推《颜氏家训》最负盛名。“家训”这一名称因历久而俗成，即使是明中期以后开始普遍出现的祠堂宗族的训言，也沿用“家训”一名，这时家训其实就是族训。家训是关于修身齐家的道德伦理倡导，要而不繁。族规是道德伦理的具体规定以及违反规定的惩治方式，目细而详。以礼入法的族规中也有家训的宣教内容。以族长为首的宗族领导层除了主持祭仪和处理例行族务外，礼治和法治是他们控制宗族社会的两大政治手段。

第一节　族政的角色分工与协调

宗族作为一个社会群体要能够存续，就必须按照一定的运行机制来保持它的有序状态。如果宗族的内部秩序遭到破坏，宗族的存续就会发生危机，宗族就有可能解体。明清时期社会行政体制对基层调控的能力日趋薄弱，宗族社会秩序成为基层社会运行的基本方式。

宗族族政行使的基本依据是家训、族规。宗族的基础单位是家庭，在此之上形成房支结构，因此家训、族规的核心是家庭伦理。家庭伦理的核心是孝、悌。在宗法社会，父子关系成为父系宗亲关系的出发点，孝的规范也就成为宗族伦理规范的核心。仅次于父子关系的兄弟关系虽然是横向关系，但封建伦理将之规范为具有纵向的长幼尊卑关系。因此弟要尊敬兄长。由直系扩展到旁系，结合世代，就形成同祖一体的长幼尊卑关系，既要有序又要睦族。依血缘上溯，由孝敬父母而敬拜祖先。这样，整个宗族成员都处于长幼尊卑的系统中。敬上则不会犯上，也就不会作乱。统治阶级试图由血缘组织的孝悌而推广到整个社会，以达到封建国家的长治久安。

一、角色分工

1. 宗子：祭祀角色

宗子就是宗族的嫡系长子。早在商代就确立宗子制度。宋代理学家张载提出恢复宗子法的主张后，宗子的族长地位逐渐被民间社会所接受。明代宗子一般主祭祀又统全族，到了清代宗子只是祭祀的摆设或陪衬。

安溪谢氏家族认为："宗子所以主祭祀而统族人，务在立嫡不立庶也，宗子死，宗子之子立，无子则立宗子之弟，无弟则次房之嫡子立。既为宗子，必谨守礼法，以光先德，族人亦宜推让，毋得轻忽。"宗族的社会秩序基于血缘世系的等级，在直系中，下尊上，这种尊卑逐次扩展到旁系，从而形成差序格局。"昭穆"就是上下代际关系，"亲疏"就是同代的差序关系。许多家族的家谱都强调“敬祖宗而明统绪，辨昭穆而明亲疏，不为不重”，假如抛弃了血缘关系上的尊卑亲疏观念，那么宗族组织和制度便失去根基。[①] 至于嫡长子至尊的宗子制度，是文化观念对血缘关系的强行攀附，不是血缘的上下传承与左右亲疏关系的原生含义。

明代宗子主祭祀甚至兼任族长。南靖奎洋庄氏大宗祠《祭祀规则》，是明万历三十三年（1605年）“十一月冬至日裔孙义顺等公议”，其中的第六条即“祭以宗子为主”。[②] 但到清代宗子的地位大幅下降，闽南绝大多数的宗族由缙绅（即“有爵者”）或族长担任主祭，不少族谱表述为“族中辈分高且德高望重者”。这一转变以缙绅或族长与宗子协同担任主祭作为过渡形式。有些宗族干脆不设宗子。如南靖奎洋庄氏，到清代，其支祠六成祠“逐年冬祭定于冬至后三日，主祭不许纳例，宜用科甲者主祭二人，陪祭二人”。[③] 像安溪谢氏宗族直到清代还继续实行“宗子……主祭祀而统族人”，这种情况是非常少见的。

对此，李光地有这番议论：“古者宗子非世官即世禄，故可以其禄祭而世主大宗之祀。今既无是，则所谓宗子者，或降为氓隶，而不齿于衣冠，既不得逾分而行士大夫之礼，且不知亲暇之文，不任拜跪之事者有矣。权以时宜，须用爵禄于朝者主祭，盖以其分既得具礼，其人又娴威仪也。虽然缁冠饩羊鸡可废，须以有爵者主祭居中，宗子居左，直年者居右，立跪而以昭穆为前却焉，亦连名以致以宗祖之前，是亦酌古准今，无于礼者之礼也。”[④]

李光地关于“有爵者”取代宗子为主祭的主张，有前贤见解的依据。宋代程颢在宗子法方面率先提出“夺宗法”，主张以有

---

① 陈支平：《近500年来福建的家族社会与文化》，第75～76页。

② 苏炳堃主编：《漳州氏族源流汇编》。

③ 苏炳堃主编：《漳州氏族源流汇编》。

④ 李光地：《榕村续集》卷六《始祖祠祭礼略》。

官职的族人代替依嫡长血缘关系设立的原有宗子。[1]

2. 族长：行政首领

清代以后，宗族的管理由族长负责，宗子已被架空。族长总管族务，掌管祠堂，是宗族的最高领导者。宗子不再担任族长，应与明中期宗族开始的组织化、制度化有关。这种新型宗族的族政事务太多，原为自然首领的宗子已不适应宗族社会的发展需要。

（1）资质与选举

宗族的结构是始祖之下分若干房支。理论上，一个宗族每历一代，就有一次房的分蘖，那么哪一级别的“房”才设“长”呢？简明扼要地说，有多少（分支）祠堂就有多少房。这是因为：有祠就有相应的公产和事务，这就需要设房长来管理。另外，各个宗族还根据具体情况，设立一些族长的助理人员和各种专职经办人员，协助族长工作，司掌族中的各项具体事务，诸如管理祠堂、管理祭祀品、管理族产等。房长通常是这些族长助理和专职经办人员的自然候选者。

清代闽南宗族中，族长、房长是公推而不是世袭的。在专制集权的封建社会，宗族社会既以尊卑有序为主导，又以有限民主而兼行，这的确是耐人寻味的。清代闽南一些谱牒资料显示：族长、房长必须“齿德”俱尊，即辈高、年长又有德行者。族长是宗族规约的首席执行者，其德其能，关系到宗族兴衰和族众命运。因此，公廉干练、持重安详的长者，才适合担任族长。唯有深孚众望者，才可能肩负敬宗收族的使命。有的宗族甚至将族长唯德是举的原则，写进族规。南靖书洋五更寮陈氏宗族[2]，其民国重修的族谱载有族规，第一条即“择家长”：“择家长，良秉

---

① 《二程外书》卷十一。

② 书洋五更寮属闽客双言区地带，陈姓原是“客家祖”，从宁化经永定迁入南靖，于明成化元年（1465）开基五更寮，至晚在清代后期已闽南人化，居于山上的他们与山麓的萧姓等闽南人通婚。

政，国家为之兴隆；正人规族，宗派为之整肃。事虽大小，所系均也。……近世滋伪，人心不古……吾族中当择其端正有德者为族长，选其醇笃谨守者为房长。”

族长、房长行使族权的有效性，主要在于他们的品德和能力赢得族人敬服。《紫云黄氏家谱》载：“荣好公……兄弟三人，式好无尤，竭力奉亲先意承颜，事上接下，肃雍和睦。一庭之内，有古唐虞风矣。其持己也端方，其待人也宽恕，孝友施于有政，乡邻仰其风规。凡在族党中有忿争不息者，公虽不假以辞色，然闻公至而辄止，则有讼结公廷者，公亦以理喻之，使无终讼。人人敬服，感戴其德。由是一乡之中，闻风向慕，守法奉公，敦孝悌，勤田力，井里睦，相友相助，至今其里又称仁里焉，殆公其首倡之。”同书又载：“荣如公……公起治家政措置有方，二三十年间月溢岁增，顿形腴润。援例授成均太学构屋宇，造书斋延师课读，书声不辍，约计置田地三百亩，山场一百数十号，获资不下万金。而公之所以丰殖者，商贾不劳，惟是敦朴俭务精勤，不汲汲以贪营，只循循于节次，不啻行其祖无事焉。公艰于息嗣，有胞侄四人抚如己子，与弟同居至老无闲言。”[1]

如果宗族缺乏深孚众望的德才之人，那就退而求其次，慷慨好义的殷实之人，往往能赢得族众公推而为族长。这类人常载入方志的“义行”或“乐善”。如乾隆《泉州府志》记载：“萧铭……晋江人，敏慧有心计，与时伸缩，居积致富，所酬酢多合宜，课仆力穑以为储蓄。……建祠宇、置祭田，遇匮乏者周之，桥梁圮坏者修之，丙申丁酉岁大饥发粟赈之，郡太守深褒嘉焉”。“何元选……晋江人……壬癸之交，倭乱岁饥贫民逃入城中，殍者枕藉。元选会巨族出粟哺饥，全活千计……置祭田，营祀屋，建乡塾，召子姓弟侄，耕者受器，读者受书”。“黄一复……安溪

① 苏黎明：《泉州家族文化》，第161页。

参山人……见黔黎离散居室焚燎，则出资缮土堡，招辑流移贫者，给其衣餐，渐次复业”。“骆钟岳……惠安人……每遇岁歉则分赡匮乏者。雍正己巳惠大饥，疫盛行死□藉道。钟岳先计族人按口授粟”。“王纶礼，南安人……慷慨好施，与族戚里党积年借贷不下两千金。一日悉取其文券火之，不责偿”。[①]

族长应是伦理道德的楷模，也是睦族纾难的砥柱。清顺治三年（1646 年）“土贼窃发”，作为长泰县善化里林氏宗族的士绅，“林承芳易寨垣以石，鸠本约十三寨，练结士兵，保卫乡里”[②]。此处虽未点明林承芳的宗族角色，但能率众修寨，甚至纠集乡约之众，他必是族长无疑。晋江塘边《龙渊蔡氏族谱》称：“族首孝沫……素慷慨好施……岁歉，族中不能举火者按口而日给之粮，全活甚众。”晋江安海《鳌西林氏家谱》云：“尹权……公为族首，济困扶危，怜孤恤寡，人徒知为美事，唯公独肩而行之。岁辛巳泉荒……公推举族中之周者而济之，由是族慕义共为周给。”明崇祯年间，泉州洋塘杨氏宗族的族长杨近唐，“当海气未靖，征徭不息。公与孺人劳心焦思，佐先祖伯为都约主事多年，设施以一身支撑，其间戚族乡闾，赖以安宁”。南安《延陵锦霞吴氏族谱》载：“光绪洪濑街头黄申居盗葬坟墓，并混占山界。各房房长发奋呈抗。黄申居即请各族绅耆立约将他坟迁起，勒石界址，约章寿文序谱首。”[③]

（2）理政与依法

族田族产的收入管理之权，属房族者掌握在房长手中，属宗族者则掌握于族长之手。族长、房长不仅掌握着族产的经营管理权，如置产、招租、定约、轮换等事宜，而且负责分配，将这些收入用于宗族的有关活动。族长、房长还要做分家析产、房分过

① 乾隆《泉州府志》卷六十一《乐善》。

② 乾隆《长泰县志》卷六《兵防志·堡寨》。

③ 参见苏黎明：《泉州家族文化》，第 162 页。

继的裁判和公证人。宗族举办的各项活动，凡只涉及房族内部的，则一般由房长负责，凡涉及全宗族的，则通过族长、房长会议，由族长裁定。每年春秋祠堂祭祖，清明祭扫远祖，尤其是始祖墓，都由族长主持。祠堂之修建，族谱之修撰，族塾之设办，神明之庆典，族规家法之制订与修订，以及族中各种公益事业的举办，诸如修水利、筑道路、造津梁、建凉亭等，都属于族长总理。即使有关具体事务系由专门的经管人料理，但经管人仍在族长督察监管之下。

族长掌握宗族司法裁判权。族人违反族规、国法，族长须会同房长和缙绅审理，违族规者依家法惩戒，犯国法者报官，由官府审判。

从晋江施氏宗族的族约，可见族长的一些日常职责：

> 一，族中既立有族房长，事可质平，皆当据实秉理，会有爵者诣大宗祠，平心剖析孰是孰非，大杖小罚，就祖宗前释怨修好。倘强悍罔从，逞凶兴讼者，通族公讨，正暴戾也。
>
> ……
>
> 一，婚、丧……族房长察其果限于贫弗克自举者，就公项会族量助，务令速举。若冒费不速举，本人杖，族长赔偿，通周急也。
>
> 一，士农工商，各宜勤俭……设有不肖子弟弃生业，结匪类，开设赌场，放头罔利，致诱子弟破家辱身，殊可痛恨，以后族房长稔知放赌账目，不许取讨，仍会族众赴大宗祠戒饬，令其改过自新，不改者送官究治，除稂莠也。
>
> 一，闺门最宜严肃礼，男女授受不亲……设有不幸，帷薄不修者查确，房长会族众，男从重究处，削去生庚，女不论有子无子，逐回母家，扶风化也。
>
> 一，分家业，必会族房长均产业、定公阄，父母毋私所

受，兄弟无专己有，违者罚金充祠，杜争竞也。

一，子孙见尊长，当循循执礼，不可倨傲鲜腆，以尔汝相呼，或有过受呵责，不论是非，俱应俯受，如果理是，亦当徐徐白诸尊长，不可使气忿争……重敬爱也。[①]

3. 士绅：政治权威

士绅在社会上有较高地位，交游广泛，具有比较成熟的领导能力。他们与宗族组织的紧密配合，有效提高了宗族族务的工作效率。

从方志和族谱中，可以看出士绅在宗族事务中的重要作用。《泉州府志》载："潘新图，字南仲……雍正壬子举人，屡春官，为人敦孝友尚气谊，宾朋会晤，从无疾声厉色，族中长幼皆遵其约束，有相争者，辄舆判解，皆慑服，邻里有竟，亦来取决。数年中其乡绝迹公庭。"[②] 在祠堂、祖茔修建等重要事务中，士绅的作用举足轻重。安溪湖头李氏宗祠的修建，清初大学士李光地就是一个有号召力的倡导者。[③] 晋江龙湖衙口施氏宗祠，始建于明崇祯年间，清顺治迁界时毁，康熙年间族人敦请施琅出面，重新修建。[④] 清嘉庆时，惠安县教谕林清标"鸠兴、泉、漳林姓之人，重修建墓庵（按：指晋将军晋安郡王林禄之墓），募人看守，竖坊墓前，匾曰闽林始祖"[⑤]。《南外天源赵氏族谱》云："官爵公，名足食，同治壬戌选贡……家资十余万，建祠堂及第宅多座。……公不惜金钱，不席先人余荫，好延师笃课，子孙昌盛，多入庠序，置田园宅第之多。"此外，如前所述，族谱修纂也多赖士绅之力。

---

① 晋江《浔海施氏族谱》天部《族约》。

② 乾隆《泉州府志》卷六十《笃行》。

③ 陈支平：《近500年来福建的家族社会与文化》，第79页。

④ 苏黎明：《泉州家族文化》，第163页。

⑤ 嘉庆《惠安县志》卷三十四《古迹·茔坟》。

祭祀礼仪活动中，士绅所起的作用更为突显。尽管祝文、祭文有通行的范式文本，不一定专门撰写，但唯有良好的文化素养，才能胜任各种祝文、祭文的唱赞。有功名者在祭仪中参与主祭，被视为宗族的荣耀。南安梅洲陈氏宗族规定主祭由年长者与有功名者轮充，“盖礼有三献，初献以临祭，年长者主之，次献以有爵者主之，终献则以宗孙主之，则庶乎长长贵贵，重宗之义一举而兼得也”[①]。

涉及宗族的乡约，士绅同样起着很大作用。晋江青阳庄姓为巨族，二十七、二十八都于石鼓庙设约所，进士庄用宾“以忤时宰，落职家居。……嘉靖乙巳岁，予丁外艰而归，闻其为约正。……率乡人行乡约”[②]。安溪湖头李光地父子叔侄多人为宦，地位显赫，李氏家族成为显姓世族。李光地撰写《同里公约》、《丁酉还朝临行公约》，力图使地方乡族事务归纳到李氏宗族的有效控制之中。南安英都的洪氏为该乡巨族，洪默斋“躬率族人修上世坟茔，新大宗祠，倡邑士新孔子庙，厘乡规，定祭仪”[③]。惠安埔塘孙氏，“惠安望族，子姓数千人聚居”。孙经世“严立乡约，薰德善良，其族遂称仁里焉”。[④] 安溪人官献瑶，乾隆四年（1739年）进士，积极推行乡约，“尊时制以定仪式，立乡规以教宗人，置义租以恤亲族之贫者”。

宗族之间发生冲突，出面理论者更非士绅莫属。惠安张坂骆氏宗族，于明代崇祯年间与杨氏宗族互控占夺坟山，合族公举“生员骆廷梅、日高、日晤、日异、日泰……往县再控”。嘉庆年间晋江薛氏宗族与郑氏宗族互控占夺坟山，公举举人薛龙光为主控人，而郑氏宗族亦公推举人郑和钧与之对控。甚至宗族械斗、

---

① 苏黎明：《泉州家族文化》，第166页。

② 粘良图：《晋江碑刻选》，第52页。

③ 陈国仕辑：《丰州集稿》卷十三，南安县志编纂委员会1992年印。

④ 道光《惠安县续志》卷七《人物上·儒林》。

抗交钱粮等不法之事，亦有不少士绅为首滋倡。[①]

士绅在宗族和乡族中的作用也要受制于国家。士绅既依附于国家又根植于宗族，“平衡”于两者之间是其常态。[②] 当宗族利益与国家利益一致之时，士绅在宗族和乡族的作用得到官府的鼓励。明朝嘉靖以后，闽南许多宗族一度掀起建立武装、修筑土堡的热潮，首倡者绝大多数是士绅。如云霄进士林偕春，卸任回故里后，为创建乡族武装建言献策，他说：“……云霄，户不下数千，其民勇义，习于战斗。近一二年间，已闻有破贼威声，贼亦闻之而怖。吴平之弯悖，所以不敢直窥漳州而至者，恃有此为止屏蔽也。诚能绥之以恩，鼓之以义，联之以信，则人自为战，家自为守，敌无所窥，而因以为漳南之保障。”[③] 如果官府认为士绅参与族政而有碍国家利益时，就会加以约制，甚至明令禁示。清代《福建省例》的“禁革生员公呈保结干预官事等款”中有“生员不准派充族房家长”的规定。[④]

为了能清晰地分析问题，我们将族长与士绅分述。实际上，有些宗族，士绅本身就是族长。从上引的清代《福建省例》可见，士人任族房长已是或曾是一种社会现象。但在这项“禁革”条例中没有提及缙绅，这大致可以说明退休官吏一般不会屈就族房家长，他们通常只扮演宗族的政治权威和智囊角色。

---

① 陈支平：《近500年来福建的家族社会与文化》，第79～80页。

② 陈支平指出：“家族不论在道义上，还是在现实中，都必须与官府统治保持一定的平衡和协调。这种平衡和协调工作，一般是通过家族内的士绅和知识分子来进行”。“（在国家和家族的）双重的身份和利益关系，导致这些乡绅士子们能够在协调官府与家族的关系方面发挥重大作用，同时也使官府与家族之间的关系更加微妙化、戏剧化”。（陈支平：《近500年来福建的家族社会与文化》，第102页）

③ 林偕春：《云山居士文集》卷三《书·与唐麓阳太守书》，漳（内）书1998年，第62页。

④ 《福建省例·刑政例》。

二、族政协调

族长在行使权力时，虽然必须秉承敬宗收族精神。但是宗族内部的大小宗之分，各宗各房发展不平衡导致的强宗强房与弱宗弱房的差别，以及族长和士绅们本身社会政治经济等方面地位的不同，都有可能对于公正行使族权产生某些影响。因此，如何平衡和协调家族内部各房各支甚至各个族人的意见和利益，是维持家族内部团结和稳定的另一重要因素。为了贯彻族众平等原则，不少宗族的族规家法都明确禁止族中倚富欺贫、恃强凌弱。如泉州《太原王氏家谱・族规》云：族人“毋得持强压弱、持富凌贫、挟贵欺贱，有一于此，均得罪于祖宗，众共击之。”[①] 这正是反映宗族内部平衡原则与平等精神的诉求。

族长固然有权对某些宗族事务作出自己的决断，但在更多的场合里，宗族内部的事务处理，一般都在族长的主持下，采取“众房公议”的形式，以尽可能地征取更广泛的赞同意见。特别是族中事关祠堂坟墓或全族利害的事，以及对族人违犯族规家法的处罚，不能只由族长处理，必须把族人召集到祠堂，族长主持讨论，族人也可发表意见，最后作出决定。决定通常以契约文书的形式公诸于族众，然后加以实施。这样做可以尽可能地获得族众的广泛赞同，减少族众的异议和不满，有利于决定的贯彻实施，有利于维持宗族社会的稳定。不过，通常较少采用族众共议的形式，而是采用每房派代表若干的“众房公议”形式。安溪县档案馆存有一份民国时期刘姓的《若乾家族会纪录》，即该家族处理各种事务的会议记录。其中《若乾家族会章程》云：

第一章　总则

第一条，本会定名为若乾家族会。

---

① 苏黎明：《泉州家族文化》，第160页。

第二条，本会以处理本房公共事项，促进家族进步为目的。

第三条，本会假建安祖宇为会所。

第二章　组织

第四条，凡本房人年满二十岁者，均为本会会员。

第五条，本会设理事七人，并互选常务理事一人，组成理事会，办理本会日常事务。理事人数各房分配如下：长房二人，二房一人，三房二人，四房二人。……

第八条，理事会分设总务、财政、祀祭、福利、调解等股，各设股长一人，由理事互推兼任之。

……[①]

成立于民国时期的刘氏若乾家族[②]会，虽然在章程、名词等方面带有某些现代的色彩，但其众房合议的形式，无疑是闽南宗族处理族务的通式。

在族、房长的主持下，宗族联席会议取得一致意见后，形成决议，这些决议多以契约文书的形式公诸于众，付诸实施。

会议所涉及的范围是十分广泛的，不但有建祠立庙、置产买业、婚嫁丧葬、继嗣抱养、分家析产、斗殴争论，而且还有兴修水利，组织生产生活活动等各个方面。由于宗族内部的许多重要事务经过这种协商的形式来解决，这样就在一定程度上体现了宗族内部的和睦相亲的关系，或者说是一种比较平等的关系。宗族内部事务的管理，能够比较正当全面地反映了宗族成员的意愿，这对于增强宗族内部的凝聚力是很重要的。我们通常所讲的“族

① 陈支平：《近500年来福建的家族社会与文化》，第88～89页。

② 刘若乾所属的刘氏家族具有房族结构，依笔者拙见，实际是宗族，据“理事人数各房分配如下：长房二人，二房一人，三房二人，四房二人”，即明矣。

长”，其概念往往非常宽泛。族长之下有各级房长，还有士绅，甚至还包括经管祠堂、族田、祭祀等具体事务的董首、经理，他们参加宗族议事活动。族长集思广益，择善而从。因此，在实际的集体领导的运作中，族长是宗族领导层的代表。

第二节　宗族的教管和司法

闽南各种族谱中所记载的家训族规的具体内容虽然差别很大，但就其内部管理的最基本的精神，不外是“敬宗”和“收族”两大方面。敬宗就是强调传统的追溯，建立宗族血缘关系的尊卑伦序；收族则着眼于现实和未来，实现族人相亲相助，宗族聚而不散。因此，闽南宗族所制定的各种族规、家范，大抵都有敬祖宗、重宗长、禁犯上、睦宗党、重师友、重继嗣、安灵墓、凛闺教、重藏谱、恤患难、急相助、惩小忿、禁欺凌、禁乱伦、禁争讼等诸多内容，[①] 但可归纳为孝悌、敬祖、齐家、睦族四项基本内容。

宗族除了有牢固的内部团结之外，还必须树立一种足以夸示乡里的宗族威望。树立这样的威信需要多方面的努力，在族规家范上，则是强调宗族道德和行为的纯洁性，以及禁止族人有违伦理道德的悖逆行为。这些规约，既可维护本族在地方社会上的声望，还可以在一定程度上防止族人因行为不当而获罪损家。

族规家范中所体现的核心精神即敬宗收族。族长据此来衡量和判断家族成员的日常行为，以及对违法的族人的惩处。当宗族成员触犯宗族基本精神和行为准则时，族长拥有司法审判权。然而，族长随心所欲地支配、惩处家族成员这类事，闻所未闻。如果一个宗族长期存在着族长利用族权非理性地滥行权力、欺压族

---

① 陈支平：《近500年来福建的家族社会与文化》，第82页。

人，要么这个族长被罢免，要么这个宗族不能存续。[1]

一、礼法兼济

族长行使族权，[2] 应代表族人共同的意志，这可以体现在族规对族长的要求以及监督权和罢免权。族长行使族权必须以族规家法为基本准则和依据。鉴于制订族规家法的时代背景、宗族所处社区的人文环境、制订者的文化素质等方面的差异，闽南宗族所制定的族规家法，千差万别，但是敬宗收族是根本目的，孝悌、敬祖、齐家、睦族是族规家法的基本内容。

宗族的治理，礼治为主，法治兼行，以礼入法，礼法合一。即使实施法治，仍以息讼睦族为目的。有些著述之所以夸大了宗族法治，在于不清楚国法框架下的宗族司法的受理范围，基本上只是诉讼、民事案件以及轻度的刑事案件。族人触犯族规家法时，族长须会同绅士以及房长一起公议。绅士和房长相当于陪审团，他们的意见能有效防止族长执法的偏颇。

永春达埔官林李氏家族的《族规十章》，是闽南宗族中较有代表性的一套族规：

> 国有律，家有规，所以维纲常于不坠，为人道之大防。我祖宗有家训，皇皇在谱，子孙所宜敬谨率由，乃不歉世家风范。然恐族大丁多，不能尽喻。兹特遵祖宗之意，著为重要十章，大伸昭布，榜于家堂，使触目惊心，百代永遵。有故违者，众共诛之。谨列族规于左：
>
> 一，祖宗祭祀，必诚必敬，入庙致祭，必具衣冠，以尽

---

[1] 陈支平：《近500年来福建的家族社会与文化》，第84页。

[2] 族长在很多场合实际上是宗族集体领导的代表，无论是族务还是司法，族长与房长、绅士密切配合，共同负责。房族的房长实际上是本房族的族长。

追远报本之义，不许苟且，亵慢先灵。而祖茔、荫树，必互相护，不许砍伐戕伤。如故犯，拿赴祠堂重责。

一，父母之恩，昊天罔极，凡为人子，务尽孝养之道。不许溺爱妻孥，忤逆弃养。不孝之罪，天地不容，人神共愤。如有此等，众共诛之，不许入庙，不许入谱。

一，兄弟为天显之亲，同是父母分体，务尽友恭，以成孝友家风。不许听信妇言，相争财产，致有阋墙之诮，骨肉相残。内无以对父母，外无以对亲朋。众共革之。

一，伯叔长老，族中之尊，固宜各自尊重，为子侄模范。为子侄，必守敬恭之道，如有卑幼抵抗尊长，出言不逊，制行悖戾者，姑悔之，不悛，拿赴祠堂重责。

一，夫妇为人道之始，不幸丈夫早殁，如能守节，人所共钦。苟无所倚赖。原不禁其再醮，惟改节，必出外姓，即嫁出不许仍回配本族，或招本族之人相与，禽居兽处，盖本族非叔婶侄妇，即弟妇兄嫂，干犯伦纪，大坏人道，不许入庙，不许入谱，众共革之。

一，族者，凑也，聚也，一本之人，相凑而聚，生相亲爱，死相哀痛。凡族中有喜、有丧，务宜相率庆吊，以笃亲情，不致同根同本，引路人之诮。

一，同族之亲，原有互助之义。宗人有力业安分，贫不能婚、丧不能举者，宜会议助之；或有俊秀子弟，无力求学者，更宜之设法栽培，以成其才，所以笃亲谊而厚民风也。

一，诸妇必安详恭敬，奉舅姑以孝，相夫子以礼，笃妯娌以和，无事不出中庭，衣裳务宜朴素。如其淫狎，亟宜屏放。若妒忌长舌者姑诲之，不悛出之，勿溺爱姑息，败坏家风。

一，兄弟叔伯有无后者，甘以己子为嗣，固甚可嘉，然必昭穆相当，会房亲共立继书为凭，方许承其业产，不许借

> 双承，挂名神主，致滋争端。
>
> 一，族中子弟，士农工商，原有正业立身，可以兴家。不许执业过贱，败坏家声，以辱先人，又不许开赌藏盗，作奸犯科，贻害不浅，众共革之。[①]

宗族在日常生活中较常遇到的问题也会在族规中体现，如泉州浮桥榜头吴氏宗族的《族规》云：

> 吾族一片平原，前人遍植荔枝，正为祖宗坟茔，子孙庐舍，树其屏藩。各乡无碍隙地，未栽者，不妨多栽。既栽之后，不许擅自砍伐。若擅自砍伐，将红柴充公，本人押到祠堂戒饬，砍工议罚；或因起盖厝宅，宜先报绅董蹈勘，果于厝场有碍，始听砍伐，随时酌充公钦；如树自枯死，亦宜报公，始听掘起再栽。若有不肖绅耆，受树主私赂，许其砍伐，察出重罚，终身不准入祠，而祖宗亦阴谴之。
>
> ……
>
> 吾宗聚族而居，当念一本之亲，笃宗族以昭雍睦，不可因微嫌细故，顿起争端。有以逆相加者，投登绅耆理论，毋速我讼；亦不得割毁五谷果木，夺牛破屋等情，违者以犯族规公罚。
>
> ……[②]

可能是荔枝树砍后的“红柴”，有特殊商业价值而能卖出高价，致使宗族的荔枝树常被族人盗砍。此外，“地主”与“树主”不是同一个人，“树主”伐卖荔枝树也就不足惜。因此，吴氏宗族为保护宗族的利益，将禁止擅伐荔枝树列为族规之首，另外也有“不得割毁五谷果园”的规定。

---

① 苏黎明：《泉州家族文化》，第157页。

② 苏黎明：《泉州家族文化》，第157～158页。

即使是属于法治范畴的族规，也兼糅教化内容。上述的吴氏宗族族规，在“不得割毁五谷果木，夺牛破屋等情，违者以犯族规公罚”之前，则有“吾宗聚族而居，当念一本之亲，笃宗族以昭雍睦”。其他诸如“孝悌为人伦之本”、“耆老为乡中表率”等，皆系礼教。

礼治为主、法治兼行的宗族治理特点，典型地体现在上述李氏家族的《族规十章》，而南靖书洋萧氏的族规几乎全以礼治为范，是家训宣教的细化或具体化，很有特点。自清康熙就徙居台湾的书洋萧氏族裔，如今早已成为台湾一大望族，他们编纂的族谱保留有传自书洋祖家的《萧氏家规》。其云：

一，严训八诲

凡子孙而能言行之时，即教之以安详、恭敬。至七岁以上，使之出就明师，读文公《小学》，务要讲解明白，使其知孝、弟、忠、信、礼、义、廉、耻等事。其秉性聪明者，加读四书五经，古文左史，无不习读，此志远大者所当然也。否则一书用之不尽，要必得之于心、体之于身，无为句颂词章之学可也。若夫女子则自幼教于妇德、妇言、妇工、妇容，其品貌天性若有过人者，使其读烈女传，庶乎长大适人，必知所以执妇道矣。

二，重礼教

凡冠婚丧葬之礼，人生始终之事必矣。世人不悟，至于丧祭。每酷用浮屠，而礼教为之大坏，哀哉！吾曹氏琚始向学时，即去浮屠不事久矣。其以礼义节文，虽为能悉，而于先哲遗范亦不敢违。今后凡遇吉凶之事，要当一一遵用文公《家礼》，厚其宗族，凡遇宗族有凶吉之事，要各行吊庆之力。或困乏罹于患难者，族之贤而尊者，宜倡议率众，随家厚薄各出所有以周济之，惟务实用。不惑于世俗以事斋醮，致令费出无经，何益之有？其惑族人被人非礼陷害，则必协力以教之，救之则必退逊而避之，避之不得而后赴诉于官，听其常法处之。若自己为非，招人凌辱，则当先自痛责，然后从容婉曲为之求解，慎勿恃勇相斗，无曰彼来先施也。我有宿怨也，率之坐待其毙，悔无及矣。

三，崇敬爱

凡为子孙弟侄者，呼父母必怡颜悦色，事兄长及伯叔必谦恭，游息偶坐随行，时而侍侧，不问则勿言，不命则勿坐。凡称兄、弟、伯、叔、侄、嫂、婶、姊、妹以及亲戚，必以行辈，有呼而对则以应。授之以诫则克勤克慎，命之以事则奉行不违。有所训诫则听，受而服膺之。或有理之责，则勿较其是非。如遇父母有过，则微谏，或有不听则托诸母及得意族人而达其情，毋忌讳以陷亲于不义。毋妄言以激亲之怒，而自取悖逆罪。至于父母、叔伯、姑、侄、姊、妹，无不皆然。乃若抚之以恩，与之以均，接之以礼貌，则居长者所当然也。

四，守俭约

凡俭约最为可久，今日世俗侈靡，耗一小物则失敦厚，如衣服必以布帛为重。子弟当弱冠以前，毋令罗纱绫缎锦绣色衣，既冠而贤则量给一二，以为吉礼出入之用，不贤则毋给。然虽贤德子弟，其于平居无事，亦不许衣也。至于日用饮食，以菜蔬重。故不得私以酒食自娱，必有故而设。然常事馔不过四五品，酒不过六七巡或十巡而止。宾重则馔用倍之而酒必如数，或有不常之会则设馔。亦必斟酌丰约适宜而已，决无染习世态，以致杯盘狼藉，费出无经。乃若奉养父母，则竭力于其当为又在禁也，轻重其慎择之。

五，劝生业

凡生业不可少废，子弟至十五以上，择其聪明者责之儒业而赀其费，俾得专业。又必择贤师益友亦正其从违，庸下者则令其或务乎农，或精乎工，或经营于商贾，各占一业，务其成效。妇人则专纺织，以供衣服。其或饱食终日、无所用心，以至老死牖下，终无一善成名，岂不惜哉！凡其所图生计，又要一一循乎天理，否则今日虽寻，异日必失之。不可慎欤！

六，肃闺门

凡闺门不可不慎，妇人鲜知礼义，为其夫者必以平居之时，先以正导之，如姑舅则先系之以敬，待妯娌则先示之以和，御婢妾则先示之以慈，鞠儿女则先示之以爱，待骨肉则先示之以勿薄，闻妖邪之说则示之以勿惑，遇外来之事则先示之以尤，必严其内外，谨其出入，有不善者，小则小斥之，大则大斥之，而皆待之以恕，使其得以改之。其惑甚焉而有害于大伦，则必割爱，以全之斯亦不知为过。

七，恤孤寡

凡孤儿寡母，世之大不幸也，君子之所悯也。吾宗族不幸有如是之人，必仁而抚之，礼貌以遇之，视其缺乏以周济之。至于当时之财产而勿侵，倘来之苛孤则勿扰，其或为之孤者，父母俱亡，年龄尚幼，须鞠养之，如己所处。寡而无子者，志坚守节，尤当加敬，为之求嗣其后可也。

八，厚姻戚

凡待外戚，不可远近有间。妻氏亲属既厚待之，父母之亲尤所当厚。至于祖父母及伯叔、兄弟之亲，亦不可薄，如接遇之情，以馈遗之仪，吊庆之礼皆不可忽。富贵者毋亲弃于贫贱者，贫贱者毋怨望于富贵者，各自尽其情而已矣。

九，睦乡党

凡处乡党，当以古法，出入相友，守望相助，疾病相扶。乃若以强凌弱，以众暴寡，以富吞贫，横暴者以欺其良善，此后世之弊，最为可戒。或有非礼以加我者，则避逊之而勿较，其或不得已不得避，则国有常宪，不必私与之争。孟子所谓：行有不得者，反求诸已而已矣。

十，御奴婢

凡待婢仆当善御之，寒则给之衣服，饿则给之饮食，用其所长而不责其所短。如或顽惰，且悔谕之，不可过责，轻则少加呵责，重则菙之数下，不可深菙。责之后，呼唤使令辞色必如其常，以释其怨。或狠戾狡猾之徒，察其全不堪用，早宜遣去之，慎勿因循久留，致生他衅。又当禁约于子弟妇人，不许辄因小失，鞭挞童仆，婢妾有过，则告之家长为之行责，毋怀恨不发，使其畏罪不安。

十一，供赋役

凡民之供乎上者，赋与役也。每岁该办钱粮必须及时缴纳，苟迁延怠缓，致里胥往来催偿，甚则必取官府鞭菙之辱。至于差役之来，度其果相应也，则依期趋赴，或重大而家力不堪，即当顺其情而控诉之，苟或怠玩，则文书已行事更难改。抑或期限已过，则必误事，而法自不容，提锁囚系之忧则势必所至，岂不益取辱矣哉！乃若在官，钱粮慎勿兜揽，万一有失，必至鬻产赔产，所损多矣。

十二，遵规戒

凡家训盖将用之以后，古人敦睦之风期吾族人世守而行之，或有不悟而违之者，则当以时祭既毕之余读家训时，家长举而责之，如改则恕，不改则玷家声，就于族谱内削去名字，却于谱传之中略记其削之故，庶其知所警云。

与充斥着一些厉辞鞭影的族规相比，书洋箫氏族规多温文而少严辞，即使是惩治，也未见族规通常出现的“押诣祠堂”、“杖责”、“拿赴祠堂重责”。这种宽和的族规，在南靖书洋上坂黄氏宗族族谱也有很好的体现。较之文辞烦琐但雍容娴静的萧氏族规，上坂黄氏宗族的家训族规简朴并飘逸着田野诗意。上坂黄氏宗族族谱没有明确的族规文字，他们的族规融合在三款规劝里：

劝族人慎终追远不忘根本

父母恩深真罔极，祖宗阴护也难忘。洵知余庆前人积，始见流芳后胤昌。

冬月食亲温枕席，春秋祭祖举蒸尝。譬如泉水无源头，那得其流有许长。

劝族人尽孝

人生父母最难求，生养劬劳日夜忧。热扇寒温思子苦，疾医病保想儿愁。

儿干母湿恩难报，父劳娘衰尔可酬。孝顺决然天地佑，生生世世孝儿流。

劝族人分业要和睦

兄弟同胞一生脉，祖宗遗业不须争。一番相爱一番老，再有几年作弟兄？

上坂黄姓原系客家人，明代到此地开基时，当地已有陈、江等姓闽南人居住，到清代，他们已闽南人化。黄氏族人的“悌”集中体现在分家析产上。虽然三款规劝言辞简约，但孝悌无遗、敬祖突出，已经将宗族的核心观念彰显。

二、宗族司法

1. 理讼：息讼解纷为尚

以“礼为先”、“和为贵”的睦族原则，是宗族治理的基本理念，尤其体现在族内的息讼解纷上。

宗族内部难免有各种矛盾纠纷，诸如分家析产、婚嫁丧娶、宅地墙基等。对此，宗族的基本原则是“息词讼而睦宗族”。《桃源庄氏族谱·族规》云：“礼曰：尊祖故敬宗，敬宗故睦族。明人伦，必重宗族也。人之有宗族，如水之有分派，木之有分支，亲疏虽有异等，而其本源则一也。既属亲族，当孰族谊，冠婚相庆贺，丧祭相慰悼，疾病困穷相扶持周恤，一家宗族，庶克敦笃焉。”这是具有代表性的关于睦族的倡导。在宗族看来，首先应尽量避免族内纠纷。倘若一旦发生纠纷，“须听凭族长、房长及明理族属代为处分”。纠纷发生后必须及时向族长、房长报告，由族长、房长来调节评判，“勿言于异姓，勿讼于公庭，但告于房长，群往而理论之，原情而解释之，房长不能则投族长。若本宗有急难而勾引外人作祟者，群攻之”。在宗族组织看来，族内纠纷既不应言于外姓，亦不应讼于公庭。“鼠牙雀角构讼公庭，即与邻里乡党犹属出于无奈，况宗族乎。既为族亲当敦族谊，事无大小当告族房长以及族亲，听其调处”。如果不经族长、房长，径自报官申理，则被视为亵渎尊长，蔑视族权，将会受到族长的处罚。对于户婚、财产继承和土地纠纷等，族长、房长拥有仲裁权。族长、房长要依据族规家法裁决，主持公道，不可有偏袒。“为族房长者，不得徇情偏袒以致成讼。或不遵议构讼，族房长将事之颠末，直陈于官，以俟公断。如此宗族和睦，而讼端或可息。勉之，戒之”。①

2. 宗族司法权威

对于族内违法犯罪行为，宗族内先行审理、惩戒，必要的话，乃禀告官府。这是宗族司法的基本程序。从上引《桃源庄氏族谱》所述的“勿讼于公庭，但告于房长，群往而理论之，原情而解释之，房长不能则投族长”，可知：宗族司法实行国法框架下的房、族二级调解和审理制度；宗族的私法与国家的公法，形成整个社会的二级司法制度。

宗族对于司法的优先权，缘于文化因素。宗族社会讲究“家丑不可外扬”，以免辱没家门，给宗族脸上抹黑。宗族内部的纷争，应在族内自行解决，“果有不平，会族评其曲直，免扰官司。

① 苏黎明：《泉州家族文化》，第150页。

若无甚利害，则幼当让长，卑当让尊，各相含忍，勿致争斗，以取不义之名，为人耻笑。昔夷齐让国，寿及让死，国与死且可让，况区区土地金帛乎？且财物有命，不可强求。明理者，其细思之”①。宗族能够自行处理内部的各种矛盾，表明本族具有自我管理与调节的能力，显示了宗族的团结与力量。这对于树立宗族的声望，提高其社会地位，是很有现实意义的。另一方面，族人也希望彼此纷争族内解决。至于诉诸官府，乃属下策，不是万不得已，不会冒此风险。

某些较大的问题，族长一旦作出裁决，双方还要立约签字。如南安王氏宗族的《太原王氏家谱中》，就记载着一则宗族内部的房宅地基纠纷及其经宗族处理后立下的合约。该合约云：

立合约本族王文顺公、王金保公二房嗣孙等。原有肖宅屋基一座，前近文顺公祖屋后龙，后近金保公子孙祖屋上手花台，有碍肩腋。有肖宅将此本屋一半出卖与金保公子孙为业，又一半出卖与文顺公子孙为业。为因两家争论墙基有碍两家风水，托得族长、亲识人等凭公理论，二家各体本族叔侄亲谊之情，即将老墙基做进当众理石起底为界。所有肖宅屋基二家俱有文约。今凭众议，本屋基只许荒废，余宅以为空坪，二家不得蓄木栽菜架屋，亦不许锄低担进，久后两家不得侵占等情，如有此色，许二家执约公论。今来二家甘心意允，各无反悔，欲后有凭，用立合约二纸，各执一纸，永远收执存照。所有屋基空地从文顺公祖屋后花台墙旁路起量，至金保公花台肩腋理石条止，共计五丈八尺，计高五尺五寸，石条横二丈二石宽批照。

康熙癸丑十二年二月　日

立合约王文顺王金保子孙　一彪　用予　宜详　周候族

① 苏黎明：《泉州家族文化》，第147页。

长子住子谟　亲识杨步元　杨丽如　代字人　赞生。[①]

这是一起经由族长主持、族亲参与的“凭公理论”，纠纷双方接受仲裁，协议了结纷争。诸如这类的纠纷，一旦族长或房长作出裁决，当事双方一般都会接受解。

3. 族规惩处的范围、类别

对违反族规家法的族人的处罚，是族权的一个重要表现。族规家法是族人必须共同遵循的准则，代表着宗族社会的秩序，一旦秩序遭到触犯，作为族权代表的族长，就要对违规的族人进行惩处。惩处的范围颇广，主要集中于以下几个方面：一是对祖宗祭祀不诚不敬，亵慢先灵，以及盗卖祭田；二是有违孝悌；三是卑幼不守恭敬之道，冒犯尊长；四是干犯伦纪，大坏人道；五是不务正业，赌博酗酒，败家荡产；六是做贼为盗。凡此种种，都在不肖之列，都是违反族规家法的行为，都必须绳之以族规家法。许多宗法族规明确规定了族房长掌握审判权，族人违规，“族长当呵谴之，议罚之”。“族长率诸尊辈共切责之，使改而止”。“族长会众罚拜以愧之。如不悛则会从而痛杖之。断不可隐忍姑容”。家法族规赋予族长、房长以审判权，由这种审判权延伸出族长、房长的惩罚权。族长既然可以对民事和普通的刑事案件进行审理，自然可以对裁判有罪的族人实施惩戒。审判和惩戒在祠堂里进行。族规常有这类记载：“犯，拿赴祠堂责”。“诲之不悛，拿赴祠堂重责”。“子孙违犯教令及不肖事，族人告之，于祠堂以声其罪”。处罚的程度有轻有重，大体有三种处罚方式：一是训斥，令其悔悟。这多属于情节不是很严重者；二是罚跪、罚款、罚役，此为情节较为严重者；三是带到祠堂杖责，此为情节非常严重者；四是除籍，即在谱上除名。此为情节极其严

① 苏黎明：《泉州家族文化》，第151页。

重者。[1]

4. 宗族司法对国家司法的从属

明清宗族族规原则上须经过县衙的审批。[2] 重大刑事案件，非宗族司法权限所能受理的，就要告官。这体现了宗族司法对国家司法的从属性。

宗族拥有的只是民事和轻度刑事案件的审理权。根据闽南宗族谱牒资料以及有关资料，未见宗族拥有拘禁权，更不用说处死权。然而，有些学者不否定宗族偶尔使用的处死方式。有的学者认为："官府对于族长的这种将族人私自处死的做法，却往往予以默许，倘若无人告发，官府不予理睬。如果有人告发，官府不能不追究，就给予一点象征性的轻微处罚。"[3] 但在闽南宗族社会历史上，此类事情几乎未闻。

宗族对于司法的优先权，很容易被放大为宗族可以在司法体制内专行独断。其实，国家只是将零碎的诉讼和案件的审理权交给宗族，或是让诉讼和案件先由宗族组织过滤一下，不必事无巨细，全移交官府。就"宗族理小、官府理大"这点来说，宗族与乡约的司法制度非常相似。[4]

---

① 苏黎明：《泉州家族文化》，第 152 页。

② 参见常建华：《宗族志》，第 467 页。

③ 苏黎明：《泉州家族文化》，第 153 页。

④ 据明代叶春及《惠安政书·乡约篇》，"奸盗、诈伪、人命重事，方许赴官陈告。户婚田土，一切小事，务由本管里甲老人理断"。乡约组织的听讼要受县官制约，对职责之讼，该断而不断，要受到县官的处罚；该由乡约处理之讼，若当事人擅自报官，则要受到县官处罚；县官若扰乱、侵权乡约理讼，也要受上级处罚。

第七章

祖先崇拜：祭祖仪式与风水实践

一个社会之所以能正常运转，关键在于社会成员有共认的行为准则。与行为准则相表里的，是道德伦理。道德伦理既要通过说教进行灌输，也要通过仪式性行为而内化为情感和认知。儒家所强调的礼，就是行为准则，当然也包括其内蕴的道德伦理，故曰“道之以德，齐之以礼”。仪式性行为，就是“齐之以礼”的一种方式。

本书绪论突出地强调了明代嘉靖时允许官民有条件祭祀始祖的礼仪改制，这一改制成为组织化和制度化的新型宗族社会的嚆矢。在此之前，即使是品官的家庙，也只允许祭高曾祖祢四代先人。这种以高祖为限的祖先祭祀，整合的只是高祖以下若干个生育之家的大家庭或家族。然而，家族之外还有同宗姓的家庭或家族。如果没有以始祖之祭来整合的宗姓群体，在严格的意义上，只是姓氏群体即氏族。可见，始祖崇拜对于宗族社会具有精神维系的枢纽作用。宗族始祖以下的祖先之祭，分别对房族、家族起整合作用。在始祖之祭的统领下，这些层级性的整合，也促进宗族的凝聚。

祭祖是宗族最重要的仪式，在与祖先“沟通”的仪式中，实际进行的是以祖先为核心符号的宗族成员的信息交流。这种交流在由仪式营造的神圣氛围中，产生了特殊的群体心理融合。祖先崇拜的风水实践，颇具有神秘性。其神秘性的实质是对先灵或遗骨与周围环境进行象征符号的建构，并使这种建构产生特定的文化意义。这种建构和释义，使后裔与祖先的关系生动具体，使祖先崇拜更充满魅力。

第一节　宗族祭祖类型

宗族重祭祖，甚至将之列入族规家训。《青阳庄氏族谱·族规》云："敬祖宗以隆祭祀。万物本乎天，而人本乎祖。人之有祖宗，如水有源，木有本。为孙曾者，正宜寻源追本，以修祀典之隆。凡祭祀之事必周详，祭祀之器必清洁，祭祀之物必新鲜，而趋跄跪拜，更须有一段严肃直诚，如在其上，如在其左右也。稍为乖违，便亵渎殊非。所以尊祖宗，昭诚敬。凡我族人慎之，凛之。"这些肃穆庄严的训词，反映出宗族社会对祖先祭祀的高度重视。

若以祭祀场所区分，祭祖仪式可以分为家祭、祠祭、墓祭、杂祭四种。

一、家祭

家祭即在居家厅堂祭祖。先秦时期，宗法等级制度森严，天子、诸侯、大夫、士等各有"庙制"，具有祭祀先祖的特权，而"庶人无庙，死曰鬼"，只能"祭于寝"。直到唐代，"庶人"也只能"祭祖祢于正寝"。在家庙和祭祖之制荒废的情况下，宋代理学家程颐主张士大夫拥有高、曾、祖、祢四代的家祭，朱熹则将程颐所说的"士大夫"泛化为"君子"，从而为当时民间只能祭祖祢的藩篱打开缺口。明代中期以后，民间常祭的祖先才扩至高祖。

对于祖先的家祭限于高祖以下，林国平、彭文宇先生做了历史的社会心理分析，认为：家庭祭祖只限高祖以下是有其现实要求的，就一个家庭来讲，子孙曾与近亲祖辈一起居住生活过，他们对近亲祖辈的音容笑貌历历在目，睹物思人，倍感亲近、恩重，思念之情油然而生，而对高祖以上的历代祖宗，后代子孙缺乏直接的生活体验与感情基础，祭祀中难于唤起情感上的共鸣，人们又习惯上先亲近后疏远，远祖是共有的，需要合族祭祀，家庭没必要单独承担祭祀远祖的典礼。[①] 从古代礼制来说，高祖以下的亲属称“五服”，家庭或家族所祭祖先，皆以高祖为限。这种家族代限和五服范围，至今仍为民间所遵循。

家祭有忌日祭祖和四时节日祭祖。闽南人把祖先诞日和卒日的祭祀叫作“做忌”，诞日祭祖叫“生忌”，卒日祭祖叫“死忌”。考妣的“生忌”、“死忌”都做，祖考妣以上，一般只做“死忌”。祭礼程序：一明烛点香、二诵文敬酒、三焚纸跪拜。“做忌”虽是对某祖的纪念，但诸祖牌位并列，实际上一起祭祀。清代，尤其是早期，台湾闽南人的风俗可以作为闽南风俗的缩影，康熙五十九年（1720 年）编的《台湾县志》在记述鸠金建祠、祭祖会饮后说：“常人祭于家则不然。忌辰、生辰有祭，元宵有祭，清明、中元有祭，除夕有祭，端午则荐角黍，冬至则荐米圆而已。此之谓祭祀之俗。”[②]

完整的四时家祭有八个节日：元旦、上元、清明、半年、中元、中秋、冬至、除夕，其中以中元、冬至、除夕为家祭三大节。厦门岛居民主要来源于泉州以及漳州，其节俗在闽南具有代表性。道光《厦门志・风俗记》对四时家庭祭祖的记载是：“元旦……午，祀其祖先”。“上元，以米团祭神及先”。“清明，各祭

---

① 林国平、彭文宇：《福建民间信仰》，第 100 页。

② 康熙《台湾县志・舆地志一・风俗记》。

其先，前后十日，墓祭挂纸帛于墓上。……三月三日，采百草合米粉为粿，祭祖及神”。“（六月）十五日，造米圆祀神及祖，名曰过半年”。“中元，各祭其先，焚五色楮（原注：楮画绮绣，云为泉下送寒衣）”。“中秋……夜荐月饼、芋魁祀神及先”。“冬至，俗不相贺，谓之亚岁。各祭其祠”。“除夕……祭先及神”。[①]需要说明的是，《厦门志》记载冬至在祠堂祭始祖及远祖，未言家祭，应意在强调冬至祠堂之祭乃祭祖中的重中之重。实际上，冬至日还有家祭，因为祠堂的祖先不包括家祭的近几代祖先。乾隆《安溪县志·节序》就表述得比较完整：“十一月冬至日，以米粉为圆，献神及祖先，备牲醴致祭祖祠。”[②] 对于冬至祭米圆，雍正《惠安县志》释曰：“十一月冬至，阳气始萌，食米丸，仍粘丸于门。凡阳尚圆，阴尚方。五月阴始生，黍先谷而熟，则为角黍，以象阴。角，方也。冬至阳始生，则为米丸，以象阳。丸，圆也。”[③]

七月十五日中元节是祭祖的重要节日。中元节原本是佛教徒追荐自己俗世祖先的节日，称“盂兰盆会”，后来传入民间社会，成为祭祀祖先的重要节日。《泉州府志·风俗》云：“中元祀先，寺观作盂兰会。”[④] 闽南人称七月为“鬼月”，将七月祭鬼活动叫“普度”。据称，七月初一阎罗王“开地狱门”，让众鬼出狱自由活动一个月，月底“关地狱门”，那天众鬼返回地狱。七月期间那些尚未超生的祖先也来到人间，接受后裔供食。这样，民间的祭祖和祭鬼既有所合又有所分。道光《晋江县志》显然将祭先和祭鬼混一了，该志载：“晋人……祀先至诚，凡忌节及岁时伏腊，

---

① 道光《厦门志》卷十五《风俗记》。

② 乾隆《安溪县志》卷四《节序》。

③ 雍正《惠安县志》卷十四《风俗·岁时》。

④ 乾隆《泉州府志》卷二十《风俗》。

备物致祭，必洁必丰。观于每年七月普度，更可知其所重矣。”①七月初一“开地狱门”，未超生的祖先和众鬼蜂拥而出，家家户户在门内摆一桌丰盛的宴席祭祀，亲疏不分。七月某一天为家户所处区域的“普度日”，祭祀最隆。七月三十日“关地狱门”，祭祀同初一。专门祭祖是在七月十五日中元节，宴席亦丰，但明显不及普度日所祭。福建各地皆重视中元节，闽南有“七月半不返（家）无祖”的说法，即出外谋生的人在这一天，不论远近都要赶回家祭祖。家家户户在祖先灵位前，献祭供品，点香祷告，并焚纸衣和冥钱。明弘治《八闽通志》记：“焚楮衣。前中元一二日，具酒馔祭享，仍以纸衣逐位焚献。”② 闽南人称“送寒衣”。

冬至是民间的重要节日，也是祭祖的重要节日，特别是祠堂的始祖之祭。冬至前一日掌灯时分，在祖龛前摆上桌子，放好糯米粉团，合家老小洗净双手后，围坐搓圆。翌日早上，煮好米圆，先盛一碗祭献祖宗。祭毕，家里人才能开餐吃圆。

除夕日，一年之末，辞旧迎新。这天成为百姓祈福禳灾的重要节日，祈求方式不外乎祭神祀祖。据方志所载，闽南一般是先祭祖后祀神，乾隆《泉州府志》所记是“祭先及神”③，但这是侧重于观念重视程度的表述。实际的祭祀程序是先神后祖。因为祭神供品可祭祖，而祭祖后的供品不宜祭神。乾隆《安溪县志》就是依照程序记述：“除夕，各家宰牲，祀神祭先。”④ 林国平、彭文宇先生介绍了祭神、祭祖仪式的衔接：吃年夜饭之前，在厅堂八仙桌摆满丰盛佳肴，讲究一点的要献上全鸡、全鱼与全羊，由家长率家人焚香朝南先祭天地神灵，祈求保佑。古时要行三跪九叩之礼，近世一般焚香鞠躬就行了。祭毕，鸣鞭炮退神明。主人

---

① 道光《晋江县志》卷七十二《风俗志·民风》。

② 弘治《八闽通志》卷三《地理·风俗·岁时》。

③ 乾隆《泉州府志》卷二十《风俗》。

④ 乾隆《安溪县志》卷四《节序》。

转身将供桌移至祖牌龛前，焚香点烛烧纸钱，同样祈祷神祖在天之灵庇福子孙。祭毕鸣鞭炮，整个祭礼才算结束。[①]

除了传统的定时祭祀外，还有一些无定时的家祭活动，如婚嫁、生育、科举、盖房、分家、出门、收成以及消灾祛病等，都需要告慰或祈求祖先。缔结婚姻前，福建各地普遍流行“合婚”习俗，即将男女两人的生辰八字写在红纸上，压在祖龛的香炉下，祈求祖先审验，三日之内家中若无意外发生，包括不吵架、不摔破碗碟等，这门亲事就算是祖灵认可。成亲当天，新郎更衣整冠后，要在父母引导下朝祖龛点香祷告；新娘上轿前，也要在厅堂上跪拜祖先。拜堂时一拜天地，二拜祖先，千古成例。喜得贵子或功成名就等喜事，须祭告祖先，祈求庇佑。秋收时，“荐新谷于祖先”，要蒸一碗新米饭祭祀祖先与土地公，叫“尝新”，既是丰收答谢，也是希望继续得到祖宗的恩惠、保佑。要是遇上天灾人祸，也要禀告祖先。可见，这类家祭不受时间限制，由头无非是喜庆和禳灾。

从以上所述的内容看，家祭名目繁多，内容驳杂。倘若需要，随时可祀。家祭仪礼简便，注重实用，除了点香焚纸各地皆然外，供品款式、仪式简繁因地、因能力而异。

二、墓祭

墓祭指在祖先墓地的祭祀。汉以后，墓祭渐行。唐开元年间，玄宗皇帝始定清明上墓祭礼，遂成惯例。唐、五代称墓祭为“野祭”。南宋淳熙《三山志》载：“诸郡以清明祭墓。”明万历《闽书》也载：“诸郡俱以清明祭墓。”漳浦曾是漳州州治所在。康熙《漳浦县志》记道：“三月清明日，折柳悬户外，或插满头。前后十日间，人家各祭扫坟墓。”民国时期因习俗相同，故民国

① 林国平、彭文宇：《福建民间信仰》，第103页。

《漳浦县志》所述仍如旧志。

族规中往往有“珍祠墓以妥幽灵”的规定，把祖茔几乎看得与祠堂同等重要。“祠以藏魂，墓以藏骸，祖宗之有祠宇，如人之有居室，务宜打扫清净。……至于墓，春秋二祭，先行发削，分清界限，周围树木系遮荫风水，切不可擅自砍伐，致误坟茔。如此则妥幽灵，而祠可长保无虞。慎之，凛之”[①]。墓祭与祠祭一样，时间上比较固定，不像家祭那样频繁。墓祭分春秋两季。

近祖与远祖，是墓祭的两类对象，其祭祀形式也相应有两种：一种是家庭的墓祭，另一种是宗族和房族的墓祭。

1. 家庭墓祭

家庭墓祭是由家长率家人上山祭扫近祖墓坟，祭祀对象习惯上限于父、祖两代，或远及曾、高祖。家庭墓祭礼仪较简单，带些应时的果品、糕点、香烛、纸帛等供品上山，摆在祖墓前，先由家长焚香祷告，敬酒献礼，然后家庭成员行跪拜礼，礼毕，烧纸帛并燃放鞭炮。

闽南有些地方有“培墓”与“巡墓”之分。培墓指新筑之墓，一般要连续三年在清明前后备丰厚牲醪前往祭扫。培墓祭礼比较隆重。巡墓指三年以上的祖坟，主要是除草添土，略备供品，烧香焚纸，礼仪相对简单。[②]

闽西、闽北、莆仙和福州等地，有中秋或重阳至墓地秋祭的风俗。这种风俗可能源于唐宋时冬至上坟“野祭”的习俗。由于后来民间可以建祠祭祖，冬至成为最重要的祠祭日。这样，原来的冬至墓祭一般就前移为秋天祭扫。这一习俗在闽南地区非常少见。漳州有的地方在冬至后择日墓祭，有的在冬至前后七天。光绪《漳州府志》记载：“十一月冬至，作米圆食之，谓之添岁，

---

① 苏黎明：《泉州家族文化》，第 175 页。

② 参见林国平、彭文宇：《福建民间信仰》，第 106 页。

海滨民有墓祭者。”[①] 泉州除安溪等个别地区外，基本不行秋冬墓祭。厦门墓祭只在清明，并无他时。

2. 宗族、房族墓祭

宗族的墓祭活动，分为合族祭（或称“族祭”）与房族祭（或称“私房祭”、“柱祭”）两种。为了保证远代祖宗的坟墓每年得到妥善的祭扫，有的宗族规定，支祖坟山场由所属房分子孙照管。每年墓祭由房支负责祭扫本房私祖坟茔。各房支皆有祭产以作为本房祭墓之用。宗族将历代祖墓按支房分属，明文规定职责范围，亲疏有别，各尽其职，以做到代代设祭，不遗坟为荒丘。但要做到代代遍祭是很困难的，只有始祖、分支一世祖（即支系始祖）以及在宗族历史上有一定的名望和作为的先人，才有可能确保墓祭。有的房族、家族为了便于扫墓，或将若干祖墓拾骨合葬。

房族祭的规模要比家庭墓祭大，但比合族祭规模小。在祭墓的安排上，有的宗族是先分房支祭，后合族祭始祖墓；有的宗族则先合族祭始祖墓，后分房支祭各自祖墓。与合族之祭一样，房族墓祭也有本房族“慎终追远”、“敬宗收族”的目的，但更多的还是出于义务。

墓祭中合族祭规模最大，开基始祖是最主要的祭奠对象，礼仪隆重，场面壮观。这种的墓祭活动是各房派代表参加，祭毕回来，才合族聚餐。因活动隆重，只有“富室大姓”才负担得起，故不是普遍的习俗。

三、祠祭

祠祭指在宗族祠堂举行的祭祖典礼。朱熹《家礼》要求“君子”建造房屋时，首先应考虑在正厅东侧建立祠堂，以供奉四代

---

① 光绪《漳州府志》卷三十八《民风》。

祖先。但朱熹所说的祠堂还只是家庭或家族性质的，与明清的宗族祠堂是不同的。

明中期开始，特别是清代以后，宗族兴建独立的祠堂蔚然成风，聚族而居者多建祠。甚至一些小姓也受影响，勉力趋求时尚。族中出了官宦，或者出了好义的殷富，建祠置田就举重如轻。“百人之族，一命之官，即谋置祠宇、祭田”①，说的就是这种情况。大姓豪族不但建有宗族的总祠，而且房支也建有房祠、支祠。大型宗族的祠堂数量多至十几、数十，并不少见。

清代中期以后，有族无祠者，已很少见。如诏安非富庶之区，但建祠普遍。道光《问俗录》云：“诏安居则容膝可安，而必有祖祠、有宗祠、有支祠，画栋刻节，糜费不惜。”② 闽南宗族祠堂，多为三间开两进式，后落厅堂中央安放祖龛，龛中供奉祖宗牌位。始祖考、妣牌位放在最高处，下面依次排设若干代祖宗牌位，昭穆有序，排列井然。

个别宗族无力建祠，会暂以始祖居住的房屋作为祀先之所，俗称“祖厝”。③ 宗族内各支房祠多由“祖厅”演变而来。有些开始只有祖厝的宗族，兴建了正式的祠堂后，仍沿用“祖厝”、“祖厅”旧名。晋江大浯塘翁氏祠堂系三开间两落，至今仍叫“祖厝”。晋江福全卓氏祠堂也是三开间两落，至今也仍叫“祖厅”。“祖厝”和“祖厅”蕴涵着祠堂演变的历史信息。

祠堂祭祖是规模最大、礼仪最隆重的宗族祭祖。古人认为，

---

① 乾隆《泉州府志》卷二十《风俗》。

② 陈盛韶：《问俗录》卷四《诏安县·蒸尝田》。

③ 《陈埭丁氏回族宗谱·重建陈江丁氏宗祠碑记》载：“三传至硕德公，徙居陈江，遗命诸子，即所居营祠焉。”这条史料是由祖厝到祠堂演变的典型例证。现存的丁氏宗祠，建于明万历二十八年（1600年），“周围可七十余丈，综其费几千余金。……门庑轩敞，寝室深邃，庭墀宏阔”。为国家级重点文物保护单位。

祠为祖宗神灵所依，墓为祖宗体魄所藏。子孙思祖宗不得见，见其所依之处，如见祖宗。为了把祠祭办得隆重、热闹，各宗族多把祭日定在传统年节上，如元宵、清明、端午，以及中元、中秋、冬至等。首修于乾隆三年（1738 年）的《龙岩州志》载："冬至……巨族有祠堂者，大会族众，盛陈牲醴、粢品以祭其始祖，乃欢洽燕享，相贺冬年。儒家无祠者亦备物祭于家。"①

祠祭礼仪繁复，场面甚大。民国《南安县志》载："泉俗祭礼，凡世家巨族每于冬至祭始祖，前一日设位、陈器、省牲、具馔。祭时，主祭盛服就位，引赞、通赞、读祝，俱序立。主祭奉神主出，就正寝降神、参神、进馔，初献、亚献、终献，侑食受胙，辞神纳主……"② 祭礼前一天，主祭人和执事人先进祠堂清扫卫生，布置厅堂，摆好各种用具。执事人中分有陪祭、读祝、引赞、通赞、执爵、司鼓等人，他们均从家族中的男丁选出。主祭者按古礼规定，必须是家族宗子，即嫡传的长子。但如前所述，清代以后一般不再由宗子主祭，而由缙绅、族长以及当年"轮耕直（值）祀"的房长一起担任主祭。也有一些宗族采用折中方式，即由宗子、缙绅、族长一起承担主祭。"泉俗，初献以宗子，存古宗法之意也；亚献以爵尊者，谓有禄得祭也；终献以直祭，谓轮直祀业，祭物皆其所备也。此亦不失礼意。或有初献以有爵者，亚献以族长，终献以直祭，而宗子不与者。因宗子愚朴，不能行礼，而大宗法久已不行，非如古者宗子世禄世官之为重也"③。

祠祭礼仪的主要内容是行"三献礼"，乾隆《安溪县志》所述比上引的《南安县志》更能凸显三献礼在祭祖礼仪程序中的核心地位。乾隆《安溪县志》载："凡祭，先三日斋戒，厥明夙兴，

---

① 乾隆《龙岩州志》卷九《风土志・风俗》。

② 民国《南安县志》卷九《风俗》。

③ 乾隆《安溪县志》卷四《风土・礼制》。

设馔（原注：宦家用猪羊），奉主出龛就位，盥洗，行三献礼，进羹饭（原注：当热的），侑食。礼毕，纳主，彻馔饮馂。此宦族之礼”。“今庶人家合族共一宗祠，冬至阖族同祭，只行一献礼。一献之中，三祭酒、三奠酒一时并举，有祝文，无嘏辞。余俱同”。[①]

三献礼程序有二十几个步骤，各地具体做法略有不同，一般顺序为：首先通赞唱，行初献礼，击鼓三通。主祭者走向祖先神位前，接过执爵者手中的爵，献爵于神案，行三叩礼，在场宗亲也跟着跪拜、平身，读《祝文》。《祝文》主要内容是赞颂祖先功德、神灵普照，祈求灵垂显佑，世受禧全。读毕，击鼓三通，行亚献礼。主祭者献爵、敬酒、敬馔，行跪拜礼如前，平身。击鼓三通，行三献礼，退盏。主祭者再次献爵，行跪拜礼如前，平身。奏乐侑食，执事者一一将神牌前的酒杯斟满酒，进羹、进饭、进茶。击鼓三通，献爵完毕。最后是“饮福受胙”，主祭者站在香案前，跪拜，诵《嘏辞》。东汉郑玄释“嘏”为“受福曰嘏”，即接受祖宗的恩赐，执事者代祖考取神案酒馔赐予主祭者，叫“饮福酒受胙”。主祭者俯伏拜献，平身，行辞神礼，撤馔，族人跪拜，焚祝文、金帛、鸣炮，注目送神，平身退位，整个祭祖礼毕。接下来是聚堂宴饮，散席每人还分得一份肉胙。[②]

南安水头朴里吕氏大宗祠的冬至祭祖规矩是：（1）主祭：由族中辈分高且德高望重者担任。（2）祭品：全筵一主二辅，主筵用五张八仙桌以陈列供品，左右辅筵各用三张八仙桌以陈列供品。每桌筵碗相同。全猪全羊分别置于天井两侧。（3）祭祀程序：主祭上香后，读礼生启读降神恭请列祖莅临飨筵。依序行初献、亚献、终献礼。初献以读祭文为主，亚献以进佳肴美味为

① 乾隆《安溪县志》卷四《风土・礼制》。

② 林国平、彭文宇：《福建民间信仰》，第113～114页。

主，终献以唱吉祥语为主，如进元灯、金帛、五谷种之类的褒词。接着是再一轮献礼：按天、地、祖的次序行礼，皆一跪三叩头。整个过程配皆有大乐、细乐配合。气氛隆重而虔诚，热闹而肃穆。[①]

宗族一年春冬二祭于祠，只是春祭远逊于冬祭之隆。许多方志都没有记载春祭的习俗。“冬至无返，无祖”的闽南民谚，亦透露了冬至祭祖的高度重要性。

春祭与冬祭，所祭祖先是有所差别的。春祭的对象，只有限定若干代的一世祖及以下世祖。冬祭的对象，除了限定若干代的一世祖及以下世祖，还有始祖。有些以一世祖为开基始祖，而无祭一世祖之前的某代始祖。光绪南安《诗山凤坡梁氏宗谱》所载的祭文格式，清晰说明春祭与冬祭对象的差异。春日祭文：“乾隆　年岁次　日直祀裔孙　等，谨以清酌庶馐之奠致祭于凤坡开基一世祖进荣公暨妣王氏孺人（以下列二世、三世祖妣）……伏愿列祖有灵降以福祉……尚飨!”冬至祭文：“乾隆　年岁次　月日直祀裔孙　等，谨以清酌庶馐之奠致祭于唐宣德始祖五府君讳范公暨妣黄氏十四娘孺人、宋世祖丞相郑国文靖讳克家公暨妣秦国夫人陈氏夫人、元十五世祖南野讳磻公暨妣胡氏曾氏孺人，明凤坡开基一世祖进荣讳妈保公暨妣王氏孺人（以下列二世、三世、四世、五世祖妣）……伏愿列祖有灵降以福祉……尚飨!”[②]《诗山凤坡梁氏宗谱》还透露中元也祭祖，规格同于春祭，极其罕见。即使是宗礼谨严、周致的泉州赵氏宗族，也无中元如同春祭于祠祭祖。其族谱载：“冬至祭始祖，立春祭先祖，季秋祭祢。

---

① 吕景我、吕荣哲：《南安水头朴里二甲祠堂使庙》，见许在全等主编：《泉州名祠》，第138页。

② 光绪《诗山凤坡梁氏宗谱》。另冬至祭文列多位始祖，甚少见。春祭世代下限为三世祖，冬祭世代下限为五世祖，不明何因。

其仪悉遵文公家礼。”[①]

有些学者将民间宗教的“功利论”移用到祖先祭拜上，诸如子孙对祖先的祭拜，意在得到祖先的福佑。另者，虽然有的祖先没有机会和权力为在世的子孙造福，但如果忽略了对这类祖先的祭拜，他们也可能会不满而降祸于子孙。其实，“功利论”的解释只是问题的一个方面，并且是次要的方面。除了某些功利意图外，寻根追远、感恩图报，这一华夏民族几千年的传统才是祖先祭拜的根本动因。从这一大角度，我们才能深刻理解海峡血缘纽带演绎的无数动人故事。经历长期的阻隔后，台湾同胞不辞道远，一次次来到以闽南为主的大陆访亲谒祖。一个唯功利是图的群体是行之不远的，而一个执着于珍惜根基的民族才能拥有常青的未来。

四、杂祭

杂祭指在祠堂和住家举行不定期的祭祀以及特殊的祭祀，包括家中遇到大事的祭祀、拜忏等。

每当族中或家庭遇到一些较大的事，如婚娶、添丁、中举、盖房等，当诣祠告庙，向祖宗报喜，并祈求祖先的佑福。有的添丁家庭还要到祖先坟头去上灯报丁。南安码头丁埔，为方姓所居，族内规定，凡生男孩，不仅祭祀祖先，而且每逢正月十五日要到祠堂点灯。后来子孙兴盛，灯数增多，祠堂内容纳不下，遂改在祠堂旁边草埔上点灯，灯满草埔，故名“灯埔”。逢十寿辰，也要备礼祭祀，以示不忘祖先的保佑。娶媳妇的翌日，新人要一起到本房祠堂拜祭祖先。获取功名，要备厚礼在本族总祠祭拜祖先。平时有要事也应通报祖先，祈赐福解困。时令瓜果成熟，应让祖先尝鲜。夏收秋获也要献祭。例如：泉州梅洲陈氏宗族，

① 《南外天源赵氏族谱·家范》。

“四时之祭，吾泉中大率皆用俗节之祭……节有元旦之祭，有元旦后三日三大房之岁饭。三月有清明之节祭，七月有中元之祭，十二月有除夕之祭。其余端午献粽，六月献荔枝，七月献瓜，谷熟献新米饭，冬至献圆，皆荐也。”① 道光《厦门志·风俗记》载：“六月……十五，造米圆祀神及祖，名曰过半年（原注：荐新谷、献荔枝，无定日）。”

拜忏也叫“礼忏”，是较为隆重的特殊祭祀。闽南俗称“超度”、“做功德”。道光《厦门志·风俗记》说：“礼忏……云为死者减罪增福。”拜忏，不一定要“烧大厝”，但起码要请僧道念经，为死者超度灵魂。嘉庆《云霄厅志·民风·丧葬》说：“俗多信佛，礼僧诵经数日，设斋供拜忏。”丧葬时的拜忏较简单，历时较短。死后七天内、四十九天内或百日内为已下葬者拜忏，就比较繁复。殁后数年内的拜忏就更繁复，仪式十分隆重。这种耗资甚多的方式既可以表现子孙的孝道又可以夸富，故殷实之家乐于此举。比较隆重的拜忏要烧大厝：请民间手艺高超的扎纸艺人，制作准备焚化给死者在阴间居住的五彩缤纷的纸（大）厝。这种纸厝一般仿照汉式大厝建筑式样，也有仿照多层楼房建筑。此外还糊有金山银山，以供祖先阴间享用。超度一位祖先名曰一“荐”。荐即追荐，意即死者追求冥界的福善。为死者本人做功德，常要以先亡的长辈为“主荐”，俗名“竖头”（排序在前之意），因而做一次功德起码得两荐。华丽的纸厝制作好后，请来一帮僧人或道士，设神坛，诵经拜忏。演戏是拜忏的一项内容，或演傀儡戏“目连救母”，或演高甲戏“打城”。有的并无固定剧目，只是营造与现场相应的氛围，并吸引人围观，以壮声势，显耀主人家声。道场法事完毕，焚烧纸厝。此毕，宴饮。作为拜忏礼仪中的法事戏，主要流行于泉州地区沿海县份，尤以晋江为盛。

---

① 陈支平：《近500年来福建的家族社会与文化》，第178～179页。

在闽南，拜忏的规模之隆，是闽南侨乡民俗的一种表现。华侨回家乡一趟不易，家中父丧母亡，多是事后好久才知道。有的早年贫困，后来才发迹。这样，他们迫切想为故去的父母做功德追荐，仪式愈隆愈感能偿还夙愿。对于一些原本籍籍无名者，也有借此显亲扬名之意。

家祭、祠祭、墓祭、杂祭等不同规模、不同层次的祭祀，组成了宗族井然有序的祭祀系统。信仰礼俗以宗族的血缘秩序为基础，彰显宗族群体的价值观。维持宗族秩序所需的核心价值是孝道，孝道不仅包括恭敬、奉养父母，而且包括对先祖的虔诚祭祀。孝道的有效实行能使宗族因有序而祥和，因族人的共同参与而亲睦，因祖先认同而增强凝聚力。

在传统的乡土社会，乡民生活在现实世界和信仰的符号世界。各种祭祖仪式就属于信仰的符号世界。符号世界的实践活动都会内化到乡民的信仰观念中，习久而根深蒂固。而祖先崇拜的信仰观念，统摄着宗族的道德伦理，制约着宗族的社会秩序。这就是祖先祭仪所体现的信仰的符号世界对现实世界的作用机制。应当说明的是，宗族领导成员在仪式中扮演重要角色所显示的权威感，也一样有效地内化到族人的观念中。仪式是神圣的，处于仪式场域中心的族长和权威者也因此映照着神圣的辉光。这种辉光多少会产生炫目的效果，从而使族人更自觉地追随他们。

第二节　宗族与风水实践

风水信仰所涉及的对象有家居、村落、祠堂和坟墓。宗族所关注的风水主要是祠堂和祖墓。

一、宗族对祠堂风水的营造

由于祠堂择址局限于现有村落，选择的余地很有限，可以在坐向和大门的朝向，以及建筑结构上做做文章。民间传云，在祠堂前造个风水池，既可以产生水不急而气易聚的效果，还可以维持龙脉的生气。缺乏水分和植被，即便有龙脉，也会衰竭。根据这一观念，即使不便造风水池，在祠堂后植风水林，龙脉亦得滋润。

在闽南，山川别致者，据风水术以阐释文化意义；地貌平庸者，则通过奇迹或灵迹的杜撰，赋予祠堂、墓地以地灵人杰的神秘蕴意，从而建构文化心理优势，产生崇祖敬宗的收族效果。“鸭寮说”是笔者在惠安做田野调查时最早听到的祠堂择址传说，大略是：始祖和某代祖在某处搭寮养鸭，母鸭下的蛋多是双蛋黄。后在此建祠，果然是吉地。闽南鸭寮卜居的传说颇普遍。如据晋江东石萧氏族谱载，其开基一世祖名韦松，于元朝至正四年（1344 年）肇基安海后萧村。生二子，长曰煌，号无怀；次曰烟，号湛怀。煌留守后萧故园，烟往萧下开拓。那时萧下已先有金厝、前埔、岑下、曾安、陈厝等聚落，杂姓居住。烟公在海滨搭寮养鸭为生。据传，晚年得一地师指点，教他在鸭寮地起屋居住，曰：“此地山川聚秀，浓气生春，来日人丁繁衍，子孙昌盛，是难得风水宝地。”萧烟听信，于是用土砖围基，起厝居住。日后子孙繁衍日盛，萧氏成为当地的主姓。①

“鸭寮说”实际上蕴藉着人口繁衍的希冀，因为鸭很会下蛋。德化赖氏的颍川堂建在猪窝处，也是如此。相传，宋高宗绍兴年间，赖十四、赖十七、赖三十兄弟三人，从永安迁居德化横溪下洋顷田，并在垵头搭寮而居。不久，母猪跑到山上的大森林里生猪仔，赖氏兄弟觉得奇异，经合计就在母猪产仔处，伐木辟地建颍川堂。②

---

① 粘良图：《晋台宗祠及其姓氏源流》，第 210 页。

② 周宗禧：《德化赖氏家庙颍川堂》，《泉州名祠》，第 260 页。

书香、官宦之族多有一些雅致的风水掌故。据传，晋江檗谷黄氏宗祠，南面为海，术者谓其名“玉带”，可主富贵。周围丘陵环抱，所结之穴称为“犀牛望月”，又名“五虎朝金狮”。族人还曾在案山覆釜墩上建文塔一座，黄景昉题曰：“本是覆釜墩，化作掞天笔；风动海涛惊，疑是蛟龙出。”① 晋江芙蓉杨氏宗族人才辈出，先后中举人 14 名，文武进士 7 名，据云与祠堂风水有关。芙蓉杨氏宗祠据称始建于元代，其规制号“美女坐规”，天井设“八卦井”，以疏通煞气。② 漳浦旧镇乌石林氏宗祠（亦称“海云家庙”、“乌石大厅”）背靠之山，有巨石天然堆砌，如两顶官帽，雅名“御屏紫帽石”。据记载，林氏宗祠始建于明正统十三年（1448 年），明嘉靖十年（1531 年）以后，“乌石林”学士济济、科甲连绵。③

二、宗族对墓地风水的营造

宗族的风水实践主要施行于祖墓上，这不仅是闽南宗族文化的特点，也是华南宗族文化的普遍特点。在民间观念里，个体生命从父、母传承的分别是“气”、“骨”和“血”、“肉”。在父系传承的宗族社会，人们最重视的自然是“气”、“骨”的链接式传承。生命消失后，唯一存在的是骨殖，先辈的骨殖与在世的后辈有神秘的感应联系，先辈的骨殖遭到损坏或因所存环境的不利会产生衰变，这将对子孙产生不良的影响。而“吉穴”的地气会赋予骨殖以吉祥，进而福佑子孙。因此，闽南人对葬地的寻找和维护，具有非同寻常的留意和耐心。早在明代，闽南不少地方官员对民间停柩多年以待寻吉穴的陋习，就加以抨击和禁止。但这一

---

① 粘良图：《晋台宗祠及其姓氏源流》，第 171 页。

② 粘良图：《晋台宗祠及其姓氏源流》，第 45 页。

③ 陈国强、林瑶棋主编：《漳浦乌石天后宫》，漳浦旧镇乌石旅游区管委会 1996 年，第 103、79 页。

顽习屡禁屡行，世代不绝。

祖先的茔墓不仅是祖先灵魄之所藏，也是宗族实力和地位的象征，因此，闽南民间对祖墓的修葺很重视。《锦绣庄氏族谱·家规》云："坟墓是祖宗父母体魄所安，松楸（按：墓地代称）必四时祭扫。穴吉者，宜封固；不吉者，或改壤。"为了保护墓地，有的宗族或家族还专门雇人长年看守，称为"墓佃"或"墓丁"。惠安龙塘王氏宗族在泉州东门的祖茔，于清嘉庆年间建，"墓边有田，买予墓佃耕种，为守墓之费，佃人姓郑"。墓佃必须履行好自己的职责，一旦出现问题，就要被追究责任。泉州苏氏宗族，在晋江三十六都洪园乡有祖茔一座，"付与墓丁叶积、当哥等兄弟看守扫净，其茔前及左右产园五丘，付墓丁耕种，每年定税银八钱，仍还为看守之资。……其遗荫树木不许私受与附近少壮之人伐砍，及放纵牛羊践踏、打晒禾麦于墓庭之内，如有不遵等情，听（苏诣）衙闻官究治，别召他人看守"。[①] 宗族或家族雇佣墓佃以保护祖墓，但由于墓地远离主家，世代相传后，墓佃违约而与主家产生争执的事不时发生。庄景辉先生编校的《陈埭丁氏回族宗谱》，辑录了有关丁姓因墓地与墓佃争议而告官的"讼稿"15件，有的还附有官府审理的批语。[②]

闽南俗重墓地风水，还表现在"二次葬"。闽南民间选择墓地，甚用心，墓葬以后，如有发生凶事，常归咎风水不佳，故有葬而后迁的"拾骸"风俗，也有通过改造或调整墓地方位，希望改变风水。这种民间观念，正是闽南俗重二次葬的主要原因。

因墓地风水而产生的争议和冲突，常成为引发社会问题的不稳定因素，而二次葬则增加了不稳定性。因此官府深恶这种丧葬陋俗。陈盛韶在《问俗录》谈到他在诏安所了解的墓地忌冲煞和

---

① 苏黎明：《泉州家族文化》，第 177 页。

② 庄景辉编校：《陈埭丁氏回族宗谱》，第 287～298 页。

洗骨再葬的陋俗：

> （诏安）二都连粤省，山深气寒，民愚而蛮、乔而野。父母死，治丧重陈酒，衣衾棺椁不以介意。其酒或五六年，或是与年，味美而醇。戚党成群来吊，醉饱旬日不归。家产之败，往往因此。其民惑于风水，一棺落穴，前后左右据防冲煞。数里之地，忌伐山脉，社庙香火所照，以为大不祥。涉讼者纷纷，始疑为如仙游之索彩也。继而察之，其痛心疾首，誓不甘心，曰："某丧丁若干，实为所害也。"倡于缙绅，达于村氓，同声相应，固结不解。且葬至数年，家有灾祲，复开馆验枯骨而洗之，拾诸瓦坛。其坛高尺许，名曰"金罐"。瘗诸山麓向阳处，半露于外，俾受日月光华，如是者有年，乃迁葬。①

永春《桃源仙乡郭氏宗谱》特别强调了开基祖的墓地风水对全族子孙的影响："公妣同卜于本乡漈兜林，负丁揖癸，先代之筹划尽善。至崇祯初，误听邪师改作坐丙向壬，贪对笔架尖，但水流元神，是以通族倾财损丁。迨至清康熙六十年辛丑，公议复右坐丁向癸兼未丑，合族称庆。后世有贤智者兴，万勿仍蹈故辙，则幸甚幸甚。"

三、族内族际对风水的竞争

宗族的诸房，家族的诸家祖先，其发展是不平衡的，或兴或衰，或多或寡。既然祖先墓地同一而族人确有命运不同的困惑，风水不平衡说应此而生。即祖先墓地风水犹如来龙脉络的"结穴点"，尽管是点，但因惯式仍蕴含开叉状，这些开叉状有正脉、次脉和再次脉之分。接到最次脉的房派，不仅少得到或得不到墓地风水之气，甚至连本房派的气运还会被吸走而转移到其他房

---

① 陈盛韶：《问俗录》卷四《诏安县·风水》，第84页。

派。文化观念一旦产生，它就参与社会实践。反复的社会实践促使风水文化日益精致和模式化，使风水文化的承担者深信不疑和笃行不改。

这种因担心不平衡而产生的丧葬陋习历来多为地方官员所厌恶。惠安县令叶春及撰写的乡约中，有关丧礼的第四条是："凡停柩逾年不葬，及溺于风水、兄弟相推不葬者，各行戒谕，违者罪之。"① 为什么兄弟相推不葬，正是沉迷于墓地对于各房或利或弊的风水不平衡说。道光《厦门志·风俗记》说："厦岛人贫者十日半月即葬，房屋窄小故也。富者往往听青鸟家言……听其指择，又拘年、月、日、时，房分不齐，又各信一地师，彼善此否，往往停柩不葬。"② 明嘉靖十四年（1535 年）南靖县和溪就发生一起因认为墓地风水于己不利而自毁祖墓的事件：黄氏宗族二房派下的六世孙黄乔迁因嫌孟昌祖考妣（二世）坟"房分有亏，往上杭哄贼，诈言冢内有宝物，将棺夜开发起破碎"，后"被众送官究治"。③

尽管风水"房分不齐"会引发房际之争，但一些房族本着"族谊亲谊"，通常采取共同迁、改葬祖坟的折中方式，来维持各房派在心理上的适当均衡。各房派约请房亲、姻亲或有威望的异姓来"同堂公议"迁葬以及转卖旧穴事宜。有不少坟山契约反映了这类事情。康熙六年（1667 年）晋江陈、施二姓立下买卖坟地契字，契约云："晋江县二十七都上福乡陈镜、陈悦等，有先祖在日买得张宅山一所……安葬祖坟一穴……因房分不均，三房子孙公议，迁移别葬外，将此旧穴卖与施宅……听施宅前去葬亲……产山系陈宅管执。"④ 同年，苏、丁二姓也立下买卖坟地契

---

① 叶春及：《惠安政书》卷九《乡约篇》。

② 道光《厦门志》卷十五《风俗记》。

③ 南靖和溪《黄氏家谱（龙山祠）》（抄本）。

④ 庄景辉编校：《陈埭丁氏回族宗谱》，第 268 页。

约："晋江县八都吴山乡苏俨甫，有承祖应分产山一所，坐在灵源山下陈埭墓凤尾凸，有祖坟一首。因葬不合法，房分不齐，今因欠银择地别葬，托中就与丁宅边卖出旧坟地一穴。"①

由于酷信风水，因墓地发生争执的事情屡见不鲜，甚至爆发于宗族之间。有的宗族即使是在本族的土地营葬，但其他宗族认为会产生"挡伤"，即有损本族风水，因而会加以干涉。这种情况直到解放前还时有发生。乾隆《泉州府志·风俗》言："风水之说，惑人尤深。郭璞葬经，递相肆习……急则牙角交构，缓则迁延岁月。……更有近山大姓，恃辖负嵎，凡遇人家葬坟，辄行阻止，得贿乃已，名曰'索埔'。人家扫坟，群索祭物，名曰'约饼'，更顽薄之至者也。"② 因争风水而打官司、起械斗的事，经常发生。清末吴增的《泉俗激刺篇·风水》云："迷信之为害，风水最谬祸最大。……相去千百丈，彼此不相让，小则启狱讼，大则持械相打仗。不知此俑创始，谬说害人有如此。焉得国民进步多，不凭地理任天理。"③ 1926年，安海镇内黄姓和颜姓因祖墓风水发生械斗，张林乡张姓因"张颜同宗"而助颜姓。其时，军阀孔昭同驻泉，派一连长带兵往张林弹压。此事为张林乡张姓事先侦知，伏击而毙连长和士兵共27名，事态严重扩大。侨领李清泉托人疏通，几经周折，孔得到赔款2.8万元，方肯息事。④

---

① 庄景辉编校：《陈埭丁氏回族宗谱》，第270页。

② 乾隆《泉州府志》卷二十《风俗》。

③ 泉州市民政局、方志委编：《泉州旧风俗汇编》，1985年（内）书，第121页。

④ 泉州市民政局、方志委编：《泉州旧风俗汇编》，第81页。

第八章

神明崇拜：草根特质与乡族整合

宗族社会实际上是宗姓社区，这就意味着宗族社会的基质是血缘与地缘的结合。宗祠统领着血缘群体，村庙整合着地缘关系。在华南，以地缘性村庙整合着不同血缘群体，是学者一致的看法。准确地说，在宗族组织发达，特别是单姓村落遍布的地区，纯地缘性的村庙是不多的，村庙多属于宗族。即使在杂姓村，一般也由大族主掌或主有村庙。这就是说，村庙基本上就是族庙。村庙的主神就是该村或者该村和若干邻村的境主。“境主”是闽南人对村庙主祀神的俗称，却也准确地说明村庙神明庇护的是一方众生和水土，是一个地域的神圣保护者。宗族社会所奉神明的宫庙系本族所建，奉祀和族内庆典系本族所为，这样，所崇拜的神明就有本宗族的印记，甚至有“族神”的意味。宗族组织希望通过对本族所信仰的神灵的崇拜，加强族人的认同和团结，保护本宗族的势力范围和利益。

闽南宗族社会所崇拜的神明纷繁杂芜，有些甚至荒诞不经，却反映了与乡土社会一致的草根性。这种草根性既缘于乡土社会根深蒂固的传统，也为封建社会的等级制度所塑造。

闽南宗族的村庙所祀神明的领地是宗族社区，但在几个宗族协作的游香仪式中，某一主导性宗族所祀神明的领地就扩展为乡族社区，也就是祭祀圈社区。在这种场合，游香仪式对于乡族产生了整合作用。比祭祀圈更广域的信仰圈，也可以对族际关系起一定程度的沟通作用。

第一节 宗族神明崇拜的草根性

闽南宗族社会的神明崇拜基质可溯至闽越族。早在西汉早期，就有人向汉武帝禀报闽越“俗巫信鬼”。《重纂福建通志》记载：“照得闽人好鬼，习俗相沿，而淫祀惑众……从未有淫污卑辱诞妄凶邪列诸象祀，公然祈报，如闽俗之甚者也。”[1] 这种神鬼杂糅并有灵媒介质的信仰形态，至今仍活跃在闽越故地。如果以神庙密度作为信仰深度的一个重要指标，那么闽省在全国为最，而闽南又是闽中之最。特色凸显的民间信仰，为闽南宗族社会营造出纷繁杂芜和幽暗奥秘的神明世界。

大型而正统的佛道寺观，素来与士大夫和封建官府的关系比较密切，对于一般的民间宗族来说，关系则比较疏远。这一方面是因为这类大型的寺院是超宗族、超地域的；另一方面则是因为佛道神明不可能偏袒某一个宗族或乡族，而宗族民间信仰的目的，是希望某些神灵偶像能够对本宗族或乡族提供倾向性的护祐。[2]

等级制是中国封建社会的命根子，民间信仰也不能超脱于等级制之外。发生在清代寿宁的毁庙事件具有典型的说明意义。《闽杂记》载：“宁化童日新为寿宁训导，县有玉皇庙，童曰：‘俗以玉皇为天帝，祀天帝者为天子，士庶祀之，是淫祀也，淫祀宜毁。’乃拆其材以建文庙。”[3] 尽管这类事没有普遍性，却反映了封建国

---

① 道光《重纂福建通志》卷五十五《风俗志》。

② 陈支平：《近500年来福建的家族社会与文化》，第187页。

③ 施鸿保：《闽杂记》卷1，福建人民出版社1985年，第13页。

家要求臣民凡事都不能逾越等级这一事实。例如关帝虽广受欢迎，每个县邑必有关帝庙，每年定期受到官员的祭拜，然而乡里村社建关帝庙少见。[1] 这应是体现官民有别。当然凡事也无绝对，如妈祖，贵为“天妃”、“天后”；大道公吴夲，敕封为“保生大帝”。这两神生前的平民身份，以及殁后为神仍保持布衣本色，因而与乡土社会保持密切的关系。在乡民的集体无意识中，“天后”、“大帝”升座于乡间村庙，并无屈尊，而是遂了他们扶危济困的心愿。观音菩萨、关帝爷等倒是可以供奉于家户，体现神明的悲天悯人，通常不会出现在村庙做境主，[2] 如果有出现，一般也是作为云游四方的“配祀”。配祀神的品级不见得比主祀神低。配祀神可能是主祀神的助手，也可能是主祀神宫庙的监察。只要高品级的神明不是宗族社区的境主，就不算违制。这就是民间奉祀神明档次的逻辑。这种逻辑已深入乡民的潜意识。在闽南，宋以后封建官府不时以移风易俗为旗号来清理民间杂神，实则是担心不正统的民间信仰会蚕食国家钦命的信仰正统。捣毁民间这些“淫祠”的根据，就是所供乃“淫神”，所祀乃“淫祀”。所谓“淫”，即偏离正统法度，也就是不在官认神谱的下九流者，简言为“未列正统”。

知此，再来浏览闽南村庙，就可以理解这些小庙所供奉的，为什么多是一些名不见经传的小神了。“庙小神灵显”，这些村庙，平时香火缭绕，每年盛典不绝，即使历经浩劫的野火，依然

---

① 自行其是者亦有之。元代至正年间，林姓由龙岩龙门里象山社迁居南靖县和溪麟野，后分支繁衍于本乡。据族谱所载，至迟在清康熙时已建庙祀关帝。

② 民间文化的特点是纷杂性，本书力求从纷繁杂芜中概括一般。所说的品级高的神明，也有被奉为村庙主祀神，如南靖县金山乡林姓宗族全族共建的神庙有二：龟山寨，供奉关圣帝君；云龙堂供奉林太师。见苏炳堃主编：《漳州氏族源流汇编》。

春风吹又生。

闽南民间信仰的草根性是与闽南宗族制度的演变发展过程相适应的。长时期的宗族和乡族割据，使人们不仅要依靠本宗族自身的力量，而且还要利用政治的、思想的以及宗教信仰的力量，来巩固家族的社会地位，在激烈竞争的动荡社会中取得生存和发展。正因为如此，人们希望通过对各自所信仰的神祇之崇拜，来加强家族内部的团结和控制，保护本家族的势力范围和利益，甚至有利于宗族的对外扩张。神庙也是一个宗族的象征符号，如果神明雷同，那么符号的个性要求就得不到满足，那些五花八门的神明最适合符号的个性化。这也是闽南宗族社会神明纷繁、等级较低的又一个原因。

宗族社会信奉的神明，往往被宗族化，或者说有明显的宗族印记。就是一村或数村形成一个社区的几个宗族，一般也是以其中一族的主神为主导。这种主次结构，体现在村庙的游香等庆典仪式。漳浦县赤岭乡山坪村，有一座三界公庙，原系王姓所有。清代康熙初年，蓝姓迁入山坪，而部分王姓陆续迁往龙海县官浔，后来在山坪，蓝姓成为大族，王姓变成小族，每逢三界公庆典，仪式由蓝姓主持，王姓只能做日常的管理宫庙的事。1999 年三界公庙重建，完全由蓝姓独揽。

闽南民间信仰相当纷杂，道光《厦门志·风俗记》云："邪怪交作，石狮无言而称爷，大树无故而立祀，木偶漂拾，古柩嘶风，猜神疑仙，一唱百和，酒肉香纸，男妇狂趋。平日扪一钱汗出三日，食不下咽，独斋僧建刹泥佛作醮，倾囊倒箧，罔敢吝啬。"① 在泉州，僻巷荒郊到处有神像幽灵，有些实属荒诞不经，诸如阴公、班头公、虎爷、狗舍爷，名号很多。笔者在晋江、惠安做民间信仰的调查时，或问神明之由来，常有"一仙佛仔"或

---

① 道光《厦门志》卷十五《风俗记·俗尚》。

“一块柴头”“从海上漂来”的回答。询问王爷时，这种回答的频率尤高。旧时泉州城内分三十六铺，每铺有若干境，铺、境皆有境主，诸如二郎神、郭圣王、临水奶、伍子胥、萧望之、许远、张巡、郑和等。[①]

脱胎于瘟神信仰的王爷崇拜，流行于清代、民国时期的漳泉，尤以泉地为盛。晋江、惠安、南安等濒海县，以及厦门岛，王爷宫的香火之旺，仪式之隆，甚至超过佛道寺庙。道光《厦门志·风俗记》对王爷醮有生动的描述和议论：“有所谓王（爷）醮者，穷其奢华，震轰炫耀，游山游海，举国若狂。扮演凡百鬼怪，驰辇攒力，剽疾争先，易生事也。禁口插背，过刀桥，上刀梯，掷刺球，易伤人也。赁女妓饰稚童，肖古图画，曰台阁，坏风俗也。造木舟，用真器浮海，任其所之，或火化，暴天物也。疲累月之精神，供一朝之睇盼，费有用之物力，听无稽之损耗。”[②] 这些对王爷醮的议论很有理性，也反映官方对民间“淫祀”的鄙视。

民间对王爷信仰的观念与官方的理解有很大不同。闽南普遍流传着王爷舍身祛瘟的传说。其中，以池府王爷的故事最为典型。据传，瘟神偶然向池氏透露其奉上帝命，将在其辖区内传播瘟疫，池氏十分忧惧，问瘟神施用何法放毒，瘟神自囊中取出瘟药，池氏急将瘟药倾入口中，一时毒性发作，满脸黑斑，眼珠突出，瞬时而逝。百姓感念其恩，建庙奉祀。

原本是瘟神的王爷，通过舍己救人的行为，实现了由放瘟之神到驱瘟之神的转变。这是闽南以及台湾王爷信仰别于其他地区瘟神信仰的特质。这一转变约发生在明末清初。既有德又有功，自然得到闽南、特别是泉州沿海县份民间的普遍接纳。但王爷原

---

① 泉州市民政局、方志委编：《泉州旧风俗资料汇编》，第161页。

② 道光《厦门志》卷十五《风俗记·俗尚》。

为瘟神的面目没有变化，依然凶神恶煞，因为在民间观念中，唯有这种凶神才有能力镇住放瘟的邪神和作祟之鬼。明清时期，闽南地区人口稠密，卫生不良，瘟疫容易流行。这就是驱瘟之神首先产生于泉州的重要原因。民间屡屡奉祀驱瘟的王爷，反映了当时疾病、瘟疫对于民间的严重危害，以及民众对于健康保障的诉求。除了瘟疫，其他各种天灾人祸多归因于鬼邪。因此，驱除鬼邪是王爷的“常职”。在闽南送王船的仪式中，王爷的左膀右臂就是“捉鬼大将”和“锁鬼大将”。

在闽南，主要是泉州所辖的沿海县份，宗族社区以王爷为境主的有较高的比例。晋江陈埭丁氏宗族的社区，还出了一位“因祛瘟神而成为神仙”的丁王爷。据传，丁王爷字鸿基，曾为太子内帘官。一日，遇瘟神来散播毒药，为保全众生，他奋然夺其毒物吞食，身死成神。“因毒性缘故，脸面乌黑”，故至今丁王爷的塑像脸色为黑。丁王爷在泉州晋江县一带香火甚旺，如清代靖海侯施琅的老家龙湖镇衙口村，就有一座丁王府宫，奉祀丁王爷。晋江县有一个粘氏家族，也供奉丁王爷。清代乾隆五十三年（1788 年）粘氏族人粘粤、粘恩、粘尚、粘秉两对兄弟渡台谋生，定居彰化福兴，蕃衍成大族，聚居顶粘、下粘两村。他们渡台时为求平安顺遂，带去家乡境主丁王爷作为保护神，建成宝顺宫，全族奉祀，邻近的信徒甚众。台湾云林县口湖乡仑中村的“下仑福安宫”也奉祀丁王爷，据说是全台唯一的一尊“抓赃神明”。[1]

神明、神庙繁如星云，这是闽南宗族社会民间信仰的显著表现。惠安北部十三都的陈氏宗族，现有人口 3000 多人，有福德正神庙、东岳宫、相公祠、姑妈庵、关帝庙、天妃宫、祖师庙、九峰宫、三教祠等宫庙 10 多座，另有各房所属的斋堂 7 座。惠安山

---

① 参见完颜仲仁：《晋江民间信仰庙宇》，《泉州民间文化》创刊号，1993 年。

腰乡的庄氏家族，族人达万人，各类寺庙、斋堂据称不下50座。同安柏埔的洪氏宗族，族内的宫庙有真武祖师庙、吴府王爷庙、池府王爷庙、徐府王爷庙、芳洲大人祠、社公庙、慈济庙等10余座。南靖奎洋庄姓宗族全族共有的宫庙有4座。泉州《温陵何氏族谱》记载每年该宗族应举行庆典的族庙有：东岳庙，祀玄天上帝、中岳大帝、天齐帝；夏游殿，祀协天大帝；正顺王庙；还有三宝殿、观音堂、仙姑庙等。

这些名不见经传的村庙神明尽管怪异驳杂，但还是有共同的特点，那就是亲民性。即使是阴森可怖的王爷，也多有舍己救人的动人传说。对于这类“落后”的信仰文化，不必动辄责此斥彼。艰苦的农村环境有一些长期积淀的信仰，给乡野平添了民俗的厚度。当新型的乡村文化尚未完全建立时，人与自然在文化层面的低层次和谐应得到尊重。也应看到，许多民间信仰尽管形式还在，但原有内容已大量流失。黄树民先生的《林村的故事》中就记有，林村建于清代的资寿院，在农村合作医疗制度完善后，到资寿院祈求祛除疫病的现象几乎绝迹。[①] 资寿院平时庙门紧锁，只有在神明诞日的庆典才热闹非凡。庆典日实际上已成为乡土民俗节日。

从神明信仰的本位来说，民间信仰的神明多具有高尚的德行，在世时有功于民。有些学者将民间信仰以功利性一言以蔽之，实属片面。仅有崇拜的功利目的，而受崇拜的对象无德，甚至只是一些猥琐的人物，即使有求必应，也只能游荡于乡民信仰世界的边缘。[②] 例如在闽南，乡民把孤魂野鬼作为祭拜对象。泉州地域称“有应公”、漳州地域称“人客公”，并建有小庙。这种

---

① 郭志超：《闽南农村民间宗教与迷信管探》，见陈国强、林嘉煌主编：《人类学与应用》，学林出版社1992年，第360页。

② 汪毅夫在《闽台缘与闽南风》中指出：“‘崇德’和‘报功’构成了民间信仰德双翼结构。”（福建教育出版社2006年，第171页）以笔者的理解，“崇德”是慕神德而行之，“报功”即念神绩而追之。

亦鬼亦神的“公”，据说灵验程度较高，特别是在一些鸡零狗碎或有碍正耳之听的事情的应求上。但此“公”之庙不属正式的村庙，有应公更不可能充当境主。由此可知，有德或有功之人殁后才有成神的可能。那些鬼蜮经过立庙祭拜而具有一定的神性，但他们生前缺乏功、德，不论供奉的香火如何熏蒸，也永远跨不进神圣的门槛。

第二节　祖先崇拜对神明的渗入

在闽南乡民看来，与本宗族有某些渊源关系的神祇，或是本族的同姓同宗，或是与本姓氏有过缘分，这类神明对于保护本宗族的安全和利益最为可靠。①

惠安县北部，吴姓聚居地所供奉的神祇称为“吴大帝”，陈姓宗族所供奉的则称为“陈公爷”。② 安溪县陈坂洋的李氏家族，建有福安庙，内祀七府王爷，以唐代中期宰相李泌为首尊，盖李泌与李氏宗族同姓也。“农历八月十二日是七府王爷的诞辰，是李姓在一年中最热闹、最隆重的一日，延请道士做醮，演大班戏，燃放烟花爆竹火马”③。唐代名将郭子仪和东晋名臣谢安、谢石，也经常被福建的郭氏和谢氏家族尊为主神。龙岩县适中乡谢氏家族供奉的圣王公，据说就是谢安。谢氏《圣王公行孝歌》云：“王政足民推首重，五风十雨以为常……四时呵护我坪乡，民安物阜淳风播，富贵荣华姓字扬，岁岁门庭驱百祟，家家男妇纳千祥。”谢氏《祭安石公祝文》云：“恭维尊神，赫声濯灵，恩敷赤子，泽被苍生。力战苻坚，自昔功高淝水；官居太傅，于今惠及岩坪。合四姓以祈年，历宋元明恪尊旧典；萃七团而报赛，

---

① 参见陈支平：《福建族谱》，第204页。

② 陈支平：《近500年来福建的家族社会与文化》，第191页。

③ 参见李瑞发：《翰苑王爷》，《泉州道教文化》创刊号，1993年。

逢甲乙丙庆赞下元。幸圣驾之遥归，车随甘雨；喜王灵之銮降，道载福星。”①

安溪陈氏宗族供奉的泰山显应禅师，生前曾由陈氏家族供养，禅师去世后，陈氏宗族认为禅师与本族有着特殊的关系，故世代供奉。《陈氏族谱》载云：

> 泰山显应禅师者，永（春）之小岵黄氏子也，少依吾家学禅，专精戒行，于南苑蜕化，于泰山兴利置塔，礼拜千年，我祖实为檀越主，故于今岁时月朔诞辰忌神，我陈家实致祭焉。盖师之始终于我祖，故后世子孙亦奉之为祖也。②

有些神明很早就被族人供奉，被认为与本族关系密切，甚或昵称“祖佛”。安溪榜头白氏宗族，建有灵应宫，“宫中供奉天师、地师、人师、祖师、圣祖、玄女，共六尊菩萨……历来尊为白氏祖佛”③。

在福建民间崇拜的许多神灵中，有一部分是与崇拜的家族有着直接的血缘关系的先祖，其神灵的光彩不少是由族裔们塑造出来的。保生大帝吴夲，是深受漳州、泉州以及台湾等地民间崇拜的神明，闽南许多吴氏宗族在其谱牒中，认吴夲为祖先，如泉州《延陵吴氏宗谱》，载有《吴真人谱系纪略》：

> 真人，讳夲，字华基，号云衷先生，乃泰伯之后。……子孙逃窜九州，一枝插入清溪，因粮累分寓临漳。九世修斋圣父讳通公、圣母黄氏避乱隐居于银同之南、沧海之滨，择白礁结茅而居。宋太宗兴平四年（按：疑为“太平兴国”之误）圣父年四十八，圣母年三十八，梦见南陵使者北斗星君护卫白衣长素真人，送中天紫微星下降，三月十五日辰时

---

① 陈支平：《福建族谱》，第205页。
② 陈支平：《福建族谱》，第205页。
③ 陈支平：《福建族谱》，第200页。

生，三台列精，五老庆诞，异香满室，毫光灿烂。公少颖异，不妄言，及长，不娶妻，不茹荤。乙未年中秋月夜，清风徐来，公步海滨，有异人浮槎呼公同乘槎，偕行至昆仑山，遇青衣童子引观蓬莱胜境，入西宫见王母，受以医书，传教斩妖伏魔之法。反而登槎，片刻回家。于是修真养性，采药炼丹，以医道救世。……宋真宗帝诏召陛见，授职御史，公辞归隐。……仁宗明道二年漳泉疫厉，公于四月初七日步罡踏斗，命使天圣者驱雷击死蜚户魔王、一千四百四十毒鬼。玉帝闻其阴骘浩大，诏公升天。景祐四年丙子岁五月初二日，公阖家白日飞升。靖康二年泛马渡江，见公在云头御寇。绍兴二十一年建庙白礁。孝宗乾道元年敕封济慈灵官，二年敕封忠显侯。……明太祖鄱阳湖见公助战，洪武五年敕封昊天御史医灵真君。永乐七年孝慈皇后乳患，诏求名医，公应诏……痊之。成宗皇帝赐官不受，赐金又却之，俄而白鹤缠绕乾清宫，公乘鹤而去。御赐春秋享祀，敕封万寿无极保生大帝。洪熙元年敕封昊天金阙御史慈济灵医冲应护国孚惠普祐妙道真君万寿无极保生大帝。[①]

宗族或乡族中有气节、功名的先祖，或被尊为神，受到族人的奉祀，甚至香火广布。漳州诸邑，尤其是林姓社区，供奉林太师相当普遍。林太师，名偕春，号云山，明代嘉靖万历年间名宦，《云霄厅志》有传略云：

林偕春，字元孚，嘉靖乙丑进士，改庶吉士，授检讨，历编修，以文章气节推一时。当管诰敕，为江陵相父撰述，相欲增改数语，偕春执不更。曰："王言有体。"相衔之，出为湖广副使，拂衣归。……江陵殁，起两浙提学，其所取士

① 陈支平：《福建族谱》，第206～207页。

> 多在牝牡骊黄之外。……忤台使者，挂弹章。后复起南赣兵备，迁湖广参政，竟不能与世俗合，曰："宇宙如许，莫能容一林元孚，吾逃之醉乡已矣。"归与故人痛饮剧谈，绝口时政。至里中有不平事，无问缙绅士庶，辄怒目苛责，不少含茹，人皆曰："此古道也，今也则亡。"[①]

林偕春"性坦直无城府"，"凡缙绅家居，月致舆馁，公悉谢不受"，"卒之日，云霄为之罢市，盖公自通籍以迄考终，所为德于乡甚笃"。[②] 林偕春生前已具有超凡脱俗的品格，为世人所景慕。他坦直、清廉并乐于行善，殁后为神，盛传于漳州各地，尤其是林姓宗族社区。

惠安沙格乡的王忠孝，是明代崇祯年间进士。明清鼎革时，王忠孝矢志不移，不肯屈服于清王朝，与郑成功等坚持在闽台一带抗清，最后终老于台湾岛上。现今惠安沙格乡的《王氏族谱》，称王忠孝死后做阎罗王，建庙祭祀。在当地奉祀的诸神中，王忠孝的神力，颇以厉猛见称。该族谱载有《王忠孝传》云：

> 王氏谱系，自宋入惠卜居蟹谷仙塘沙堤，传十四世愧两公，讳长孺，官章忠孝，别号愧两。……天启丁卯科以《诗经》中式乡试第四十名，崇祯戊辰联捷会试第一百三十八名，殿试二甲第三十二名。……（隆武帝）擢为光禄寺少卿……升太常寺正卿……未几晋都察院左副都御史、协理院事，再晋兵部右侍郎，恩荫一子入监读书。戊子鸠一旅建义，遭时艰，挈眷避地，与同志曾樱阁部、辜朝荐给谏寄寓于金门、鹭岛，佃渔自给。后遂弃家全肤发渡重洋，远居于台。丙午年得正而殁，享年七十有四。……其没之夕，内地

① 嘉庆《云霄厅志》卷十四《人物》。

② 张耀堂标点：《林偕春墓志铭释文》，《云霄文史资料》第5辑。

有贡生林之豸，死而复苏，云见公与石斋黄先生接任为阎罗，著有《回生记》。事属近诞，然《纲目》有生为上柱国，死作阎罗王之语。著于鉴史，似亦非诬。[1]

泉州《董氏家谱》载有董希祖，以祛瘟神救乡人而被尊奉为董仙公，该宗谱载云：

董仙，讳希祖，字日华，晋江人也，原温陵派也。素行甚孝，然乐善好施，飘逸仙态，亦遗外世俗，以气节自高。维郡郭巡按与公交最久，情笃甚密。忽一夜知天灾瘟使入郡，谕郭友遍买柚柑不计其数，次日付信与郭友曰："若带至新桥候之，日中有人从桥之中起者，将此信付与首者。"郭友听之虽于新桥候之，至日中之时果有七人，双瞽相携，郭友将信付与首者，其人□连况瞽疾，尾一人先知，问曰："董大哥寄信来乎?"首人应曰："然也。"郭大惊，不敢多言，随走自家，试问先祖是何？公笑之不答。越数日瘟气流行，众俱来求柚柑，柑尽求汁，所求食之即愈，救四方，万人感恩。至飞升时，郭友后尸解清源下洞，今有石刻四字"紫泽洞天"者，即其真身。塑像祀焉，祈雨辄应。[2]

有"拯民于水火"的功业善行，有高尚的品德、超凡的人格魅力，这两点就是民间造神或被族中后人尊奉为神的基本资格。云霄林偕春就是一个范例。陈支平先生认为还有一种"悲壮而死"型。[3] 他以明代同安人洪朝选作为例说。洪朝选与林偕春差

---

① 陈支平：《福建族谱》，第216页。

② 陈支平：《福建族谱》，第208页。

③ 陈支平先生认为："族中有功名的人被奉祀为神的，一类是刚正不阿，功业、道德文章足以传世者；另一类是舍己救人者或仕途坎坷而屈死者。"（《福建族谱》，第218页）他认为，悲壮而死者为厉神，灵力高于善神，故更受民间所崇，王爷信仰也是如此。

不多是同时代人，他以逆忤上司而罢职，最后被福建地方官投于大狱而屈死，被洪氏族人奉祀为“芳洲大人”神明。

闽南宗族不仅有许多男性先人的神明，还有一些女性先人神明。闽台的第一大姓陈氏，其中一支是陈邕的派下。唐开元年间太子太傅陈邕在漳州兴建华屋，被告发僭越。陈邕之女陈金花劝其父改屋为寺，得免祸发。陈氏后裔感念陈金花的恩德，尊其为神，世代奉祀。改建的寺庙，就是漳州著名的南山寺。《陈氏族谱》记云：

> 上祖陈忠，原籍京兆府万年县……厥子邕，唐神龙初进士，官至太子太傅，与李林甫不协，开元二十四年被谪入闽，始居兴化，移泉州惠安社稷坛后，旋移漳之南驿路南厢山居焉。生四子：夷则、夷锡、夷行、夷实……衣冠填门，因筑室备钟鼓楼台，宏其苑囿，州府参谤逆谋。时夷则、夷锡官居在外，夷行、夷实尚幼。有女名金花……谓父曰：“今日之事无可奈何，幸唐奉佛，可将家宅变为寺宇，物业尽行施舍，庶可弭谤而免祸。”父曰：“可。”即以上闻寺门，书“悠然”二字，系女发笔。遂去三都后水头居焉，卒年九十五。①

清朝咸丰十年（1860年）陈邕后人陈朝能为族谱作序曰：

> 金花郡主，讳金，忠顺王邕公女也。宗亲通称“姑婆祖”，永春小岵乡号为“安家姑”，总之皆崇祀金花郡主也。正月十五日寿诞，九月二十四日忌辰。因唐邕公筑室南厢山，州府参害，金花郡主善用计策，两全其美，故家宅号为“南院”。念其功大，崇祀于南院后座，世代子孙如往南院，宜先向后座拜谒，今卓源亦尊祀金像于洋中私祖宇，朝能与

---

① 陈支平：《福建族谱》，第220～221页。

众等，复集一盟，轮流敬奉，不忘本也。[1]

这种例子虽然少见，但可以说明由祖先崇拜发展为神明崇拜这一原始宗教的发展逻辑，到了封建社会依然有着活力。

惠安东部沿海地区的夫人妈崇拜，[2] 是兼有神性的家鬼崇拜，属于神明崇拜对于祖先崇拜渗入的一种特异类型。

所谓“夫人妈”，一是对供于家庭内室的形态似神、实质是鬼（因供奉时间的延长和灵验性而渐增神性）的概称，一是对凌驾于这些众多家鬼之上的某女神的专称。家庭所供的这些有塑像的家鬼有着具体不同的称谓，依主人在家庭的辈分的变化而变化：某少女为夭亡的“姐妹伴”塑像崇祀，该塑像称为“姑仔”；当早逝的为少妇，则称为“娘娘”或“夫人”；当夭亡的“姐妹伴”的供奉者，婚后为人妇，“姑仔”就升格为“夫人”；当原为少女的供奉者成为祖母辈，“夫人”就成为“顾家妈”或称“夫人妈”。若“姑仔”升格为“夫人”，多被配以“将军”为夫。至于幼年或少年男性夭亡可为“太子”，或者青壮年男性未婚早逝者可为“将军”，则是夫人妈崇拜演变的次生形态。为健在的女主人塑一“将军”为其“前世丈夫”，或为健在的男主人塑一“夫人”为其“前世妻子”，则又是夫人妈崇拜中的再次生形态。初塑一尊夫人妈，须到山霞青山宫过炉后，方可供祀。家庭供奉的夫人妈，每年也须到青山宫过炉。所谓“过炉”，即将放在竹篮里、罩着花布的夫人妈在青山宫后殿的香炉上顺转三圈、逆转三圈。前一种过炉，大概是一种的注册仪式，并感染一些神性；后一种过炉，则是年度确认仪式，以维系和增加一些神性。[3]

---

① 陈支平：《福建族谱》，第221页。

② 惠安东部沿海地区的夫人妈崇拜对县西部，特别是西南部也有辐射。

③ 郭志超：《夫人妈与青山（城隍）关系考》，见陈世雄主编：《三生万物》，海风出版社2003年。

“姑仔”升格到“夫人”和“夫人妈”，就进入祖先崇拜范畴。“姐妹伴”的供奉者的后裔，与所供的“夫人妈”关系是虚拟的女性旁系的血缘关系。而“姑仔”的兄弟姊妹的后裔，与升格后的“夫人妈”则是真实的女性旁系的血缘关系。这种兼有一些神性的家鬼，虽然是特异的民间信仰形态，却返照出远古时代祖先崇拜发展为神明崇拜的过渡时期的某些情形。鬼和神没有截然的鸿沟。正如本章所介绍的闽南有应公，就是亦鬼亦神的崇拜对象。秦汉时期闽越的“信巫俗鬼”，说的应是闽越人将祖先奉祀为神，而巫是人与神交流的灵媒，但在西汉帝国正统的信仰观念来看，闽越众多的杂神即鬼。在惠安，有灵验的家庭夫人妈会成为社区或者地域性夫人妈，这种夫人妈多有“神姐”（巫婆）在为“问神”者做“神谕”。这正是“信巫俗鬼”的翻版。在惠安，也有为夫人妈建造的宫庙。这便是夫人妈从鬼到神演变的表征，这种表征也是夫人妈并非纯粹鬼蜮的见证。[①]

较之闽西客家人婆太的女性祖先崇拜，闽南人崇尚贞女崇拜。惠安夫人妈崇拜的原生形态就是贞女崇拜。以下一例具有典型的说明意义。

漳州府云霄县莆美镇的张氏宗族，建有英济宫，祀莆美张氏四世“神姑”张云。庙始建于明嘉靖年间，后世几经修建，规模不断扩大。张氏家族后人撰写《四世神姑状略》载云：

英济夫人，我莆三世祖俊元公之女也，讳云，字英敏。明成化乙巳九月十六日诞降焉。数岁教以诗书，辄晓大意，比长，好谈玄学，不事女红，俊元公奇之。……年十八，厌弃尘嚣，与诸姐妹言，常作辞世语，群疑为诞，乃整发更

① 关于夫人妈信仰，可参见乔健等主编：《惠安崇武的民间寺庙与信仰》，见乔健等主编：《惠东人研究》，福建教育出版社 1992 年；石奕龙：《从孤魂野鬼到神灵的转化》，《闽台民俗》创刊号，1997 年 12 月。

> 衣，瞑坐而逝。时弘治壬戌正月十三日也。……族里乃议择地立祠，专祀神姑。……遂有神姑庙。[①]

张云逝世后，张氏族人不断加以神化，张神姑显灵的事迹日益增多，故至嘉靖时，“进士莆山公张纯以神姑事，请敕封英济夫人”[②]。

张氏女并无称得上“崇德”、“报功”的事迹，其成神主要是基于闽南人的贞女崇拜观念。由贞女而“神姑”，成为张氏族人崇拜的神明兼祖先，最终与婆太崇拜殊途同归。借助贞女崇拜观念以及由女而姑而婆的观念升格，可以较简捷地理解惠安夫人妈崇拜的内在机制。此外，少女夭亡，其魂归属是个问题，民间的理解是沦为孤魂野鬼。声称为神，即可祭于家或祭于祠。这一分析也有助于理解惠安夫人妈崇拜的肇因。

这种祠堂与神庙的结合，至少在笔者做田野调查较多的惠安乡村，是经常看见的。但与神庙结合的祠堂都是房祠。结合的方式是在房祠供奉有神明。反之，在神庙供奉祖先牌位则罕见，除非所供设的祖先生前对神庙有过贡献。

祖先崇拜对神明的渗入，体现了闽南宗族社会祖先崇拜与神明崇拜的密切关系。将祖先崇拜与神明崇拜糅合一体，意在增进祖先系统的神圣性，意在使宗族奉祀的神明给予本宗族兼有亲情的倾向性庇佑，意在让宗族借助神的灵光提升宗族声望。至于夫人妈崇拜，则让我们进一步了解鬼、神的关系以及祖先崇拜与神明崇拜的关联。

第三节　神明崇拜对乡族的整合

在闽南人的观念中，民间基层宫庙从属于村落或村落群，而

---

① 陈支平：《福建族谱》，第221页。

② 陈支平：《福建族谱》，第221页。

缺乏像大小宗祠从属于有关宗姓群体的观念。这样，祠堂引领宗族的血缘层次，村庙引领宗族或乡族的地缘层面。也正因为如此，祠堂显示排他性，而村庙则富有兼容性。鉴此，即使是十分纯粹的血缘群体的宫庙，在族人看来，还是作为一方保护神的境主。实质是族庙的村庙所具有的这种地缘倾向，使之在某种条件下会成为联结不同血缘群体的纽带。在闽南，宗族村庙对于乡族的整合作用是非常突出的。

1. 书洋萧姓宗族宫庙的游香仪式对乡族的整合

据书洋《萧氏族谱》，书洋萧姓在漳州的始祖是萧时中，其长子萧积玉从漳州东门外移居南靖郑店。萧积玉孙萧奋于明天顺八年（1464 年）肇基书洋外坑（山下），而稍此前，萧奋之叔萧细满（一说萧细满与萧奋同辈）已开基书洋内坑。萧奋后裔称“书山”支派，萧细满后裔称“东山”支派，共有总祠堂，已历 23 代。书洋萧姓共计 4200 多人，居住在山下、车田、内坑等 18 个自然村中。

书洋萧姓宗族有四座主要宫庙：位于车田村的角祖庵，位于田中央村的显应宫，位于庵背村的永胜宫，位于赤洲村的福灵堂。角祖庵供奉南海岸蛇岳王公，原有庙田，每年田租 30 多石。显应宫供奉保生大帝，配祀释迦牟尼、观音、哪吒太子、伽蓝爷、福德正神，原有庙田，比角祖庵少，数量不详。永胜宫主祀夫人妈，一为陈夫人（临水夫人陈靖姑），一为李夫人。配祀观音、三平祖师、林太师、吴公大帝（保生大帝）。有庙田，为萧姓、张姓、简姓所献。福灵堂主祀保生大帝，配祀五谷神、陈夫人（陈靖姑）、福德正神，无庙田。

角祖庵是萧姓的族庙，但在地缘关系上，为车田、山下、内坑、圆楼、桥门、湾厝、石壁楼、北山共八个村落俗称“下三甲”的萧姓所有。永胜宫为庵背村萧姓和毗邻的简姓所有。福灵堂为赤洲、楼仔、外茶坑、内茶坑共四个村俗称“上三甲”的萧姓所有。显应宫，为田中央、后田、梅坝、潭角、石跳头的萧姓五村以及邻近的吕厝村吕姓、刘厝村刘姓俗称“中六甲”所有。角祖庵为萧姓主庙，其重要地位可能是因为其庙址紧邻萧姓肇基书洋的山下、内坑村，附近又有萧姓总祠芳远堂之缘故。随着历史上萧姓向书洋溪上游方向拓展，山下、内坑一带观念上的社区中心及其核心村庙的地位继续得到了维护。

每年书洋萧姓社区要举行以角祖庵为中心的游香活动。每年正月初九，显应宫的保生大帝、永胜宫的夫人妈、福灵堂的保生大帝都汇集到角祖庵供祭，当晚做“透冥（夜）戏”。正月初十，到角祖庵会合的诸神周巡萧姓诸村及毗邻的刘厝、吕厝两村。依序是：车田、梅坝、潭角、石跳头、赤洲、楼仔、外茶坑、内茶坑、吕厝（吕姓）、刘厝（刘姓）、田中央、后田，在书洋坪午休用餐后，再往山下、内坑、北山、石壁楼、桥门、庵背。翌年游香所经诸村，则是倒序：从庵背开始，至车田结束。由于萧姓社区的自然村差不多都在书洋溪两畔，而紧邻车田的角祖庵则位于溪畔萧姓诸村的中心地带，附近溪上又有桥梁，故上午的游香路线形成一个椭圆形，下午的游香路线再形成一个椭圆形。此外，两种游香顺序也奉行了均等的原则。参游诸神的顺序是：福灵堂保生大帝、永胜宫夫人妈、显应宫保生大帝、角祖庵蛇岳王公。每个神轿前有一捧香炉者，除永胜宫夫人妈的专由庵背村民掷杯选出外，福灵堂保生大帝、显应宫保生大帝、角祖庵蛇岳王公的捧香炉者，分别由“上三甲”、“中六甲”、“下三甲”的村民掷杯选出。游香队伍每到一村，要稍作逗留，该村民在村口放鞭炮、设供，进行公祭，直到最后一村，诸神方可解散，返回本宫庙。当晚，角祖庵、显应宫、永胜宫、福灵堂分别由所属各村演戏娱神。游香习俗自20世纪50年代废除，1994年正月，开始恢复的游香暂由“下三甲”、“中六甲”、“上三甲”各自进行，拟适时完全恢复旧制。

此外，每12年还会举行一次显应宫的保生大帝到九龙江出海口左岸的厦门海沧青礁慈济宫的割香活动。除萧姓外，附近的刘、吕、简姓也参加，甚至远在几十里外的马头背（文峰）的客家赖姓、张姓也参加。有参加的村皆有香旗，上书“保生大帝东宫进香”。启程前一天，各家户到显应宫祭拜保生大帝，为之“饯行”。进香团约100人，从青礁返回时，萧、刘、吕、简四姓要组团到南靖县城迎接，并接回显应宫。接回是日，角祖庵的蛇岳王公、永胜宫的夫人妈、福灵宫的保生大帝（“副驾”）移置显应宫前临时搭盖的“神寮”，与刚返回的保生大帝（“正驾”）合供，演三天戏庆祝。[①]

角祖庵游香所覆盖的村落，包括萧、刘、吕三姓所居村落。角祖庵的祭祀圈整合了萧、刘、吕三姓宗族。显应宫割香活动的参与者包括萧、刘、吕、简四姓，以及赖、张二姓。照理，永胜宫为庵背村萧姓和毗邻的简姓所有，永胜宫的夫人妈也在游香的诸神行列，但简姓村落不在游香范围。原因是简姓也是当地大族，加入了另一个祭祀圈。由于简姓村落也供奉保生大帝，故参与保生大帝割香活动。保生大帝割香活动展示地域性信仰圈所覆盖的范围，不仅包括中心群体（萧、刘、吕），也包括依附群体（简），还包括边缘群体（赖、张）。

2. 山霞青山宫对李、苏宗族的整合

青山宫建于惠安山霞乡青山麓，西负山东面海，前面不到百米处为下坂村，左一里处为东坑、下坑，右四里是苏坑。东坑、下坑和下坂，为李姓村落。苏坑是一自然村名，也是俗称“九苏”的苏姓九村的总称。

晚清时，李姓与苏姓发生矛盾，进而引发以李姓为主的“青峰铺”与苏姓的“青山铺”之间的“三李拼九苏”的械斗。事

---

① 郭志超：《民间宗教视野的闽客族群比照》，见石奕龙、郭志超主编：《文化理论与族群研究》，第389～392页。

后，苏氏宗族的苏叁主动投案，两族械斗的几个主要责任人被从轻发落。苏岱坤家藏的《苏氏家谱》载："十四世公讳叁，矜公之三子，廪生，官章省身，字传吾，公为苏李械斗事出宫，荫及两族。"苏叁系苏岱坤的祖父。

械斗后，李、苏和解，通过青山王祭仪融洽两族关系。每逢清明节与七月半，青山宫做青山王春秋二祭，由青峰、青山两铺的乡绅（李、苏为主）联合主办。祭时，由有名望的读书人念祭文。祭后，两铺乡绅共同讨论青山宫有关事务以及近几个月来牵涉两铺的民事纠纷。解放后，春秋二祭废，由苏姓与李姓分别办祭。苏坑在本村灵安宫办祭，东坑在本村潭边墩仔口下厝埕办祭（李氏祠堂在墩仔边）。东坑有三宝佛庙和观音佛祖庙，青山王神像平时或供于三宝佛庙或供于观音佛祖庙。20 世纪 80 年代初，东坑始塑青山妈一尊，与青山王神像供奉于李氏祠堂。[①]

3. 九峰城隍妈对陈、张宗族跨民系的整合

在闽西南闽南人与客家人的相邻地带，由于方言和习俗的差异所造成的社群之间的排拒力一直是处于潜性状态，一旦发生矛盾，这种状态就被激化出来，对矛盾演变为冲突起加剧作用。

民间信仰的认同对异方言社群产生的这种文化亲和力，在族群之间产生矛盾甚至对抗时，能起化解作用。这种化解作用也是民间信仰对宗族整合的另一种类型。塔下张姓客家人与平和芦溪叶姓闽南人欲发的械斗就因民间信仰的介入而偃旗息鼓。

平和县治所在芦溪乡南面的九峰镇。九峰镇城隍庙盛传"阴盛阳衰"之说，城隍妈之"灵验"闻名遐迩，远在南靖县书洋乡塔下村也拥有信众。塔下和芦溪都同处于城隍妈信仰圈里。

塔下与芦溪相距三四十里，但物流所带动的人流使不同方言人群有了交往。清乾隆年间，塔下张姓族人的一中年妇女到芦溪

---

① 郭志超：《青山王崇拜的调查》，见林祖慰主编：《惠安青山考》。

赴墟，返回途中被芦溪叶姓两名男子调戏。随后这两名男子被续至的塔下张姓数男殴打。两个被打之人回去后哭诉“无故”挨打。叶姓自恃族大势众，扬言到塔下拼杀，因时近年关，拟过了年到正月二十日再杀至塔下。张姓为做御敌准备，到与芦溪交界的牛屎岭试放铜铳。铳声如雷，叶姓深忌对方武器精良。正月十九日，芦溪南面九峰镇的数名童乩声称被城隍妈“附身起乩”，飞奔至芦溪向叶姓传达城隍妈关于两姓要化干戈为玉帛的神谕，向来崇奉城隍妈的叶姓敬从。翌日晨，两名童乩带领叶姓180多人前往塔下，严阵以待的张姓望来众撑着雨伞（讲和信号），遂迎来众到张氏祠堂招待，童乩再次起乩发布神谕，两姓皆从，当场议和。原本就有供奉城隍妈的塔下张姓更加感谢神恩，自此，每隔两年组织进香团到九峰城隍庙进香敬拜，至今不替。城隍妈通过童乩发布神谕固然荒诞，然而民间信仰提倡的宽容精神和激发同一信仰圈的认同感，却发挥着弥合社会裂隙的作用。

双言区乃至邻近地带不同族群和社群，其信仰圈与婚姻圈、贸易圈是有所重叠的。塔下至上坂地带的双言区社群所参加的墟市，除了本双言区的下坂墟（逢二、七），还有邻近的客家人地区的曲江墟（逢四、九）、湖坑墟（逢一、六），以及邻近的闽南人地区的芦溪墟（逢四、九）和书洋墟（逢三、八）。在某些情况下，较远的集市更有吸引力。例如，塔下到芦溪镇有三四十里，但芦溪镇的集市对于塔下和下坂的村民来说却很重要。由于芦溪地势低缓多田，盛产稻米、瓜果蔬菜，而处于狭仄溪谷的塔下、下坂社区田少缺粮但盛产竹木、土纸，这样，芦溪与塔下、下坂就产生经济上的共生关系。某些共有的民间信仰与这种不同经济类型的共生关系是相辅相成的。[①]

---

① 郭志超：《客家人与闽南人双言区社群关系的历史考察》，见周雪香主编：《多学科视野中的客家文化》，福建人民出版社2007年。

第九章

族际关系：协调与冲突

乡族的地缘关系决定不同宗族的乡族共同体有着共同的地方利益，因此族际关系远非“争斗”一语可蔽之。既有竞争也有协作，既有对峙也有整合，这才是乡族内部真实的族际关系。这种族际关系实际是不平等的，即乡族组织由人多势众，特别是士绅较多或政治地位较高的宗族掌控。同时，乡族又以规约面前诸族平等来制衡族际关系的不平等。以宗族的理性观念而言，宗族对“乡族睦而宗族兴”是有共识的。康熙时任大学士的李光地曾为本乡里已有的乡规补续一篇《同里公约》，强调：虽“乡规俱照去岁条约遵行”，然“（处事）心虽无私而气不平，事虽不错而施之甚，则亦于仁恕之理有乖，皆未足以服人心”，希望慎酌“事之轻重大小”，“约正……秉乡政，则须主持公道”。[①] 这说明乡族规约重视秉公施政的原则。陈支平先生指出：“在那些乡规民约得到长期执行的地方，大族巨姓在操纵、控制地方事务的同时，一般也能顾及到其他小姓的利益，俾之和谐相处。”[②]

---

① 李光地：《榕村别集》卷五《同里公约》。

② 陈支平：《近500年来福建的家族社会与文化》，第116页。

第一节　宗族关系的协调

前一章述及神明崇拜对宗族的整合作用，这种整合主要发生于观念层面。乡族公约则从组织和制度上对乡族进行整合。有乡族公约，若干个宗族才组成乡族共同体。宗族依存于一定的地域，这个地域不是孤岛而是与其他宗族地域连成难于隔离的乡族地域。地域共利激发着乡族进行实务很强的整合。

一、族际协调与乡族公约

在闽南宗族与社会的联系中，地缘关系是其纽带。当地方上的利益基本上与宗族的利益相吻合的时候，同一区域的各个不同姓氏的宗族，可以和睦相处，甚至联合起来。明代嘉靖万历年间倭寇猖獗之时，各宗族经常联合起来，相互呼应，相互救援，以保障地方上的共同安全。如漳州沿海一带，所谓“凡数十家聚为一堡，寨垒相望、雉堞相连，每一警报则鼓铎喧闹……提兵一呼，扬旗授甲，云合响应”①。

由各宗族族长、士绅们牵头制定的乡规民约，无疑比起封建政府的里甲、保甲制度更能够协调地方上的各个宗族之间的关系。在这种情况下，族长们的权力得到进一步的扩展，他们不仅有权处理宗族内部的事务，而且对于地方上的事务，也负有了一定的责任，甚至于有权主宰。正因为如此，傅衣凌先生在论及中国封建社会晚期的民间基层社会时，使用了“乡族势力”、“乡族组织”的概念，这是十分符合福建民间基层社会这种血缘关系与地缘关系相结合的乡族共同体特征的。在某种意义上可以说，乡族势力对于地方事务的控制，是宗族制度向外部世界的必然延

---

①　嘉庆《云霄厅志》卷八《兵防志》。

伸。宗族制度的道德和功利概念，超出了聚族而居的界定，当地方的利益受到侵害时，乡族组织便能够代替宗族组织的职能，较好地团结本区域的不同宗族，共同维护乡族的荣誉和利益。当然，在这种乡族共同体的规约下，大姓与小姓所发挥的作用有所不同。

一般而言，在同一个区域内，对地方事务发挥主要作用的是那些人多势众，特别是士绅政治地位较为显赫的大姓巨族。如安溪湖头李氏家族，因族人李光地父子叔侄多人为宦，地位显赫，便成了乡族的主导者，李氏宗族所在的乡族的乡规民约，几乎全是由李氏宗族撰定，由乡族共同遵守执行。李光地曾经写过《同里公约》，字里行间不时流露出他身居高位而训导乡里的心态。该《公约》略云：

> 一，诸乡规俱照去岁条约遵行，我已嘱托当道，凡系人伦风俗之事，地方报闻，务求呼应作主。但恐我辈用心不公，处事不当，或心虽无私而气不平，事虽不错而施过甚，则亦于仁恕之理有乖，皆未足以服人心，而取信于官长也。嗣后举行旧规，必酌其事之大小轻重，可就乡约中完结者，请于尊长会乡之耆老，到约完结；必须送官者，亦请尊长会乡之耆老，佥名报县惩治。……
>
> 一，约正于族行虽卑幼，然既秉乡政，则须主持公道，自后乡邻曲直有未告官而投诉本乡者，除尊长发与约正调停者，则为从公讯实复命，尊长而劝惩之。……
>
> 一，约正须置功过簿一册，写前后所立规条于前，而每年分作四季，记乡里犯规经送官及约中惩责者。于后务开明籍贯姓名并因何事故，以备日后稽考，或能改行，或无悛心，俱无循情。[①]

有政治地位的巨族大姓虽然在地方事务上发挥主要作用，但

---

① 李光地：《榕村别集》卷五《同里公约》。

是地方社会的长期稳定，却有赖于大姓、小姓间乡族的共同配合。因此，在那些乡规民约得到长期执行的地方，大姓巨族在操纵、控制地方事务的同时，一般也能顾及其他小姓的利益，俾之和谐相处。强调禁止大姓欺凌小姓，正是大姓协调小姓利益的一种体现。李光地劝诫其族人，不得恃强凌弱，横行乡里，所谓“维桑与梓，古人必恭，巷路乡邻，孰非亲串？侮老犯上，谓之鸱鸮；贪利夺食，谓之虎狼，吾等老老尚在，必不尔容”[①]。一个长期存在大姓欺凌小姓现象的乡族共同体，其道德和法制准则，不可能得到切实的遵守和永久的执行。

李光地撰写的《同里公约》，只是处理同一区域内各个宗族关系的一般原则，实际上，地方上有大量的日常生活和生产的活动，需要乡族组织加以协调管理，在这些具体事务的协调管理中，乡族间也都尽可能遵守了和谐相处的原则。

宗族与宗族间偶尔发生某些纠纷，也可在乡族组织和士绅公亲的调解下，得到顺利的解决。光绪年间华安县仙都乡陈、林二姓族人为水圳纠纷而由乡族里的“公亲家长”调解，兹将该契约摘录如下：

> 立换字人豪洮与仲通公派下等为平圳圳水滋嫌一事，蒙公亲子狗、万意延请两保公亲家长出为调理冰判，全港圳水改收流入豪洮右边厝下水窟，转流入田培苗，不得分散，将洮向豪昌、隆盖置买两片茶畲判换仲通公派下等栽插杉松竹木，又将豪捧承管茶畲一片判换豪洮掌管，又昌畲内判付新开横路一条。至公至夷，相得相益，俾春风于两面，复和气乎一团，凭公人立出换字一样二纸，各执存照。
>
> 光绪十六年庚寅闰二月　日　公亲人　前坑黄雪
>
> 霞林林孱

① 李光地：《榕村别集》卷五《戒子孙》。

云山汤和春
大坪林集福
吉土陈吉生
立换字人　豪洮[①]

这种地方乡族“公亲”所调解成立的契约，具有地方社会公信力和权威性。

乡族势力对于地方事务的控制和管理，实际上是宗族制度下的基层社会自治化的进一步扩展，正因为如此，中国封建社会晚期的基层社会统治体制，可以分为二级制，即国家与乡族（家族）的双重统治。明清时期国家的统治已越来越丧失其有效的社会控制能力，正是在这种历史条件和社会变迁中，宗族组织、乡族组织的政治势力得以崛起，从而对民间基层社会实现了近乎全面的控制。国家政权对于基层社会大体只能维持间接的统治。

二、地域共利与乡族整合

血缘与地缘的交叠甚至重合是中国农村社会的基本特点，而在华南，尤其是闽南，这个特点就更为显著。宗族的血缘自成一体，但宗族血缘所依存的地缘则与其他宗族所依存的地缘连成一体，宗族的地缘利益就必然依存于乡族的地缘利益。在地域共利的制约下，宗族只有与其他宗族协调，共同进行地域内的经济开发，才能获取预期的利益。这样，乡族就在“地域共利”[②] 的制约下整合起来。

晋江东石港的玉井港道和港埠的建设就是一个很好的例子。

---

① 陈支平：《近500年来福建家族社会与文化》，第117页。

② 陈支平指出：“地域内的家族共利，由乡族组织控制地方事务和协调各家族之间的比较和谐的关系……是中国封建社会晚期福建民间家族外部关系的一个方面。”见陈支平：《近500年来福建家族社会与文化》，第118页。

雍正元年（1723年），东石蔡氏为凝聚力量，开发海港，由银炉户蔡达光发起，联合原来不同血缘的蔡氏为一个宗族，[1] 建东石蔡氏大宗祠，下分三房十柱：长房三柱（金浦、前埔、珠泽）、二房三柱（玉井、西湖、衍泽），三房四柱（西霞、东埕、银炉、庭窟）。

此后，蔡氏联合其他几个宗族，疏浚并拓宽出一条长2公里、宽60米的港道。“建大宗、号十房、开新港”，成为蔡氏族人传承的佳话。新港建设的同时，参与开发港道的各姓纷纷在新港边兴建船坞，连通港道，供本行号船只入泊。船坞旁就是栈房，装卸货物十分便捷。沿港道自东到西有数以十计的桥坞、船坞、码头：檗谷桥坞（陈氏）、盐仓桥坞（周氏）、源利坞、玉记坞（蔡氏二房）、中心港（蔡氏）、盛记坞（蔡氏珠泽房）、德泰坞（蔡氏西霞房）、源远坞（蔡氏）、双金坞（蔡氏）、周益兴坞（吴氏、周氏）、泰兴坞（黄氏）、鸡母石坞（杨氏）、合宝坞（黄氏）、石墓口（黄氏）、路仔头港（叶氏、黄氏、蔡氏）、石蛇尾码头（近大港，公共使用）。这些宗姓多参与港道的建设，有的宗姓没有参与开港工程，便向拥有者购置。[2]

这个港道就在玉井村，笔者曾去参观过。港道宽阔而规整，两侧堤岸用条石砌成，至今没有一处塌陷，可见当时工程质量还过硬。港道边的栈房鳞次栉比。蔡氏宗族是建设新港的倡导者和

---

① 在东石蔡姓中，玉井和西霞各有其开基祖，玉井开基祖来自兴化，西霞开基祖来自泉州。东石蔡姓组合为一个虚拟血缘的宗族后，玉井为二房，西霞为三房，后来各建起玉井蔡氏宗祠和西霞蔡氏宗祠。晚清时，先前所建的东石蔡氏大宗祠坍塌后，没人提议复建。这种不是开基祖繁衍的后裔而是根据有共同远祖而组合的宗族的凝聚力是较弱的。在开新港这类共同利益驱动下，东石蔡氏的凝聚力高涨，在缺乏共同利益时，凝聚力转弱，甚至消失。迄今东石蔡姓早已分为两个基本没什么相干的宗族。

② 参见粘良图：《清代东石港航运业考析——以族谱资料为中心》，《海交史研究》2005年第2期。

主导者，获益最多，从上述的船坞的占有率就得以体现。蔡氏宗族自新港开发后大力发展通海贸易，盛于清代。玉井村宏敞精致的清代民居群成为闽南民居建筑的一个大观园。据晋江博物馆粘良图先生的调查，蔡氏族人因港而兴的例子不胜枚举：清道光咸丰年间，东石玉井长房十三世蔡文由及其子章情、章凉创办了著名郊行——源利行。玉井蔡氏玉记行，是东石又一家著名商行，从咸丰年间到民国初年，经营了80多年。玉井房十四世章嵒、章湾、章叶三兄弟，置有盐场、牛磨房、糕果店，又合建玉记、玉胜商行。玉记于咸丰八年（1858年）置船“瑞合”号，往返于东石至福州，到同治二年（1863年）又购进“瑞荣”号大木帆一艘，运盐进省城，运杉木回东石。同治十三年（1874年）连续增置“同春”、“万春”、“茂春”三号大帆船，北上天津、牛庄、烟台，南下台湾、东南亚贸易。最盛时拥有大船十余艘，成为当时东石首富。[①]

乡族共利的事务颇多，修水利、防洪、修桥、筑路，以及安全保卫等。宗族之间合则荣，分则枯。地域社会的共同利益整合了分立的宗族群体。

第二节　宗族械斗及其起因

宗族在认同和凝聚的同时，伴生着对族外群体的偏见和排斥。族际矛盾和纷争与宗族社会的形成和发展相伴随，当矛盾纷争激化到不可调和时便诉诸武力。械斗是族际斗争激化的产物，也是历史上闽南宗族社会突出的问题，因而本节将族际斗争聚焦于宗族械斗。

① 参见粘良图：《清代东石港航运业考析——以族谱资料为中心》，《海交史研究》2005年第2期。

闽南宗族械斗，最早发生于明代漳州。咸丰九年（1859年），曾到过闽南，即将赴福建履新的地方官员张集馨，被召见于勤政殿东暖阁。他与咸丰皇帝有一番对话："上曰：'彼处（按：指福建）械斗，始于何时？'对曰：'臣查《漳州府志》，盛于永乐末年，其始则不可考。'上曰：'械斗是何情形？'对曰：'即战国合纵连横之意。大村住一族，同姓数千百家；小村住一族，同姓数十家，及百余家不等。大姓欺凌小姓，而小姓不甘被欺，纠数十庄小姓而与大族相斗。'"[①] 张集馨，道光九年（1829年）进士，到地方任职前在翰林院供职，对于文献的了解是比较多的。但关于福建械斗之始发，他所陈的"永乐漳州"说，不知何据。查阅了万历元年（1573年）刊刻以及此后的《漳州府志》，没有发现有关记载。笔者推测，即使明永乐年漳州就有械斗发生，也不可能"盛"。明万历至崇祯年间，漳州械斗风习已经萌生，出现了几个宗族结盟为一个姓氏群体对付异姓豪强的情况。[②]

清代，宗族械斗成为闽南突出的社会问题，连雍正皇帝也受到惊动。雍正十二年（1734年）上谕："朕闻闽省漳泉地方，民俗强悍，好勇斗狠，而族大丁繁之家，往往恃其人力众盛，欺压单寒，偶因雀角小故，动辄纠党械斗，酿成大案，及至官司捕治，又复逃匿抗拒，目无国宪。两郡之劣习相同，而所属之平和、南胜一带尤为著名，此中外所共知者。"[③] 嘉庆二十二年（1817年）前后，云霄厅同知薛凝度说："闽中下南四府，号称难治，以漳泉为最，而尤以漳州为最。云霄僻处一隅，地割三县，抑又甚焉。……械斗最为漳泉恶习。"[④] 道光咸丰时期，龙溪、漳浦、云霄一带，"大姓则立红旗，小姓则植白旗……订日互斗，

---

① 张集馨：《道咸宦海见闻录》。

② 陈支平：《近500年来福建家族社会与文化》，第123～124页。

③ 见乾隆《泉州府志》卷20《风俗》。

④ 嘉庆《云霄厅志》卷2《学校》。

大姓则合族相帮，小姓则合帮相助，本村壮丁不足，则于外间招募，总以必死为能”①。直至民国时期，云霄械斗仍然未艾，其中莆阳的械斗延及数十个乡村和族姓，双方购置军火，修筑碉堡，形成包围和反包围的层层对峙，历时十余年。②

清代晚期闽南宗族械斗的重灾区逐步由漳州往泉州转移，主要发生在惠安、晋江，尤其是惠安，时间集中在光绪二十九年（1903 年）至民国十八年（1929 年）。

光绪二十九年（1903 年），晋江塔头村刘氏宗族修建宗祠，新祠修得较旧祠高，这使蔡氏祖厝低于刘氏宗祠，蔡氏宗族恐有碍祖厝风水，由此发生纷争，继而爆发两姓械斗。械斗延续六年，晋江县令五易其官。③

光绪三十三年（1907 年），惠安辋川前张村方肴与陈江水因讨赌债发生争吵导致方、陈两姓爆发械斗，时间延续三年。④

光绪三十三年（1907 年），惠安涂岭因藏匿孩子导致两姓械斗。⑤

光绪三十四年（1908 年），惠安洛阳镇因客栈争客导致有宗族参与的械斗，时间延续三年。⑥

民国十三年（1924 年），晋江安海镇黄姓与颜姓，因祖墓风水导致两姓械斗。张林乡的张姓，因张、颜同宗而助颜姓。驻扎在泉州的军阀孔昭同派兵前往弹压，遭张、颜族人伏击，事态进一步扩大。几经周折，孔昭同得 2.8 万元赔款而息事。⑦

---

① 张集馨：《道咸宦海见闻录》。

② 陈支平：《近 500 年来福建家族社会与文化》，第 123 页。

③ 李锐：《刘蔡冤》，《晋江文史资料选辑》第 9 辑，1987 年。

④ 王成龙：《辋川械斗惨案》，《惠安文史资料》第 1 辑，1983 年。

⑤ 李玉昆：《试论泉州历史上的械斗》，《泉州文史》第 10 期，1989 年。

⑥ 吴毓芬：《昔日洛阳码头工》，《惠安文史资料》第 5 辑，1986 年。

⑦ 李玉昆：《试论泉州历史上的械斗》，《泉州文史》第 10 期，1989 年。

民国十六年（1927年），惠安张吴村因盗牛导致两姓械斗，时间延续三年。[①]

民国十六年（1927年），泉州东门外田园坑与后园因争夺水源导致宗族械斗，时间延续七年。[②]

民国十六年（1927年），晋江陈埭西边与高岑因争夺水源导致两姓械斗，时间延续十多年。[③]

民国十八年（1929年），晋江东石蔡氏宗族同肖下渔民因争海港产权而械斗。后来，马来西亚华侨蔡天锡向肖下渔民买下海港的产权，并将产权献给蔡姓，械斗始平息。[④]

闽南宗族械斗有三大原因：

1. 国家衰败

当封建国家衰败时，其社会控制的能力就衰微。封建国家的衰败和腐朽的表现是多方面的，国防力量捉襟见肘，只好让海疆边民自保，就是其中之一。自明代嘉靖以后，福建民间各宗族纷纷建立家族武装、团练乡兵，使得许多宗族间的矛盾向武装对抗升级。所谓“前明之季，海氛不靖，剽劫公行，滨海居民各思保护村庄，团练乡勇，制造戈兵。逮入国朝……百姓习于武事，其间聚族之人，挟睚眦之嫌，辄至操戈相向，彼此报复，习以为常”[⑤]。于是，宗族间的武装械斗事件频频发生，成为福建地区尤其是漳州、泉州两府的一个非常特异而又十分严重的社会问题。

---

① 李玉昆：《试论泉州历史上的械斗》，《泉州文史》第10期，1989年。

② 曾连昭：《略述泉州近郊解放前刘氏年间的旱灾》，《泉州文史资料》第13辑，1982年。

③ 曾连昭：《略述泉州近郊解放前刘氏年间的旱灾》，《泉州文史资料》第13辑，1982年。

④ 蔡福藩：《东石码头地产公司》，《泉州文史资料》第2辑，1982年；李玉昆：《试论泉州历史上的械斗》，《泉州文史》第10期，1989年。

⑤ 《皇朝经世文编》卷二十三《治械斗论》。

如清代同安马巷厅一带：

> 民皆聚族而居，习尚嚣凌，以强欺弱，以众暴寡，睚眦之仇，动辄列械互斗。……地方官员下乡查办，明知其敝于斗案，完结之后，其命案不得不以缉凶了事。甚者需造累年斗杀，并不报官为之清理，只得延请公正绅耆往为调处，则计两造所伤人命，照数准抵，多则赏以银钱，名曰赔补，每名多则百余千，少亦数十串。其钱或出于本乡之匀摊，或出公亲之赔垫。……愚民无不以斗为乐，踊跃从事，转辗报复，数世不休，性命伤残，死而无悔。厅属弹丸之地，查历年斗案共有三十余起，每起百十名至数十名不等。经年累岁，愈积愈多，思欲逐案清理完，属无从措手，此械斗之难治也。[①]

寓兵于民，是嘉靖年以后明清王朝强化基层社会统治的方法。在闽南，地方政府甚至从海疆边患的角度出发，私下鼓励民间设置军事性防御设施和器械。但一旦失控，这些设施和器械就成为地方动乱的资源。如明清闽南土堡和土围楼修建的第一推动力缘于倭乱，但在接续的土堡建设中，就与族际关系紧张乃至械斗有关了。陈盛韶谈起土堡、围楼缘起以及械斗祸害："其始由倭寇为害，民间自制藤牌、短刀、尖挑、竹串自固。后缘海盗不靖，听民御侮，官不为禁。至今遂成械斗张本矣。"[②] 漳州土堡盛于闽南，而漳州土堡、围楼甚多的漳浦、平和、云霄、诏安，也最是闽南宗族械斗的高发区。但因土堡和土围楼具有很强的防卫功能，这些地方尽管械斗最盛，伤亡情况不算惨重。

2. 以强凌弱

地域内的宗族共利，由乡族组织控制地方事务和协调各宗族

---

① 陈支平：《近500年来福建的家族社会与文化》，第119页。

② 陈盛韶：《问俗录》卷四《诏安县·土堡》。

之间的关系，这只是中国封建社会晚期福建民间宗族外部关系的一个方面。而在另一个方面，割据性的宗族制度具有很强的排他性，特别是为了争夺对于地方社会的控制权，宗族与宗族之间、乡族与乡族之间相互欺凌、相互对抗的情况也处处可见。前引张集馨所说“大姓欺凌小姓，而小姓不甘被欺，纠数十庄小姓而与大族相斗”颇能说明问题。嘉庆时曾经在福建担任地方官的姚莹说：“平和……家自为堡，人自为兵，聚族分疆，世相仇夺，故强凌弱，众暴寡，风气顽犷。……民则以户姓之大小，支派之富贫为强弱，一夫攘臂，和者千百，势甚汹汹。”① 道光时陈盛韶《问俗录》说：“强凌弱，众暴寡，福建下四府皆然。诏安小族附近大族，田园种植，须得大族人为看管，方保无虞。其利或十而取一，或十三而取一，名曰包总。否则强抢偷窃，敢怒不敢言。”② 吴增《泉俗刺激篇》云：“械斗祸最深。彼此同一乡，既分大小姓，又分强弱房”，说的还是强凌弱问题。

3. 细故引发

闽南宗族械斗的起因在外人看来，多是些小事。上述的清末民国时期泉州发生的九起大械斗中，除了后三起以争水源、争海港为肇因，其他六起的起因依次是：祖厝风水、讨赌债、藏匿小孩、客栈争客、祖墓风水、盗牛。这些都是如地方官员所说的“雀角细故”。

但是，在宗族制度十分严密、血缘观念十分浓厚的闽南民间，人们普遍认为宗族的荣誉、风水等受到损害是不能容忍的，即使是很微小的事情，只要有损于宗族的尊严，每个族人都应挺身而出，不得苟且。宗族与外部的抗争、械斗，不论是出自意气面子，或是出自经济利益，都使族人感觉到宗族势力对于自身安

---

① 《皇朝经世文编》卷二十三《上汪制军书》。

② 陈盛韶：《问俗录》卷四《诏安县》。

全和权益的庇护，感受到宗族存在对于自身存在的必要性。一旦族人与外族发生冲突，举族就会齐心协力，一致对外。“事关通族，将历年所积羡余公动公用，不敷就族上、中、下丁协鸠济公；或族人罹外侮者，公同出力，若分心异视，通族摒弃之……能捍大患，御大侮，保全子姓，通族倚重祀之，显有功也”[①]。这种共御“外侮”的观念，有时会非理性地将并无涉及宗族“大事”的族际个人纷争激化为族际群体纷争，乃至诉诸武力。

应当指出，并不是不同宗族的个人之间、家族之间的纷争都会导致宗族纷争乃至械斗，否则，宗族械斗的频率将会很高。由小事引起的族际纷争，通过族长之间的沟通，以及公亲、乡族组织的调解，常可达成息事宁人的效果，有的个人甚至以宽阔的胸襟消弭纷争，达成谅解。由此而观，教育可化愚顽，良风可敦和谐，革除械斗的教化说，确有深刻的道理。南靖奎洋上洋庄氏后美祠有一联文：“和气始能生瑞气，书声方可振家声。”[②] 上联的“和气”，应是包括族内外。晋江塔江刘氏祠堂厅壁嵌有碑刻一方，碑文劝导和亲族、睦乡人：“勿因睚眦细故，旧怨复萌，勿因口角微嫌，前仇顿作；勿得弱肉强食，须知桑梓敬恭；勿得尔诈我虞，须念朱陈婚姻……相助相扶，兴仁兴让，化互乡为仁里，卖佩刀以买牛。”[③] 南靖书洋萧氏宗族的族规有云：“凡处乡党，当以古法，出入相友，守望相助，疾病相扶。乃若以强凌弱，以众暴寡，以富吞贫，横暴者以欺其良善，此后世之弊，最为可戒。或有非礼以加我者，则避逊之而勿较，其或不得已不得避，则国有常宪，不必私与之争。孟子所谓：行有不得者，反求诸已而已矣。”清同治年间，晋江葛州杨氏家族与林氏家族因盖房碍及祖坟发生冲突，双方族长进行协商，最后立下合约。明万

---

① 陈支平：《近500年来福建的家族社会与文化》，第127～128页。

② 苏炳堃主编：《漳州氏族源流汇编》。

③ 粘良图：《晋台宗祠及其姓氏源流》。

历年间，泉州城内林氏家族的林欲栋、林欲楫兄弟分任工部尚书、礼部尚书，故称“兄弟两尚书”，高官显赫。时泉州一唐姓兴建府第与林家毗邻，为一墙基两家发生争执，林家派人上京告争，要二位尚书责成地方官处理好争端。二尚书并不以势压人，只于回函中写诗一首：“千里修书为一墙，让他三尺亦何妨。万里长城今犹在，不见当年秦始皇。”接信后，林家主动退让三尺。唐家见林家胸怀宽广，谦逊礼让，也让地三尺。两家礼让，让出一条六尺巷，即今位于文化宫东侧的礼让巷。[①]

光绪二十九年（1903年）至民国十八年（1929年），是泉州地区械斗盛发的时期，九起械斗（有些械斗间断式地延续数年）已令人触目惊心。然而，若以宗族数量为基数，发生率是相当小的，也就是说绝大多数的宗族之间还是相安无事的。较之剑拔弩张的族际关系，也有一些宗族的族际关系是不错的，个别甚至是相当好的。漳浦县旧镇一带，陈、张、钟、吴四姓比邻而处，和谐友好。乾隆五年（1740年），在翰林检讨张公光的倡导下，四姓“供奉圣母，以庙为祖，鸠集父老，分为四房，序以昭穆”。民国十三年四姓重建天后庙，抚今追昔，感慨：“比邻之间同姓既可为兄弟，则异姓亦可同祖庙。”[②]

第三节　官府对械斗的处置和认识

清代嘉庆以后闽南吏治腐败，不少官员竟然利用械斗渔利。虽也有尽职的官员能劝谕，甚至对引起宗族冲突的隐患加以防微杜渐，可惜随着时间的推移，后者愈来愈少。消解和根除械斗的办法是以学校为中心的教化，这是官府的共识。

---

① 苏黎明：《泉州家族文化》，第164页。

② 《重建天后庙序》，见王日根：《明清民间社会的秩序》，岳麓书社2003年，第45页。

1. 渔利

有些官吏在处理械斗案件时，宁承担缉查不力，也不肯下力实办。尤其严重的是，在械斗激烈进行时，官吏作壁上观，等械斗收场时进行勒索。道光二十二年（1842年）张集馨在福建任职时记道："漳州毗连粤省潮州……其俗专以械斗为强，而龙溪、漳浦、云霄三属为尤甚。……斗之时，营县不敢过问，若亲往阻挠，矢石立至。惟俟两姓收场后，差役前往收械斗费。近则斗者日穷，规费拖欠者多，不能视为利薮。"①

嘉庆年间云霄厅同知薛凝度对本地官吏如何借械斗渔利了解甚周详，他说：

> 械斗最为漳泉恶习，而其实械斗之风，半由地方官有以酿成之也。雀角鼠牙，其始不过两言而决。乃怠缓者既不能早为清理，而不肖者更得赃鬻狱，颠倒而失其平。官府之公道不昭，百姓之私怨日积，弱者泣饮吞声，强者乃攘臂呼群，列械而争先报逞矣！漳泉积习，盖非一朝一夕之故焉，乃地方官不以械斗为地方之祸端，而转以械斗为官府之利薮，利其犯法而后逼其行贿。故虽可以禁止之械斗，文武衙门坐视不救，以待其成。而后率兵役到乡，不拘正凶，但逼勒富户派出兵费差费，盈千累万。不从则延烧遍抢，玉石俱焚。富户不得已敛钱送官，求安买静，尸亲亦得钱息讼。……且虽械斗，而官府仅派富户出钱，而凶犯之可以不拿到案也，而械斗乃不畏官府矣！遂不可禁止矣！此实云霄民不畏官而械斗之所由来也。②

2. 调停

当乡族组织无力解决宗族之间的矛盾时，政权的司法作用就

① 张集馨：《道咸宦海见闻录》。

② 嘉庆《云霄厅志》卷二《学校》。

派上用场。例如安溪山珍黄氏家族，“七世一晖设书馆于牛头寨埔。梁大受说占他田畔，上挖不休。迨至明隆庆丁卯，族首曰中公往县据理争辩，言得了结”[①]。晋江锦马林氏三世祖长乐令林抟墓，在晋江二都磁灶乡。墓前神道被当地土豪吴诞吉挖占，锦马林氏族人获讯后阖族公愤，各地支族族长联合诉官。“马平乡林正，西坑乡林程，柑市乡林震，东市乡林宗，菌边乡林素，马鞍山林轸，下店林举，前浯林璧，驷马林玉，宫前林兴，潘径林聪，枫林林圣，鲍厝林蔡，内厝林英，鹳头林奇、塔头林道等，具呈上诉”[②]。经过多方的交涉，最后官府判吴氏无理，把地交还林氏家族。晋江儒林唐氏族长控告张氏家族：“我先祖儒林公，肇基晋江三都樟林乡，科登乡进士，任征辟知县，有政声。欲起盖唐衙，即栋折榱崩，尚有唐厝基石、唐厝埕、唐厝井作遗据。有埕围被张家侵占，清乾隆年间，我壁里族长召集三房流芳乡，以及西山族长向阻，控告在案。可惜先祖之业八百余年之倒塌，几为张家所有矣。”[③] 此事得到县衙处理。

学者们普遍认为，中国封建社会中，尤其在华南，国家政权仅仅延伸到县一级，县以下的乡村实行自治。这一看法大体正确，但不够准确。封建国家的管控力通过县衙，像章鱼伸开其长长的腕足，伸入基层社会。宗族之间关系的仲裁和制衡，就是县衙“腕足”所发挥的功能。

3. 教化

教化，是减少乃至杜绝械斗的最好方法，这是不少官员的认识。宗族与械斗固然有联系，但不是必然联系。根据明清地方志中的议论，械斗以漳为最盛，而民风之“悍剽”亦以漳为首。对于民风与械斗的关系，时人已有洞察，一些官员主张从移风易俗

① 苏黎明：《泉州家族文化》，第 155 页。
② 苏黎明：《泉州家族文化》，第 154 页。
③ 苏黎明：《泉州家族文化》，第 155 页。

来对械斗进行釜底抽薪。薛凝度在其主修的《云霄厅志》中将主讲械斗的内容编在卷二《学校》，其因在于“械斗最为漳泉恶习”，“积习相沿”，“不立学校，无以正其本”。薛凝度认为：械斗与健讼好斗的民风有关，“惟有建学明伦，则弦颂可消讼狱之气”。[①]

清末吴增撰《泉俗刺激篇》，其中议论械斗云：“蔑天理，无人心，械斗祸最深。……械斗祸一起，杀伤数十里，四解尸，冢发骨，乡里毁成灰，田园掘成窟，伤心惨目有如是，不知悔祸不讲理。劝君快设小学堂，学堂不兴祸不止。”

通过教化，提高人的素质，对械斗进行釜底抽薪，确有见地。宗族尽管有排他性，但只有在民风悍狠和吏治腐败的情况下，宗族才会长出伤害他族的尖牙利爪。宗族与械斗没有必然的关系。

---

① 嘉庆《云霄厅志》卷二《学校》。

第十章

闽南宗族社会对台湾的影响

早在宋代，闽南沿海，尤其是泉州，土地不堪人口负荷的矛盾已经显露，明清时期更甚。这个矛盾转变为移民的驱动力，经商往南洋，垦殖到台湾，成为闽南移民的两大走向。清代台湾移民大多数是闽南籍，因此基本上可以将清代台湾宗族社会视为闽南宗族社会的延续与变异。

在垦殖台湾的浪潮中，移民急切形成社会组织来求得生存和发展，而血缘关系人口的集中远不如以地缘关系人口的集中来得快速。这样，以漳、泉府籍乃至县籍的移民，以奉祀原乡神明的宫庙仪式产生认同的群体成为移垦社会最早的社区组织。紧接着，以同一地籍（以县籍为普遍）同一姓氏形成的虚拟血缘宗族，以及原居地宗族的成员形成的重组宗族迅速登场，成为清代台湾移民社会普见的宗族组织。台湾移民主要增长于乾隆嘉庆时期，一个开台祖繁衍的后裔一般要百多年才能形成宗族。这就意味着开台祖后裔的血缘宗族一般出现于咸丰之后。这就是 1860 年左右台湾由移民社会转型为定居社会重要的内在依据。

以同一县籍、同一姓氏为纽带而合成的虚拟血缘宗族，是闽南宗族组织在台湾的变异。族际斗争中出现的诸姓宗族整合为单姓宗族联盟，以及族谱编纂中以同姓统合为一个基本上是虚拟血缘的大宗族，这两个闽南宗族社会新出现的基质，在台湾虚拟血缘宗族有进一步演绎。同一宗族的族亲形成的重组宗族，是闽南宗族人口在台湾的重新整合。开台祖或开基祖后裔形成的血缘宗族，是闽南宗族形成机制在台湾的继续运作。以一、二世田产提留的祭祀公业为基础、建祠滞后，是台湾血缘宗族与闽南宗族的突出差异。这些都是闽南宗族形态在台湾的延续与变异。并且，在台湾宗族社会的演进过程中，延续中有变异，变异中有延续。

第一节 清代台湾宗族的发展类型

因渔而暂住兼事农，由暂住而常住再定居，这是大陆汉民开发台湾北港的方式，也是大陆汉民开发台湾最早的历史图景。到了明代末期，北港的汉族人口已有一两万人。1662 年郑成功驱荷复台后，数万计的人口集中移住台湾。1683 年康熙统一台湾后，移民赴台以涓滴成流的方式进行。乾隆嘉庆期间移民数量剧增。嘉庆中期，台湾汉族人口接近 200 万。移民及其后裔大多数是漳泉籍，少数是潮梅籍。在乾隆至道光年间，新型（虚拟或重组）的宗族组织陆续涌现。此前，也有数量甚少的传统和新型宗族组织。咸丰年间，台湾由移民社会开始向定居社会转型，血缘宗族大量涌现。

台湾学者将清代台湾的宗族分为“合约字宗族”和“阄分字宗族”。合约字宗族指同一祖籍地（主要是县籍）的同姓成员，按照契约形式，依议例纳份钱、集资置田（“祭祀公业”）、祭祖会餐，以此组成虚拟血缘宗族。还有一种是来自原居地宗族的族亲也按照虚拟血缘宗族的组建方式，组成重组宗族。台湾学者也将这种宗族归入合约字宗族。阄分字宗族指某一开台祖或开基祖的后裔形成的宗族。开台祖或开基祖的第二代在阄分析产时留一部分田产为祭田，即祭祀公业，这种家族的祭祀公业后来成为宗族的祭祀公业。在庄英章先生的调研中，确有开台祖或开基祖的第二代在阄分析产时留一部分田产为祭祀公业的例子。然而，开台祖或开基祖并非都能留下产业（主要是田园）而成祭祀公业。如果是第三代以后的阄分而有的祭产，那就不是整个家族的，而只属于某代某房的祭产，以后也不会成为整个宗族所共有。因此，所谓的阄分字宗族的祭祀公业主要应不是阄分而生，而是其他形式（如发迹族人的捐献，或者也按丁份集资置产）而来。鉴此，所谓"阄分字宗族"命名并不准确。有的学者将闽南宗族组织在台湾延续与变异而出现的合约字宗族和阄分字宗族作为福建宗族组织的两种基本类型，[1] 似有本末倒置之嫌。

早在康熙晚期台湾就有合约字宗族的记载："台鲜聚族，鸠金建祠宇，凡同姓者皆与，不必其同枝共派也。"[2] 但这只是指开发时间久的台湾县新出现的情况，在台湾西部平原南北两路移垦地区尚未呈现这种新习。从"台鲜聚族"一语可知，同宗聚族的血缘群体还是有的，只是很少见，但既然非同宗共祖的同姓都要鸠金建祠，那么血缘宗族当然更早就建有宗祠了。

台湾县这种开发已久的地区出现同姓合成的宗族，也仍以建祠作为建立宗族的根本举措。就这点来说，其宗族形成的标志与大陆原乡是一致的。上引的这条"鸠金建祠"的记述接着叙道："祭于春仲秋仲之望，又有祭于冬至者。祭则张灯结彩作乐，聚饮祠中，尽日而罢。"既有祠堂，又有祭祀，当然有供奉的始祖。由于只是同姓合为一族，所祭始祖一定是"唐山祖"，而且历史久远，以便成员认同。南投县林圯埔（竹山）东埔蚋刘氏宗族所奉的始祖刘仲三，据称是开基南靖县春雅社的"汉高祖之子"，邈不可信。在急速垦殖的移民浪潮中，像台湾县那种契约式的建

① 郑振满：《明清福建家族组织与社会变迁》，第203、212、63、81页。
② 余文仪：《续修台湾府志》卷十三《风俗一》。

祠合族的形式基本弃用，急不可耐的移民尚未建祠，便以祭祀公业的设置开始宗族组织的创建。这是台湾移民社会时期宗族形态的显著特点。这种特点也不同程度表现于重组宗族和后来的血缘宗族。

准确地说，台湾祭祀公业的实质不只是祭产，它有祠祭组织的含义。或者说，祭祀公业是祭产兼祭祀组织，已经具有祠堂的祭产兼祭祀的功能。祭祀公业的收益用于祭祖，逢祭日族众聚饮“吃公”。台湾未建祠的血缘宗族祭祖，除了极少数以墓祭替代祠祭，多数是以“祖厝”、“祖厅”或“公厅”这种祠堂雏形作为祭祀之所，或者是其他权宜的祭祀场所。公厅是家族共有的祀先厅堂。家族发展为宗族而未建祠堂时，家族公厅即成宗族公厅。甚至血缘宗族已建祠堂，仍依惯习称为“公厅”。但虚拟宗族或重组宗族的祠堂叫“公厅”，则少见。

合约字宗族和阄分字宗族的命名很有地方特色，但比较不明确且在学术上较少使用。为了方便，以“祭祀唐山祖的血缘族人的重组宗族”和“祭祀唐山祖的虚拟血缘宗族”指称合约字宗族，以“祭祀开台祖的血缘宗族”指称阄分字宗族。这三个概念可以简化为“血缘族人的重组宗族”、“虚拟血缘宗族”和“血缘宗族”，甚至还可以简化为“重组宗族”、“虚拟宗族”和“血缘宗族”。

庄英章先生对清代南投县竹山镇宗族形成过程的研究是一个有代表性的区域宗族史调研。① 以下转引其竹山镇宗族史资料，进行类型分析，进而结合台湾宗族发展史，来展示清代台湾宗族社会发展的概貌和宗族类型。

1. 祭祀唐山祖的血缘族人的重组宗族

---

① 庄英章：《台湾汉人宗族发展的若干问题》，《民族学研究所集刊》第36期。

（1）社寮庄氏招富、招贵堂的宗族

清嘉庆十五年（1810年），社寮的庄妈盛为谋求宗亲和睦团结，以抵御外姓之凌辱，乃发起鸠资置庄姓公业，远至集集、清水沟，凡是庄姓宗亲皆可参加，共同祭祀开基南靖奎洋的始祖三郎公。庄姓祭祀公业派下有近200人，要集会、聚餐等颇不方便，乃议分“上（顶）下两公”，取“富”、“贵”两字而命名。“顶公”名“招富”，“下公”名“招贵”。嘉庆十六年召开宗亲会议，让派下人自由选择归依。顶公设在社寮以北的田中央，派下人有60余名，水田二甲余；下公设在社寮，派下有110余人，水田五甲余。两公均以祭祀祖先及教育子孙为宗旨，派下人以当初参加者为限，派下人死亡由其子继承。祭祀公业通常由族亲中最有权势者掌管，时有管理人侵占公业的事发生，致使不少派下人脱离祭祀公业。

20世纪20年代以后，公业的收入增加，于是族亲中乃议建祠堂。下公在1925年兴建庄氏家庙，号“招贵堂”；顶公也在翌年兴建一幢庄氏家庙，号“招富堂”。两公均在农历十一月四日举行祭典，祭祀共同的始祖庄三郎，并且举行聚餐，全体派下人每户派一人参加，俗称“吃公”或“吃祖”。日本殖民统治后期，殖民当局为了消灭汉人的宗族意识，同时也鉴于祭祀公业常发生纠纷，因此有征收祭祀公业之议。下公由于管理人的偏私，曾经发生土地纠纷，又恐公田被殖民当局征收，乃于1936年变卖财产，分配给各派下人。顶公派下人中亦有建议出售公共财产者，但因管理人的反对而未遂。其时议定公业之基本章程，重新拟定派下人之名单。1939年通过招富公业章程，除了设管理人掌握公产和祭祀等事外，又设置理事会负责审议会计收入及账簿整理工作。理事任期三年，连选得连任。

顶公自1939年重新拟定公业章程后，派下人共有30名，由于派下人的资格是父子相承，至1972年派下人增加到56名。顶公有一甲多的公田，由派下人承租耕种，每年的收入除了充当祭祀及吃公的费用外，还设置子女教育补助金。后来由于派下部分人迁居都市或因工作的关系，往往无法参加祭祖及吃公，特将祭祖日期改为11月的第一个星期天。祭祖仪式也相应简化，参加的代表已不限于男性，妇女也可参加。下公由于失去共同财产的支持，每年定期举行祭祖及吃公的活动也就取消了。目前仅剩下家庙两边的几间房子出租，以充当祭祀之费，由管理人负责祭祀，其他派下人已不再参加，下公实际上几近解散。

（2）林圯埔林氏崇本堂的宗族

清乾隆五十三年（1788年），林圯埔地方的林姓族人，为纪念林圯开拓之功，募款建祠。嘉庆七年（1802年）由林施品首倡，向林圯埔附近林姓殷户募款重建。咸丰五年（1855年）林姓族人捐款修祠。春冬两祭外，每逢清明、端午、中元、重阳、除夕等节，亦行小祭。管理人从林姓族人中遴选，任期无限制，不置炉主，仅设首事，由湾仔、街仔尾（林圯埔下街）、竹园子、猪头棕、下埔等五区各推举一人担任，轮流主持祭典事宜。崇本堂有水田约二甲，旱田四甲余，房地约五分，以其收益充作香灯费及祭典费。台湾光复后，崇本堂的土地因都市建设而增值，于是重新组织一个宗亲团体，派下人限于竹山镇的林姓，只要住在竹山镇内的林姓均可参加，如果迁离竹山则取消派下人资格。现有会员417名，设理事会，聘干事一人，以管理崇本堂。每年冬至召集派下人，举行祭祖仪式，并分发纪念品。1968年出售部分土地财产，扩建崇本堂，该堂成为竹山最豪华的祠堂。

值得注意的是，林姓族人建祠后，议定：只要在竹山的林姓者均可加入林氏宗族，一旦离开竹山则宗族成员的资格被取消。鉴此，林姓宗族与庄姓宗族的重组是有差异的，原有血缘关系的庄姓整合为一个宗族，随即按地缘关系分裂为两个宗族。而林姓族人立祠组成宗族后，允许本地（竹山）的林姓加入。林姓宗族是血缘兼地缘的宗族，或者叫血缘兼虚拟血缘的宗族，是一种混合型宗族。

小结：庄姓族人在社寮设祭祀公业时，远至集集、清水沟的庄姓宗亲也参加，后分成两个“房族”祭。这说明散居对于血缘凝聚力起着削弱作用。嘉庆年间，庄姓刚置祭祀公业时派下就有约 200 人，说明若干族人开垦后，原居地族人续至。垦点产生后，引族亲或乡亲续至，这是移民垦台的主要模式。林圯埔地方的林姓族人建祠后，每年除春冬两祭外，每逢清明、端午、中元、重阳、除夕等节，亦行小祭，这说明林氏宗族的整合性较强。庄姓和林姓的宗族都是闽南“母族”通过分散徙台而聚族形成的“子族”。这种情形最有宗族复制的意味。另外，庄姓从置公业到建祠历经 110 多年，而林姓设祭祀公业和建祠基本同时。

2. 祭祀唐山祖的虚拟血缘宗族

（1）后埔子曾氏祠堂的宗族

据传在清道光初期，后埔子地区一些来自漳州的曾姓为了团结宗亲以抵抗外来的侵扰，组成一个祭祀公业，供奉曾子公。曾氏祭祀公业现有派下人 130 名，早期的资料不详，设有管理人一名，处理祭祀公业。每逢冬至举行祭祖，全体派下人一起吃公。曾姓于 1890 年建了简陋的祠堂，1931 年重建。目前曾氏祠堂在后埔子街道两旁有房地产出租，收入充当祭祖吃公的费用。

（2）东埔蚋刘氏家庙的宗族

道光三年（1823 年）左右由东埔蚋的刘神岽首倡，联合附近各庄的刘姓组成祭祀公业，并募款兴建刘氏家庙。供奉一世祖刘仲三（相传为汉高祖之子，居福建省南靖县春雅社）及二世祖刘季五、刘季六等神位。每年清明、端午、中元、重阳及冬至等节举行祭典，以冬至为大祭，延请道士诵读“三静咒”。刘氏家庙创建未几，即由刘姓族人募款购置田园二甲余，以其收入充当香灯费及祭典费。1912 年，刘来旺首倡募款重修祠堂，同时又添置五分余园地。设管理人一名，以管理祠堂的事务。管理人由族人遴选，任期并无限制。近年来刘氏祠堂的土地渐减，收入已不足维持祭典费，因此每年仅在冬至日由管理人备简单祭品祭祀而已，全体派下人不在一起参加祭典。

（3）硘磘陈五八祠堂的宗族

陈五八祭祀公业于清乾隆四十六年（1781年）八月十四日成立于沙连堡林圯埔，当时有35名来自漳州府平和县的陈姓垦民联合出资组织祭祀公业，供奉他们在漳州的祖先陈五八。约在清朝末期兴建陈五八公祠堂，每年春秋两祭，全体派下人一起吃公。1895年，日军进犯竹山，在陈五八祠堂枪杀数十名抗日人士。自此，陈五八宗族成员不在祠堂祭祖，改为轮流在派下人家中举行祭祖。后因竹山实施都市改造，殖民当局为开辟市区道路而强行拆除陈五八祠堂，加上派下人对祭祀公产产生纠纷，祭祖仪式中断。台湾光复后，部分派下人在硘磘重新组织陈五八祭祀公业，设置代表三人，任期四年，轮流管理一分多的公共土地，并负责主办春秋两次祭祖仪式，春祭时举办吃公活动，全体派下人均可参加。

小结：三例祭祀唐山祖的虚拟血缘宗族中，后埔子曾姓于道光初期设祭祀公业，1890年建祠；东埔蚋刘姓于道光三年（1823年）建祠，随即置祭田；硘磘陈姓于乾隆四十六年（1781年）设祭祀公业，清末建祠。

3. 祭祀开台祖的血缘宗族

（1）社寮张创公厅的宗族

张氏渡台始祖张创，生于清雍正十一年（1733年），福建省漳州府龙溪县人。张创在家中排行第四，乾隆中期与一位兄长渡台抵社寮。乾隆三十九年（1774年）兄长去世，其嫂吴氏欲回龙溪，翌年乃订立分家契约，吴氏回福建，张创定居社寮谋生。张创生子三人，长子早卒，次子天球，继承父业，务垦水沙连，家道渐兴。嘉庆十九年（1814 年），张天球与陈佛照等四人合资开浚隆恩圳。嘉庆末年，张天球又开拓浊水溪以北的八杞仙地区（今中寮乡）。其长子焕文留居社寮，其余三子移居新开垦的土地，导致后来张创宗族分成社寮、中寮两大支派。张创宗族分为三房，有祭祀公业，由三房轮流耕种，并负责祭祖费用。道光十三年（1833 年）兴建公厅。咸丰四年（1854 年），二房的张焕文被选为恩贡生。台澎提督学政裕铎为其立匾曰“贡元”，因而奠定张创宗族在社寮的地位。日本殖民统治初期浊水溪泛滥，张创宗族的祭祀公业大部分被洪水冲失，仅剩下公厅附近的部分房地产。因缺乏祭祀公产的支持，每年全体派下人祭祖的仪式也就取消了，社寮与中寮两地的派下人乃渐渐疏远。1952 年重修“开基祖妈”（张创之妻）的坟墓，全体派下均分摊费用。1956 年重修公厅却只有社寮的派下人负责，迁居中寮的派下人并未参与此事。

（2）社寮陈佛照公厅的宗族

陈佛照在乾隆末年从福建漳州南靖迁到社寮。他在嘉庆末年曾与张天球等合资开浚隆恩圳，灌溉社寮地区的农田。陈佛照有六子，分为六房，历代务农，迄今传至第八代，早期有系谱记载，到日本殖民统治末期，该族没落后则不再记载系谱。陈佛照留下公产三甲，由六房轮流耕种，各房每六年轮耕一次，轮到耕种公田者则负责该年的祭祀费用。每年清明节前后，请历师择一吉日扫墓，祭祀渡台始祖。祭祀后并请村中的耆老一起参加他们的吃公，场面盛大。在 20 世纪初，二房的陈克已经商发迹，1915 年捐建公厅。陈克已不仅在宗族内有很大的影响力，而且在社寮的公共事务上也扮演重要角色。1936 年，陈克已过世后，一些迁居彰化、集集等地的陈姓族人要求分公产，祭祀公业均分后不再定期举行祭祖及吃公的活动。台湾光复后，不少宗族成员迁移他处谋生，目前还住在社寮的仅剩下 13 户，宗族几近解体。

(3) 溪洲子陈氏家庙的宗族

渡台始祖陈朝，约在清雍正年间从福建漳州府漳浦县迁到南投的隘寮。其子陈寄又迁移到现在的羌仔寮，迄今已传至11世，派下人有60户。他们有系谱记载，派下人之间的系谱关系相当清楚。目前住在羌仔寮附近的派下人有44户，其余的分散在南投县各处。陈寄曾留下一甲左右的土地，作为祭祀公业，历来设专人管理。1921年兴建陈氏家庙，供奉渡台始祖陈朝及历代高曾祖考妣。1946年正式成立理事会，设理事四名，监事一人。各由派下人推选，任期三年，连选得连任。陈朝宗族现有族产水田五分，由四位派下人承租耕种，此外，在公路旁又有四分多的房地产，出租给其他村民兴建店铺，收入充当祭祀费用及派下人子女教育补助金。每年清明节全体派下人每户各派一人参加祭祖及吃公。陈朝宗族历代大多是务农为生，到了第七代曾出了一位武秀才。第八代以后则有多人参与地方政治活动，先后有担任台中州议员、南投县议员及竹山镇农会理事长之职务者，目前他们在竹山地区的政治活动还颇具影响力。

(4) 林圯埔叶氏福兴堂的宗族

开基祖叶初，漳州府平和县人，生于清康熙四十六年（1707年），卒于乾隆五十五年（1790年）。叶初父名叶保，排行第四，与其长兄位五一起渡台。叶初何时迁抵林圯埔不详。他务垦于林圯埔一带田园，乾隆五年在林圯埔东南兴筑猪雅寮陂，灌田80余甲，为竹山地方凿圳之滥觞。根据他们的系谱，迄今已传至第八代，约有40余户。叶初生子建，建又生六子，分为六房。渡台始祖留下共同财产及猪雅寮陂水权，由六房轮流收取水租。同治元年（1862年），五房的国显发起兴建福兴堂，俗称“叶氏宗祠”，供奉叶氏历代祖先之神位。福兴堂设管理人一名，负责管理祠堂一切事务。每年岁俗时节，各派下人均前往祭拜。日本殖民统治时期，猪雅寮陂被殖民当局征购，福兴堂仅留下若干公共土地财产。1946年五房的叶万枝又倡修福兴堂，修护费用大部分由叶万枝负担。目前每年清明节举行祭祖仪式，全体派下人用所提供的祭品一起吃公。

（5）猪头棕陈氏尊德堂的宗族

渡台始祖陈高，漳州府海澄县圳尾社人，可能在康熙年间抵台湾府嘉义县盐水港。第四代孙陈意约在乾隆末年或嘉庆初年迁抵沙连堡林圮埔。陈意之孙莲池，咸丰四年（1854年）四月授修职郎。莲池之子上达，曾协力建造云林县竹城，后授奋武郎。陈上达于光绪三年（1877年）迁居猪头棕，建尊德堂。上达有三子，分为三房，其后代组成陈上达祭祀公业。他们有详细的系谱记载，至20世纪70年代有派下人15名，公共土地二分余，设管理人一名，负责祭祀公业的事务。他们已不在尊德堂祭祖，仅清明节前后择一吉日扫祖墓，由三房轮流负责预备祭品，公共财产的收入仅供维持祠堂的香油费及缴纳地租，因此并不举行吃公的活动。

简言之，猪头棕陈姓是以陈意为开基祖繁衍的后裔，约在清末形成宗族。陈意曾孙于光绪初年建尊德堂，未交代此前有无祭祀公业。但根据庄英章先生后来的著述，咸丰四年（1854年）组成陈高祭祀公业。[①] 从开基祖算起，建祠的陈莲池是第三代，因此此时设的祭祀公业只是家族公业。第四代陈上达于光绪初年所建的尊德堂也只是家族祠堂。只有到了清末，猪头棕陈姓形成宗族，陈高祭祀公业和尊德堂才转变为宗族祭祀公业和宗族祠堂。

（6）硐磘廖氏武威堂的宗族

渡台始祖廖盂，汀州府永定县人。雍正年间渡台，先抵台

---

① 庄英章说："陈意之孙莲池，咸丰四年（1854年）授修职郎，因此组成陈高祭祀公业。"见《林圮埔》，上海人民出版社2000年，第189页。

南，后迁沙连堡林圯埔街之南郊，以制陶为业，该地遂称“硘磘”。从渡台始祖迄今已八代，现有派下人80余户，其中约有60户住在硘磘。他们早期有系谱记载，现已不再记载。1925年兴建武威堂，俗称“廖姓公厅”。现有公共土地八分，收入充当祭祀费用，但是全体派下人已不一起祭祖，由管理人负责祭祀，其余派下人各自来公厅拜祭祖先。

小结：根据祭高祖以上才为宗族的指标，即前五代为家族，第六代以后为宗族。除硘磘廖姓之外，其他五例中，有四例很早就有祭祀公业。若以25年为代际，至少要125年之后，才会形成宗族。也就是说，乾隆元年（1736年）以前迁台的移民，其后裔在移民社会时期形成宗族；乾隆元年以后迁台的移民，其后裔则在定居社会时期（咸丰末年之后）形成宗族。这里的血缘宗族的形成时间即依此估算。林圯埔叶姓开台祖于乾隆早期迁台，开基竹山，其后裔约于同治年形成宗族。猪头棕陈姓是开台祖曾孙的衍派，约在乾隆末年或嘉庆初年开基竹山，故后裔形成宗族应迟至清末。溪洲子陈姓是开台祖之子的衍派，于乾隆时开基竹山，其后裔约在同治年之后形成宗族。社寮张姓和社寮陈姓到竹山的开台祖，分别于乾隆早期和乾隆末年开基竹山，其后裔先后在同治年间和20世纪初期形成宗族。

从台湾人口增长的情况来看，康熙二十二年（1683年）统一台湾后，郑氏官兵和部分移民迁回大陆，汉族人口一度减少到7至8万人，不过很快回升。根据档案资料，台湾人口在乾隆二十八年（1763年）为67万，乾隆四十七年为91万，嘉庆十六年（1811年）为190万。[①] 也就是说，台湾人口在乾隆末年约100万，嘉庆末年约200万，人口的增长主要是移入的增长。竹山宗族发展史的资料显示，乾隆以后迁台的移民，其后裔在定居社会

① 陈孔立：《清代台湾移民社会研究》，九州出版社2003年，第32页。

时期才形成宗族。大陆移民迁台多数在乾隆以后，因此台湾血缘宗族一般形成于定居社会时期。这一宏观的估计与台湾学者具体研究的结论是一致的。

庄英章和陈运栋先生通过实证研究并综合同行的研究，指出：台湾汉人宗族组织有两个类型，一种是以“合约字”为基础所组成的“会份尝”（合约字宗族），另一种是“阄分字”为基础所组成的“血食尝”（阄分字宗族）。会份尝成立的时间较早，大约在乾隆末期至嘉庆年间。血食尝成立的时间较晚，大约在咸丰年间。[①] 这一观点得到越来越多的验证。有些台湾学者认为庄英章先生关于竹山宗族建祠的发展相对于全台情况偏滞缓，王崧兴先生等人就认为：“至 1850 年时，台湾各地已普遍有宗庙家祠的建立。”[②] 这个看法应有误。

第二节　闽南宗族在台湾的延续与变异

台湾移民社会时期普遍出现的血缘宗族是某一开台祖后裔形成的继嗣群体。这种继嗣群体是依照原乡宗族形成机制进行复制。当然，血缘宗族在台湾的发展也有一些变异，如不少宗族的形成是先有祭祀公业而建祠滞后。

台湾移民社会时期大量出现的虚拟宗族是一种变异性宗族，但也有对闽南宗族社会新出现的基质（族际斗争中出现的诸姓宗族整合为单姓宗族联盟，以及在族谱编纂以同姓统合为一个大宗族）的继承和演绎。台湾学者将移民社会时期出现的重组宗族和虚拟宗族都包括在合约字宗族里。从形式上看，似乎在理，但从台湾宗族对闽南宗族形态的延续和变异的角度，这两种宗族在类

① 庄英章、陈运栋：《台湾头份的宗族与社会发展史》，《历史与中国社会变迁研讨会论文集》，“中研院”三民主义研究所 1981 年，第 362 页。

② 陈其南：《台湾的传统社会》，第 172 页。

型上差别很大。重组宗族主要是延续性的，而虚拟宗族基本是变异性的。

原乡同一宗族的族亲以自愿为原则、以“丁份”以及“祖公份”组成祭祀公业的祭祀群体，是移民社会时期重组宗族的一种类型。彰化社头乡的萧氏宗族就是这样的祭祀群体。陈其南先生同意清代台湾宗族分为合约字宗族和阄分字宗族，他又将这两种宗族分别称为“唐山祖宗族”和“开台祖宗族”。[①] 然而，他在对彰化社头乡萧氏宗族的调研中，发现该宗族对于唐山祖宗族的“移植性”。

彰化社头乡萧氏宗族源于漳州府南靖县书洋乡萧氏宗族。书洋乡萧氏宗族的宗祠是芳远堂，两大房的房祠是书山祠、斗山祠，书山祠下的支祠有车田祠、深丘祠、龙山祠等。彰化社头乡萧氏宗族也有芳远堂、书山祠、斗山祠、车田祠、深丘祠、龙山祠等。有的世代有祠，有的世代无祠，但每代祖先之祭都设置有祭祀公业。祭祀公业以半自愿原则按丁份组成，交纳丁份的萧姓成员便组成丁仔会。并且，丁仔会的成员是某一开台祖的后裔。丁仔会的丁份数量大多数是固定的，以当时出资者的数目为准，无论历经多少代均不变。这样，经过若干代后，后裔较多的一个丁份便由数十人共有。这些丁仔会可视为基本的祭祀团体。若干个丁仔会还可以组成更大的祭祀团体，称为“祖公会”，祖公会多以股份组成。例如，第三代的伯海公祭祀公业为六股，由第四代的四个丁仔会各认一股，剩下的两股由第六代的仕朝公丁仔会认五分之二股，第八代的五个丁仔会认五分之三股。又如，第四代的团钦公祭祀公业也是祖公会，有四股，分别由第八代的长、二、三、六房各认一股。和加入丁仔会一样，这些祖公会都有派下的房或丁仔会没参加。例如：积玉公（芳远祠）祭祀公业，第

---

① 陈其南：《台湾的传统社会》，第143～144页。

六代仕经公丁仔会没参加；奋公（书山祠）祭祀公业，其派下的第二代永仁公丁仔会及第三代伯河公丁仔会都没加入。也就是说，祖公会是一种半自愿性的祭祀团体，而不是包括完整的亲属团体。[①]

陈其南先生将丁仔会和祖公会称为"'移植性'的宗族团体"，根据是：它们所祭祀的是以未曾到过台湾的唐山祖为对象；组织方式不是闽南宗族的房支组织，而是采取某一开台祖后裔组成的丁仔会，以及由丁仔会组成祖公会的形式。

其实，用闽南宗族形态在台湾的延续和变异来描述这种"移植"可能更准确。以某一开台祖后裔组成的丁仔会以替代闽南宗族房支的组织形式是一种类型的变异，而以地缘关系重组血缘组织则是另一种类型的变异。如前述南投县竹山镇庄姓宗亲，嘉庆十五年（1810年）由社寮的庄妈盛发起鸠资置业，以庄姓公业整合了社寮等三处的庄姓族人，共同祭祀开基南靖奎洋始祖庄三郎。后因族人居住不集中，公议分为顶公、下公两个群体，分别供祭庄三郎，公业也析分为二，由族人自由选择归依。顶公、下公的组合，就是采用以地缘关系重组血缘组织。

重组宗族首先是血缘关系的认同和聚合，其次才是通过契约形式组成祭祀公业而整合起来。尽管闽南宗族不可能举族迁移台湾，但可以通过积少成多的方式，在一处汇聚起一定数量的族亲人口。庄英章先生指出：竹山各宗族的渡台祖都是单独的移民。[②]但就来自闽南某一宗族的移民来说，即使渡台时是单独的，也可以在渡台后结伍成群。就以庄先生首先例举的竹山庄氏宗族来说，当时来台的庄姓族人也不见得都是单独的，来台后更是汇聚而众，如嘉庆十五年（1810年）组成祭祀公业的以竹山社寮为主

---

① 陈其南：《台湾的传统社会》，第145～149页。

② 庄英章：《台湾汉人宗族发展的若干问题》，《民族学研究所集刊》第36期。

的庄姓族人有近200人。竹山社寮庄姓来自南靖奎洋，据南靖奎洋庄氏族谱的迁台族人的资料，兄弟都赴台湾是普遍的方式。兹按原编谱顺序的渡台族人记载转述如下：

1. 十四世良玉的二子汝镕（渡台——原注，下同）、汝嘉（渡台）。

2. 十四世廷玉子绍本（渡台）。

3. 十四世元进二子朝煌（迁台湾桃简堡）、朝炳（迁台湾桃简堡）。

4. 十四世元学二子朝盂（迁台湾八里坌）、朝爽（迁台湾八里坌）。

5. 十一世王任四子（按：有六子）应章（渡台）、应文（渡台）、应诚（渡台）、应贤（渡台）。

6. 十四世伟子朝裕（渡台）。

7. 十三世芳章子（按：有二子）世达（雍正元年同妻沈氏，子朝港、朝茶、朝学，迁台湾八里坌堡长道坑，后移和尚洲）。

8. 十六年世明真子纪雄（渡台）。

9. 十五世朝坚子（按：有二子）明容（渡台）。

10. 十四世世亨四子朝绵（渡台）、朝宜（渡台）、朝殷（渡台）、朝信（乾隆间，同子明亲、明厚、明真，全家迁台湾）。

11. 十四世世弼二子宽直（迁台湾南投）、克信（迁台湾南投）。

12. 十四世世锐二子朝辉（孙伯敬迁台湾南投）、朝凤（孙靖和携子文定迁台湾漳化东门）。

13. 十七世辉斋二子鸿瑞（渡台）、鸿场（渡台）。

14. 十六世金镇子复旦（渡台）。

15. 十六世凤苞子锦江（渡台）。

16. 十二世应盛子文显（渡台）。

17. 十三世志伟子元臣（携子三人渡台）。

18. 十四世肥三子檐（渡台）、对（渡台）、出（渡台）。

19. 十四世象三子操（渡台）、月（渡台）、丁（渡台）。

20. 十五世我老三子文彬（渡台）、令（渡台）、彭（渡台）。

21. 十五世淇纂二子护（渡台）、书（渡台）。

22. 十四世二子（按：有四子）文套（渡台）、文尚（渡台）。

23. 十四世雪子文央（渡台）。

24. 十三世可钱二子莅（渡台）、圣（渡台）。

25. 十四世三子吴殿（渡台）、吴甫（渡台）、光杖（渡台）。

26. 十三世志基五子贞（渡台）、贯（渡台）、伴（渡台）、克（渡台）、伍（渡台）。

27. 十四世扁子金唇（渡台）。

28. 十四世洞三子咏（渡台）、自（渡台）、旦（渡台）。

29. 十四世可锬三子光恒（渡台）、光咸（渡台）、光图（渡台）。

30. 十六世首茅子天眼（渡台）。

31. 十五世勿衅子心梭（渡台）。

32. 十四世曦驱二子乾（渡台）、简（渡台）。

33. 十五世魁二子钮（渡台）、桧（渡台）。

34. 十五世尚澄二子栋（渡台）、松（渡台）。

35. 十六世文海子松岩（渡台）。

36. 十五世文清子崇祥（渡台）。

37. 十四世仲举子观（渡台）。

38. 十五世在老子珠美（渡台）。

39. 十三世志鹏三子（按：有五子）亦兼（渡台）、美士（渡台）、柳（渡台）。

40. 十五世文江子芳揩（渡台）。

41. 十五世文河子（按：有二子）芳梁（渡台）。

42. 十三世日炳五子可钰（渡台）、可铉（渡台）、可钎（渡台）、可锐（渡台）、可铖（渡台）。

43. 十四世献三子论（渡台）、次（渡台）、有（渡台）。

44. 十四世可镛二子汝代（渡台）、汝光（渡台）。

45. 十四世可钖二子文恬（渡台）、文浦（渡台）。

46. 十四世可钺四子种（渡台）、国（渡台）、威（渡台）、郎（渡台）。

47. 十四世可钱三子寸（渡台）、际（渡台）、腾（渡台）。

48. 十一世子桧二子（按：有三子）则吉（渡台）、则有（渡台）。

49. 十二世则兴二子（按：有四子）新（渡台）、保（渡台）。

50. 十三世日佑三子伯彻（渡台）、双能（渡台）、南经（渡台）。

51. 十五世师章二子钟（渡台）、滩（渡台）。

52. 十五世友居四子仕（渡台）、院（渡台）、昌（渡台）、旺（渡台）。

53. 十一世应钊子（按：有二子）子槐。

54. 十二世宣直二子志坡（渡台）、志圭（渡台）。

55. 十四世之铨子廷规（渡台）。

56. 十四世之镇（子本、通、素、齐同渡台）。

56. 十四世藏巧（子东、南、西同渡台）。

57. 十六世济文子仰中（渡台）。

58. 十七世谷辰二子（按：有三子）青萍（渡台）、结六（渡台）。

59. 十四世清雅子少言（渡台）。

60. 十四世统一二子（按：有三子）时快（迁台湾水新街）、时泽（迁台湾水新街）。

61. 十五世时漳子天瑞（渡台）。

62. 十四世伯祖（子孝、礼、伦同渡台）。

63. 十四世悔静子坦人（渡台）。

64. 十三世志赤二子（按：有三子）绵慼（渡台）、迈千（渡台）。

65. 十三世正朴（子辅、重、棒渡台）。

66. 十三世志录子一烹（渡台）。

67. 十四世之铢（子善、东渡台）。

68. 十四世敦谨（子可人、润、海、乃恩渡台）。

69. 十四世朴直（子吴松、德新渡台）。

70. 十四世联卫子恭志（渡台）。

71. 十四世质果（子允洙、允泮渡台）。

72. 十四世叠君（子银、钱、火同渡台）。

73. 十三世志墉子元镄（渡台）。

74. 十三世志起（子德昭、灿、秉中、选同渡台）。

75. 十三世志壕（全家渡台）。

76. 十三世志炯（全家渡台）。

77. 十三世敦敬子元钵（渡台）。

78. 十四世帝生（子光誉、象生、狮生、层生、榜生同渡台）。

79. 十二世则钭（子渡台）。

80. 十二世则驰（子志植、吴猛同渡台）。

81. 十二世则燮（子志厚渡台）。

82. 十四世以日（子海、万渡台）。

83. 十四世水保子文尺（乾隆十四年迁台湾漳化县沙连堡社寮田中央经商）。

84. 十四世少钦（子宜、牵、跃同渡台）。

85. 十四世日新（子照、胆、送同渡台）。

86. 十四世光应（乾隆初携子尚杰、尚俊、汝芳同渡台）。

87. 十四世南光（乾隆乙卯年在台湾立军功，授雷州海防分府）。

88. 十三年世志坟（子元求、肖怀、元首同渡台）。

89. 十四世宝赤（迁台湾嘉义县打猫街）。

90. 十三世潜浮二子亨通（迁台湾嘉义县打猫街）、润水（迁台湾嘉义县打猫街）。

91. 十五世忠慈（子端友、汝提同渡台）。

92. 十五世仲珠子强高（渡台）。

93. 十二世朴勤三子（按：有五子）元微（渡台）、京达（渡台）、益之（渡台）。

94. 十六世大松（携四子全家渡台）。

95. 十四世世弥（迁台湾彰化县二林垓坮）。

96. 十四世世松（携子近清、溪清迁台湾彰化县垓坮）。

97. 十四世世授（乾隆初迁台湾淡水八里岔堡，后迁加纳堡）。

98. 十五世等朴（子跳、面渡台）。

99. 十五世承汭子国俱（渡台）。

100. 十六世子上（子丹霞、廷琮渡台）。

101. 十五世承富子盛典（渡台）。

102. 十五世承翰子金河（渡台）。

103. 十七世廷俊（子仰武、三晨、福建渡台）。

104. 十三世志垦（子尚铋、尚锵渡台）。

105. 十五世纯直（子天配、天略、信思、五祥同渡台）。

105. 十三世德千（子恂、瑞、弗、廉同渡台）。

106. 十三世旭麟二子魁藏（渡台）、英斌（渡台）。

107. 十三世旭乞子早（渡台）。

108. 十三世旭秀子松耀（渡台）。[1]

在上引的资料中，兄弟皆往台湾的有67例（父携数子渡台例也计在内），占61%，其中或特别注明“同渡台”。在这67例中，兄弟3人至5人皆渡台的有33例，占兄弟渡台例中的一半。父子、兄弟同往或同移垦一处，甚至全家同往，在奎洋庄姓移垦竹山社寮、集集、清水过程中，并非没有出现。澄清“单独说”的意义在于说明：同族成员可以在不太长的时间里，在一个开垦地集中，进而形成重组宗族。这种情况在移民社会时期的宗族中占有不算少的比例，在庄英章先生的竹山宗族调研取样中就占四分之一。

族亲在移垦地的集中，除了“筑巢引类”的主动方式，还有“散居汇聚”的被动方式。这种被动方式的驱力来自移民社会的族群关系。在族亲汇集的过程中，“筑巢引类”和“散居汇聚”的方式先后追随，一起促进重组宗族的加快形成。

基于族群矛盾激化的分类械斗是清代台湾移民社会突出的社会问题。闽粤械斗多数发生在早期，道光后期明显减少。漳泉械斗延续时间较长，在嘉庆至咸丰年间达到高峰。从区域类型来看，闽粤械斗和漳泉械斗多发生在北部，漳泉械斗除了北部地区以外，在彰化、嘉义地区也常发生。分类械斗逐步改变了过去某些地区不同祖籍移民混居的状况。[2]

就以来自南靖书洋的萧姓宗族所处的彰化平原来说，人口按祖籍分布集中的格局相当明显。靠海岸地区的几乎全是泉州人，而靠八卦山麓地带则分布着漳州人或潮州人。而漳州人与潮州人也有各自集中的倾向。这种集中使同一县籍的同姓更容易集中，也使来自原乡宗族的族亲更容易汇聚。如社头以南、田中以北就

---

① 苏炳堃主编：《漳州氏族源流汇编》。

② 陈孔立：《清代台湾移民社会研究》，第379～383页。

是萧姓分布区，而田中以南到二水之间则为来自漳浦的陈姓的分布区。[①] 方言族群以及县籍人群的集中使原有的“同类援引”的移民样态，在“散居汇聚”的进一步强化下，促进重组宗族的加快形成。虚拟宗族和血缘宗族演进的加速过程也是如此。

社会文化传布的特征是延续，而新的社会环境会促使传布中的社会文化产生变异。这就是清代闽南宗族形态在台湾延续与变异的原因。社会文化延续与变异的科学原理是冷峻的，而闽台宗族的历史脉络至今依然充满血缘亲情的温热，一切人为的政治坚冰因之而消融。

---

① 陈其南：《台湾的传统中国社会》，第133页。

后　记

在传统社会，宗族作为基层的社会组织奠定了中国传统文化的基础，凝聚着中国传统文化的精华。基于文化传布的规律，华夏边缘的闽南汇集着丰富的中国传统文化。闽南宗族社会留下丰富的遗存，成为影响着当今和未来的文化遗产。并且，这些遗产还融入当代社会而焕发出生机。闽南宗族源远流长的历史和有如常青藤的社会脉络，紧紧地维系着海峡两岸。越过如衣带之水，我们联袂主编“闽南文化丛书”这本分册——《闽南宗族社会》，唱和着高山流水的两岸情。

此次增订，作者对第二、五章加以改写，其他各章也做了一些修改、补充和订正。

本书各章作者如下：

绪论、第一、二、七、八、九、十章：郭志超；

第三章：郭志超、蒋俊；

第四章：郭志超、李虎；

第五、六章：郭志超、毛伟。

编者